Kurt Benesch

Die Suche
nach
Jägerstätter

KURT BENESCH

Die Suche nach Jägerstätter

EIN
BIOGRAPHISCHER
ROMAN

VERLAG STYRIA

Die Deutsche Bibliothek – CIP-Einheitsaufnahme

Benesch, Kurt:
Die Suche nach Jägerstätter : ein biographischer Roman /
Kurt Benesch. –
Graz ; Wien ; Köln : Verl. Styria, 1993
ISBN 3-222-12215-6

© 1993 Verlag Styria Graz Wien Köln
Alle Rechte vorbehalten
Printed in Austria
Umschlaggestaltung: Zembsch'Werkstatt, München
Satz: Druck- und Verlagshaus Styria, Graz
Druck- und Bindung: Wiener Verlag, Himberg
ISBN 3-222-12215-6

Denn wer sein Leben erhalten will,
wird es verlieren;
wer aber sein Leben um meinetwillen verliert,
wird es finden. Was nützt es dem Menschen,
wenn er die ganze Welt gewinnt,
an seiner Seele aber Schaden leidet?

MATTHÄUS 16,25–26

Gebetbücher sind Dinge für Weiber,
auch für solche, die Hosen tragen.
Wir hassen den Gestank des Weihrauchs,
er verdirbt die deutsche Seele wie der Jude die Rasse.
Wir glauben an Gott, aber nicht an seine Stellvertreter,
das wäre Götzendienst und heidnisch. Wir glauben
an unseren Führer und an die Größe unseres Vaterlandes.
Für diese wollen wir kämpfen, für keinen anderen.
Wenn wir daher sterben müssen, dann nicht mit:
Maria, bitt für uns! So frei wir lebten,
so frei wollen wir abtreten.
Unser letzter Hauch: Adolf Hitler!

THEODOR EICKE
Gründer der SS-Totenkopfverbände
Inspekteur der Konzentrationslager
(1936–1940)

INHALT

Der Leibrock des Herrn

9. August 1943, 16 Uhr
Orje in der Neuen Kantstraße, er schlendert in Richtung Lietzensee. Schlendern, ein Wort, das er liebt, wie die in Berlin gebräuchliche Form seines Namens. Orje – das klingt ganz anders als Schorsch, achtzehn Jahre ist dieser Name an ihm geklebt, stand in jeder Äußerung des Tadels an erster Stelle. Und Tadel, so erscheint es ihm heute, war alles, was er zu hören bekam, seit er auf dieser Welt war. Das Lob galt immer dem Bruder, die Anerkennung dem Bruder, die Liebe dem Bruder. Liebe – das quälende Schlucken bei diesem Wort. Lob – mag sein, daß ihm das nicht zustand bei den verheerenden Noten, und die Lehrstelle eine einzige Pleite. Aber Liebe – liebte nicht jede Mutter ihr Kind? Pustekuchen, wie man hier sagt.

Dann aber Freude und Stolz. Orje ist in Berlin, dem verehrten Führer ganz nah. Geht aus und ein in der Reichskanzlei, Wächter des Allerheiligsten, SS-Leibstandarte Adolf Hitler, schwarz von der Mütze bis zu den Stiefelspitzen, und Mädchen, so viele man will. Sie fliegen auf ihn, auch Kerstin, die Tänzerin von der UFA, eine richtige Schönheit. Und er auf dem Weg zu ihrer Geburtstagsfeier, schlendernd, wie er es liebt, aber trotzdem zackig, daß die eisenbeschlagenen Hacken auf das Pflaster knallen. Er und nicht Arne, nicht der mickrige Bruder, nein er! So gut ist der Krieg, er hat ihn von der Lehre erlöst, der Meister hat ihm nichts mehr zu sagen, der glotzt jetzt nur dämlich, wenn er ihn sieht, die glänzenden Knöpfe, den Totenkopf über der

Stirn. Groß sein, das zählt, zwei Meter, wie die „Langen Kerls" Friedrich Wilhelms I., blondes Haar und blaue Augen, der besten Rasse gehört die Zukunft, gehört die Welt. So gut ist der Krieg, nicht für die armen Frontschweine, klar, nicht für die Gefangenen von Stalingrad. Man muß ihn nur überleben, man überlebt ihn in der Nähe des Führers. Des unverletzlichen Führers, von der Vorsehung beschützt und für die Zukunft bewahrt, von Orje bewacht. Aaachtung! Präsentiert das – Gewehr! Orje schützt seinen Führer mit seinem Leib.

9. August 1943, 19 Uhr

Kerstins Geburtstagsfeier in vollem Gang. Uniformen in Blau, in Feldgrau, in Schwarz, die meisten in Schwarz. Zarah Leander vom Grammophon und Mädels wie Seide. Die Nacht wird lang sein für Kerstin und Orje. Nicht für Arne, den Bruder – aber auch nicht für Klaus. Dem schwimmen schon die Augen vom Schnaps, er haßt Orje, den ostmärkischen „Schlappschwanz". Und ausgerechnet der kriegt die Kerstin! Eifersucht? Jetzt brüllt er herüber: „Heut haben wir so'n Schlappschwanz 'nen Kopf kürzer gemacht", brüllt er. „In Brandenburg. Scharfrichter, walten Sie Ihres Amtes!" brüllt er und schmeißt das Glas gegen die Wand. „So'n alpenländischer Betbruder, ein feiges Schwein! Will nicht Soldat sein, nicht um die Burg! Zack, und ab war die Rübe!"

Die Mädchen kichern verlegen, Orje würgt es im Hals. Er möchte mit einem Witz antworten, aber es fällt ihm nichts ein. Betbruder – auch die Mutter rennt dauernd in die Kirche, um wen sie wohl betet? Um Arne? Um ihn? Aber Feiglinge hat auch sie nicht gemocht. Hat ihre Söhne zu Kämpfern erzogen, ihn und auch Arne, „Heilig Vaterland, in Gefahren …". Arne schreibt Gedichte und so, aber er ist an die Front, ohne mit der Wimper zu zucken. Hat jede andere Möglichkeit abgelehnt. „Warum, Arne?" – „Wir müssen

12

unsere Mütter vor den Bolschewiken beschützen", ist seine Antwort. „Unsere Schwestern, unsere Bräute, unsere Kinder, das ist unsere Pflicht." Hat der in Brandenburg keine Mutter gehabt? Keine Frau? Keine Kinder? Orje spürt die Wut über den Toten. Der Klaus hat ganz recht, so einer bringt uns alle in Verruf.

„Woran denkst du?" fragt Kerstin und drückt sich an ihn. Tango, Foxtrott und ihr süßes Parfum. Er gibt keine Antwort. Er denkt an den Schlappschwanz, der jetzt zu Asche verbrennt ...

Ich bin Franz Jägerstätter niemals begegnet, auch nicht jenem Arne, der „in Rußland geblieben ist", wie man so sagt. Ich habe nur Orje kennengelernt. Er ist Ende 44, als es an der Reichskanzlei nichts mehr zu bewachen gab, in Feldgrau gesteckt worden und auf dem Weg zur Front desertiert. Er hat sich in Wäldern vor den Deutschen versteckt und wurde von Bauern versorgt, die Russen aber erwischten ihn doch noch, und erst nach drei Jahren kam er aus der Gefangenschaft heim. Er wurde Hilfsarbeiter, Lastwagenfahrer, Vertreter für Parfümeriewaren, und seine Braut hat ihn mit einem betrogen, der keine 1,70 war. Aber wenn er von Berlin spricht, beginnen seine Augen zu leuchten. Berlin, das war Glanz und Gloria inmitten des großen Sterbens, ein einziges Fest wie jenes zu Kerstins Geburtstag. Es hätte noch tausend Jahre dauern können.

*

Der blutjunge Soldat auf Golgotha spürt die Würfel in seinen Händen. Wird er es sein, der den Leibrock gewinnt? Ein schönes Stück, ohne Naht von oben bis unten gewebt, wie Johannes berichtet. Nur die Blutflecken wird man herauswaschen müssen. Er hat einen Verbrecher zur Schädelstätte geführt, er hat ihn sterben gesehen und will nun haben, was von ihm übriggeblieben ist. Die Kleider des Delinquenten gehören zur Beute des Kriegers, auch in der fernsten römischen Kolonie.

Man sieht es kaum, das hübsche Gesicht des fünfzehnjährigen Jungen, die Fotografie ist nicht scharf genug. Ob es den Gleichmut des Kriegers ausdrückt, der seine Pflicht tut, wie Soldaten das tun, wenn der Kaiser befiehlt? Oder die geheime Erregung dessen, der heute wieder einmal die Worte des Evangeliums hört? „Siehe da deinen Sohn! Siehe da deine Mutter!" Aber nicht von der Kanzel, sondern im Spiel vom Leiden des Herrn, zu dem St. Radegund an der Salzach geladen hat. Gleich wird der Gekreuzigte sagen: „Mich dürstet", und ein Kamerad wird ihm den Essigschwamm am Ysopstengel reichen. Und er wird gierig trinken.

Ein grauenvolles Sterben dort oben am Kreuz! Die schlimmste Todesart, die die edlen Römer den Barbaren abschauen konnten: Menschen nicht nur zu töten, sondern zuvor noch möglichst lange zu quälen. Zwölf Stunden im Durchschnitt hingen sie an den eisernen Nägeln, bis die Zerrung der Sehnen und Nerven durch das Gewicht ihres Körpers, bis der Blutandrang zum Kopf und zum Herzen den Qualen ein Ende machte. Und die Kräftigsten warteten, fluchend und stöhnend, bis zu drei Tagen auf den erlösenden Tod. Was war dagegen das Fallbeil für ein fortschrittliches Instrument, Symbol einer neuen Moral und Humanität von der großen Revolution bis heute! „Der Tod tritt augenblicklich ein, sobald der Kopf vom Körper getrennt ist", hatte Monsieur Guillotin dem Konvent versichert, und das hatte nicht nur den Vorteil, daß die Hinrichtung von 82 Verurteilten im Durchschnitt nicht mehr als eine Stunde in Anspruch nahm. „Unter der Guillotine ist der Tod auch absolut schmerzfrei." Blieb nur noch die Angst davor und der Zweifel, ob man richtig gelebt hatte.

Ob der junge Soldat von derlei Feinheiten wußte?

„Es ist vollbracht" – Worte, auf einer Bühne gesprochen,

dem Publikum entgegengerufen, damit es begreift, was da oben geschieht. Sicher haben sie auch den jungen Franz tief beeindruckt, das Lesen hatte schon immer zu seinen größten Freuden gehört, und vielleicht ist ihm hier endgültig klargeworden, daß Worte nicht nur dazu da sind, um einen andern zu rufen, um jemanden auszurichten, um ihn etwas wegen der Arbeit zu fragen. Worte können unendlich schön sein, sie können dich aus dem Alltag in eine Wirklichkeit heben, von der du weißt, sie hat einmal existiert. Sie ist nur in der Zeit versunken, weiter entfernt als die Stadt Jerusalem hinter Bergen und Meer. Jerusalem kann man erreichen wie Linz oder Rom oder ein Gefängnis in Brandenburg, zu Schiff, zu Fuß, mit dem Zug. Jene gesegnete Zeit aber bringen den Menschen nur Worte zurück, eine ganze Passion wird mit ihnen lebendig. Worte und ein paar Tücher und drei Kreuze, in den Boden der Bühne gerammt, und der junge Franz Jägerstätter ist zum Augenzeugen eines Opfers geworden, das zur Erlösung der Welt veranstaltet wurde. St. Radegund, sein winziges Dorf an der Salzach, wird zu Jerusalem.

Und irgendeinmal, vielleicht bald, werden sich Worte zu Sätzen formen, und er wird sie niederschreiben als Gedichte, als Briefe, als Botschaften für Menschen, die ihrer bedürfen. Ob es viele Menschen sein werden oder wenige oder kein einziger? Hier sehen viele dem jungen Franz zu, wie er mit seinen Würfeln spielt, an die tausend pro Aufführung. Ob er den Rock gewinnt oder verliert, ist aus der Fotografie nicht ersichtlich. Nur wer das Textbuch durchblättert, das noch beim Kaufmann in St. Radegund liegt, stößt auf einen „Germanischen Krieger", der schon beim ersten Wurf Glück hat und in wohlgesetzten Jamben feierlich verspricht, er werde das Kleid immer in Ehren halten und nach Deutschland mitnehmen, „wenn ich des Waffendienstes müde bin".

Die Besucher kamen von überall her, aus den Dörfern der Umgebung und aus dem benachbarten Mühlviertel, aus Salzburg und die meisten aus Deutschland. In Tittmoning jenseits der Grenze ist die nächstliegende Eisenbahnstation, und hier steigen sie aus dem Zug und erklettern die Leiterwagen der Bauern, die sie nach St. Radegund bringen. Hier in Tittmoning steigt man auch ein und nimmt Abschied, wenn die Welt nach einem verlangt.

Kaum einer der vielen Besucher wußte, wer der hübsche Junge mit dem Helm und der Stupsnase war, den das verblaßte Foto aus dem Jahr 22 zeigt. Die aus St. Radegund wußten es: Das war der Franz Jägerstätter vom Leherbauerhof, ein Bursch mit Zukunft also, denn der Hof war nicht der kleinste im Ort. Daß seine Vergangenheit nicht die beste war, zählte kaum noch, der Tratsch war allmählich verstummt. Jetzt hatte er eine Familie, auch wenn es eine geborgte Familie war: einen Vater, der nicht sein Vater war, eine Schwester, die nicht seine Schwester war, ein Erbe, das ihm nur zufiel, weil seine Mutter kein weiteres Kind mehr zur Welt bringen konnte. Nicht einmal sein Name war der, der im Taufbuch stand, dort hatte der Pfarrer neben dem Geburtsdatum, 20. 5. 1907, „Franz Huber" hineingeschrieben. Huber, den Namen der ledigen Mutter Rosalia, die, wie es allgemein hieß, den Kindesvater nicht hatte heiraten können, weil nicht genug Geld da war, um einen eigenen Hausstand von Knecht und Dienstmagd zu gründen.

Uneheliche Geburt, das war unter Bauern, im Innviertel wie auch anderswo, nichts Unübliches und galt auch nicht als besondere Schande. Auch in diesem Fall wurde nichts vertuscht, aber da die Mutter nach dem kurzen Wochenbett gleich wieder nach Eckldorf zur Arbeit mußte, blieb der Kleine bei der Großmutter Elisabeth Huber auf dem „Adamsachl" in St. Radegund, wo er zur Welt gekommen war. Sie war eine liebevolle, tiefgläubige Frau, wie der Franz später sagte, ein Glücksfall für das sensible Kind, auch wenn sie, schon seit Jahren verwitwet, eine Menge eigener Kinder und dazu noch Enkelkinder zu betreuen hatte. Erst als die

Versorgung dieser vielen Menschen auf dem kleinen Hof besonders während des Ersten Weltkrieges immer schwieriger wurde, sprangen die Großeltern väterlicherseits ein, und der Bub kam mit neun Jahren in das benachbarte Tarsdorf. Sein Vater war schon im ersten Kriegsjahr gefallen.

Es ging ihm also nicht schlecht, auch wenn ihm der dauernde Wechsel der Menschen, die um ihn waren, zu schaffen machte. Nur in der Schule ließ man ihn manchmal spüren, aus welchem Haus er kam. Es war offensichtlich, daß nicht immer die Leistung der Schüler benotet wurde, sondern eher das, was deren Vater an Grund und Boden oder an Vieh im Stall aufzuweisen hatte. Und das ärgerte ihn, er haßte jede Ungerechtigkeit, schon damals, das war schlimmer als der Hunger, der ihn des öfteren quälte und besonders während des Krieges, das war schlimmer, als im Winter zu frieren, weil man nicht so warme Kleider besaß wie die Buben der reicheren Bauern.

Dann aber war alles anders geworden. Vorbei die armselige Schule, in der sieben Jahrgänge zusammengepfercht saßen, bis zu sechzig Schüler in einer Klasse, etwas Besseres hatte es damals in St. Radegund nicht gegeben. Im Jahr 1917 hatte die Mutter den Heinrich Jägerstätter, den Leherbauer, wie er nach seinem Hof hieß, geheiratet und den zehnjährigen Franz zu sich nehmen können, und bald wurde der Adoptivsohn auch zum Hoferben. Ein Jahr später kam auch die Tochter von Frau Rosalias Schwester ins Haus, zwei Kinder mindestens gehörten zu einer richtigen Bauernfamilie – auch wenn die Mutter dem Franz in den Jahren der Trennung ziemlich fremd geworden war. Aber er liebte die kleine Aloisia, als wäre sie die eigene Schwester oder noch mehr, er behütete sie, er spielte mit ihr und nahm Rücksicht auf ihre schwache Gesundheit. Daß die anderen Buben seines Alters ganz andere Dinge im Kopf hatten, als sich um ein kleines Mädchen zu kümmern, berührte ihn nicht, und auch jetzt noch, als Fünfzehnjähriger, war seine erste Frage, wenn er von der Feldarbeit heimkam, wo sie war, bis sie ihm jubelnd entgegenlief. Der Soldat auf Golgotha war stolz, vielleicht sogar glücklich.

*

Es war nicht schwer, diese Szene niederzuschreiben: das alte Foto und dazu die angelesenen Fakten, das Passionsspiel, das jeder sich vorstellen kann, ein Stummfilm, schwarzweiß, dessen Gestalten Farbe und Plastik bekommen, auch die des jungen Soldaten. Man könnte die Story noch weiter ausbauen, die vorgegebene Gattung „Roman" gibt das Recht dazu. Man könnte Zusammenhänge zwischen dem Geschehen auf diesem Foto und jedem einzelnen herstellen, der daran mitwirkt, angefangen mit dem, der da am Kreuz hängt, um uns zu zeigen, wie unsere Erlösung in Gang gesetzt wird. Bis zu dem kindlichen Soldaten, der über diese Momentaufnahme hinaus eine Rolle spielen wird, verglichen mit der alle andern hier Abgebildeten, verglichen mit der die meisten von uns nur belanglose Stichwortbringer sein werden.

Aber ich fände es unredlich, den allwissenden Autor zu spielen, der jede Szene, jeden Dialogfetzen, jede seelische Regung, die er hinschreibt, auch belegen kann – und besonders im Hinblick auf ihn. Dennoch schreibe ich sie, wenn auch mit dem Vorbehalt, daß manches von dem, was ich diesen Mann denken und empfinden und tun lasse, auch nur gewesen sein *könnte*. Und ich möchte den Leser daran teilhaben lassen, wie ich dazu komme, damit auch er dorthin kommt, wo ich, vielleicht nur knapp vor ihm, gerade angelangt bin. Ich möchte ihn zu den gleichen Fragen hinführen, die ich mir selber stelle, auch wenn schon die ersten von ihnen am ehesten durch unsere eigene Phantasie beantwortet werden müßten. Die Frage etwa, wie du damals deinen Text gesprochen hast, kleiner Franz, bevor oder während deine Würfel gefallen sind. Im Innviertler Dialekt, um den sich so mancher Lehrer und nicht zuletzt der Spielleiter bemüht

18

haben mag? Wie wohl deine Stimme geklungen hat, von der
es kein Tonband gibt, wie heute von jedem drittklassigen
Schauspieler? Was du empfunden haben magst bei dem oder
jenem Satz, der uns überliefert ist, oder bei deinem stummen
Dastehen und Schauen? Ob schon damals, junger Soldat, als
du vom Abschiednehmen vom Waffendienst gesprochen
hast, etwas in dir war, das einen Bezug rechtfertigen könnte
zu dem, der sich 19 Jahre später entschließen wird: Nie
wieder Soldat sein!? Ich frage mich, wie du zu all deinen
klugen Gedanken und Überlegungen gekommen bist, deren
kristallene Logik dich so direkt zur Wahrheit und deren
Konsequenz dich so früh in den Tod getrieben hat. Du,
einfacher Bauer, wie sie dich gerne nennen, so gern, daß es
fast aussieht, als wäre jeder von ihnen ein Bischof aus Linz,
der sich damit seiner eigenen Überlegenheit versichern muß.

So begebe ich mich auf die Suche nach ihm, mit weit
weniger Wissen als jeder Geschichtenerzähler, der seinen
Einfällen trauen darf, nur möglichst eng mich an das haltend,
was man mir als Namen und Daten und Fakten schon bereit-
gestellt hat, bevor ich noch mit der ersten Zeile begann. Sie
haben in Artikeln und Büchern gesammelt, was aus Menschen herauszubekommen war, die ihn gekannt oder von ihm
gewußt haben, Anekdoten und Notizen aus alten Chroniken,
Aussagen und Gegenbehauptungen von Verwandten und
Nachbarn. Aber da ist noch so unendlich viel, das niemand
aufgezeichnet hat und schon für immer verloren ist. Wie
viele von der Milliarde und hundertdreiundvierzig Millionen
Sekunden dieses Lebens, jede einzelne ein vielschichtiges
Geflecht aus Gedanken und Empfindungen, aus Ärger und
Freude, aus Hoffnung, Verzweiflung und Todesangst, von
der keine Erinnerung mehr weiß! Und selbst wenn sich noch
einer an den Franz Jägerstätter erinnert, darf man seiner
Erinnerung trauen? Nicht nur die Zeit verwischt die Vergangenheit, da mögen auch Bewunderung, Distanz oder Ablehnung einfließen, der Wunsch, sich mit seiner Freundschaft

zu schmücken, oder der Ärger darüber, daß er nicht der geblieben ist, der er einmal war oder zu sein schien. Diese Unzahl von „oder"! Und die vielen, die man noch nach ihm fragen möchte, die aber längst in ihren Gräbern liegen, die Großmutter, der Stiefvater, die Mutter, die Ziehschwester, der Herr Pfarrer und und und ...

Und dennoch genügt es, daß ich mich in die Gaststube vom „Hofbauer" setze, gleich neben dem Eingang, wo man einen guten Überblick hat, um wie auf Abruf die Stimmen aus der Vergangenheit zu vernehmen. Angelesenes in verschiedenen Varianten, Zitate von Wirtshaustischen, an deren Vorgängern der Franz so oft gesessen sein soll – einmal da, einmal dort, Stammtisch hat es keinen gegeben, erklärt der Wirt. Die er später aber gemieden hat, um dem Streit auszuweichen, der unvermeidlich war, seit er nicht mehr der war, den sie geschätzt haben. Man könnte mitschreiben, neue Versionen kreieren, auch wenn der Inhalt der gleiche, schon lange bekannte ist. So die Geschichte des Kindes Franz, wie sie im Dorf von Haus zu Haus geht, seit der Kleine vom Leherbauer adoptiert worden ist.

Und wenn eine Stimme sagt, daß der Leherbauer verrückt sei, dann bezieht sich der Tadel noch nicht auf den Buben, das muß ich mir für später aufheben. Hier ist gerade der alte, der Heinrich Jägerstätter an der Reihe, und die nächste Stimme ergänzt, der Mann werde den Hof noch zugrunde richten mit seinen neumodischen Erfindungen und Ideen. „Da kann der Bub einem schon leid tun. Viel zu erben gibt's da bald nicht mehr", kommt es vom Tisch nebenan – es ist, als diktierten sie mir Satz um Satz, auch wenn heute ganz andere, ganz anders gekleidet und mit anderen Schicksalen an den Tischen sitzen als die, die, nehmen wir an, vor 75 Jahren den Raum gefüllt haben. Von denen etliche Jüngere, nehmen wir an, in den nächsten Krieg ziehen oder gar mit ihren Namen die rechte Wand des Kriegerdenkmals auf dem Friedhof schmücken könnten,

„Helden", wie man sie künftig nennen wird, die nicht mehr heimgekehrt sind.

Dann kann es sein, daß die Männer aus der Vergangenheit eine Weile schweigen und einen Schluck aus dem Glas machen – indes die Wirtin an meinen Tisch kommt und eine Tasse Kaffee anbietet –, weil sie an den Leherbauer denken müssen, der immer öfter ein Glas über den Durst trinkt, und das nicht nur im Wirtshaus. Und wenn er betrunken ist, dann ist auch die Lust auf die Arbeit nicht allzugroß. Ob es der früheren Dienstmagd viel nützt, daß sie jetzt Bäuerin ist, mit diesem Mann an ihrer Seite? Armer Kerl, der Franz, hatte auch jetzt nicht viel von der Mutter, wenn sie dauernd auf dem Feld sein mußte oder im Stall beim Vieh!

„An dem Franz könnt' der Leherbauer doch seine Freud haben", heißt es dann irgendwann. „Gar nicht so sicher, ob er selber so was zusammengebracht hätte."

Als Antwort ein kurzes Gelächter, und irgend jemand bestellt neuerlich ein paar Halbe. Nein, dem Leherbauer trauen sie nicht allzuviel zu. Ein richtiger Spinner, große Pläne im Kopf, statt den Hof zu bestellen, wie sich das für einen Bauern gehört. Wenn nur der kleine Franz nicht von ihm anzog!

Aber schon Heinrichs Vater war ja ein komischer Kauz gewesen, der seine ganze Freizeit mit Lesen zubrachte. Als Altbauern lag zwar nicht mehr so viel auf ihm, aber diese Bücheln, das war schon recht kurios! Und kostete auch Geld. Vielleicht hatte der Heinrich die Schnapsidee, Hühner und andere Tiere gleich massenweise zu züchten, auch aus einem der Bücheln? Das sollte billiger kommen und viel mehr tragen! Prost, Mahlzeit! Wo er nur das viele Futter hernehmen wollte? Letzten Endes war er gründlich auf die Nase gefallen, der große Erfinder! Wenn nur der kleine Franz ihm nicht nachgeriet! Mit dem Alten und seinen Bücheln steckte er ohnehin schon dauernd zusammen, der Mutter war das auch gar nicht recht.

21

„Ach, der Franzl ist schon in Ordnung", mochte die Wirtin dann sagen, die gerade eine neue Lage Bier an den Tisch brachte, es war nicht zu übersehen, daß schon der Elfjährige beim weiblichen Geschlecht einen gewissen Anwert hatte. „Wird einmal ein fescher Bursch werden, da müssen sich die Madln in acht nehmen. Wenn er halt nur nicht so jähzornig wär! Ein richtiger Streithansel, schon jetzt in der Schul."

Das aber fanden wieder die Männer ganz in Ordnung. Ein Bub durfte kein Duckmäuser sein. Was wurde denn sonst aus ihm? Ganz recht so, daß er, genau wie die eigenen Buben, in den Pausen und nach der Schule nicht nur beim „Raufen" und „Kugelscheib'n" mittat, wie er später über seine Kinderzeit schrieb, sondern auch beim „Kriagführn" eifrig dabei war!

Welcher Art dieses Kriegführen war, hat er nicht näher erläutert, und ich kann dabei nur an mein eigenes Kriegspielen denken, gleichermaßen von einem schrecklichen Krieg inspiriert wie das seine. Nur daß es bei mir schon der nächste Krieg war. Ich hab mit meinen Zinnsoldaten gespielt und sie einander töten und verletzen lassen. Ich habe Panzerwagen aus Gips gegossen und mit Tarnfarben bemalt und sie an mir, ihrem Kriegsherrn, vorbeidefilieren lassen. Ich habe mit Schwertern und Schilden gegen imaginäre Feinde gekämpft und im Garten Speere ins Buschwerk geschleudert. Ich genoß die Schönheit der Kriegsschiffe, die in den Zeitungen und in „Weyers Taschenbuch der Kriegsflotten" zu sehen waren, ich habe sie nachgebaut und mit Mitschülern Seeschlachten inszeniert. Ich bestaunte die Wucht einer Breitseite von Bord eines Schlachtschiffs, ohne mir darüber Gedanken zu machen, was geschehen wird, wenn die Granaten ihr Ziel erreicht haben. „Kauft kein Kriegsspielzeug!" heißt es heute, weil man glaubt, daß die Kinder dadurch verrohen und zu begeisterten Kriegern werden könnten. Unsinn, ich bin keineswegs gern Soldat geworden und hab den richtigen Krieg immer verabscheut. Und wenn man erst an den Raufer Franz Jägerstätter denkt ...

Doch irgendwann war das Thema erschöpft, und die Männer an den Wirtshaustischen wandten sich anderen Themen zu. Es war immer noch Krieg, und jeden Tag konnte Post kommen, daß einer aus St. Radegund den Heldentod gestorben war, für Kaiser und Vaterland, in Serbien, in Galizien, am Isonzo. Insgesamt 37 waren nicht wiedergekommen.

So sammle ich Worte und Zahlen, Bruchstücke von Dialogen und Szenen, und versuche sie möglichst nahe an eine mögliche Wirklichkeit heranzuführen, auch auf die Gefahr hin, daß dies dann als die allein gültige Wirklichkeit dieser 36 Jahre Leben genommen werden könnte. Ihm nie begegnet sein und dennoch ein Schicksal finden wollen, das dem Mann, den ich suche, auch nur einen Schritt näherkommt als alles, was von seinen Zeitgenossen erlebt worden ist – mit einer einzigen Ausnahme – was für eine Anmaßung, ich weiß! Etwas finden, das wenigstens eine Spur dem näherkommt, was Gott sich als das „Konzept Jägerstätter" gedacht haben mag; näher als all das, was in den Vorstellungen derer herumgespukt ist, die noch „Servus, Franz!" zu ihm sagen durften. Näher, noch näher, bis an den Rand des Geheimnisses, das immer um dich sein wird wie um alle, die deinesgleichen sind. Du hast es manchmal Gnade genannt, auch du hast es nicht genauer zu benennen gewußt als mit einem Menschenwort, auch wenn du schon ganz nahe daran warst.

*

Der kleine Franz ging noch zur Schule, aber wenn er heimgekommen war und seine Aufgaben gemacht hatte, dann stand schon eine ganze Menge anderer Arbeit für ihn bereit. Als künftiger Leherbauer mußte er ja langsam in seinen Beruf hineinwachsen, und da gab es mehr zu lernen als das, was der Lehrer an die Tafel schrieb. Zehn Hektar Grund, das hieß unermüdliche Arbeit für die wenigen Leute, auf Wiesen und Feldern, das Vieh brauchte sein Futter und mußte gemolken werden, Arbeit im Stall, auf der Tenne und in der Milchkammer, am Morgen, zu Mittag, am Abend.

Er tat sie recht gern, auch wenn ihn nach dem Melken oder dem Mähen manchmal Arme und Schultern schmerzten, daß er sich kaum noch bewegen konnte. Es tat ihm wohl, daß die gemeinsame Arbeit mit der Mutter, auch mit dem Ziehvater wenigstens die Ahnung von einer Familie gab, die er bisher so sehr vermißt hatte. Und daß die kleine Aloisia da war, gleichsam ein Geschenk zu Kriegsende, machte ihm besondere Freude.

Aber so behütet war diese Kindheit denn doch nicht, daß nicht alles mögliche aus der Außenwelt auf ihn eindrang, das ihn erschreckte, weil er es noch nicht recht begriff. Er war kaum in die Schule gekommen, als die ersten dieser seltsamen Männer aufgetaucht waren, die bald immer mehr wurden. Sie trugen ganz andere Anzüge, als er gewohnt war, einer sah aus wie der andere, und sie nannten das Uniform. Und wer eine solche Uniform trug, hieß Soldat. Sie blieben meistens nicht lange, und wenn er fragte, wohin sie verschwunden waren, hieß es: Sie sind im Krieg.

Jedesmal, wenn ich über die Brücke von Tittmoning fahre, glaube ich, aus der Gegenwart zu fallen und Franz Jägerstätter besonders nahe zu sein. Ich denke an seinen letzten Weg über diese Brücke, und dann drängen sich mir auch Bilder aus seiner Kindheit auf, die mir niemand beschrieben hat, in denen diese Brücke aber eine besondere Rolle spielt. Ich habe gefragt, ob es so war, und niemand hat es gewußt – aber man hat gesagt, es könnte schon so gewesen sein, daß die Soldaten, wenn sie aus St. Radegund verschwanden, zur Salzach hinuntergingen und über die Brücke ans andere Ufer. Und daß der kleine Franz eines Tages einigen von ihnen neugierig nachging. Die Soldaten lachten, und auf ihren Mützen steckten Blumen, die Frauen und die Mädchen, die sie begleiteten, hatten Tränen in den Augen. Er hatte als Kind keinen Grenzschein, er blieb also stehen und sah ihnen nach, bis sie zwischen den Häusern von Tittmoning verschwanden. Er wartete dann lange, bis sie über die Brücke wieder zurückkamen, es waren nur noch die Frauen. Sie weinten immer noch, und er sah sie jetzt oft auch den Weg von seiner Schule hinunter zur Kirche gehen.

Er ging noch öfter hinter ihnen zur Salzach hinunter, und es war immer das gleiche: Sie gingen über die Brücke ans andere Ufer, und die Frauen kamen weinend allein zurück. Die Männer waren in Tittmoning geblieben – war Tittmoning der Krieg?

Und manchmal sah er eine dieser Frauen kohlrabenschwarz gekleidet und mit erstarrtem Gesicht zur Kirche gehen, ganz anders als sonst, und viele andere mit ihr. Auch Männer, von denen einer sie stützte, stumm, und alle in Schwarz. Er ging ihnen nach, und auch das Meßgewand des Pfarrers war diesmal schwarz. Er sprach von Ehre und Vaterland und vom Wiedersehen im Himmel, und alle weinten, nur die Frau in der ersten Reihe saß stumm wie ein Stein. Und das war nicht das einzige Mal, daß der Franz mit ihnen ging, in ihrer Mitte jedesmal so eine Frau mit starrem Gesicht. Es war nicht das einzige Mal, daß der Herr Pfarrer vom schrecklichen Krieg sprach, in dem der, dessen Namen er nannte, „geblieben war", wie er sagte. Als erster der Friedrich Huber, dann der Franz Imser, dann der Manglberger Leonhard. Ein schrecklicher Ort, dieser Krieg, an dem man bleiben mußte, der niemanden losließ, der einmal über die Brücke gegangen war.

Und eines Tages trug auch seine Mutter so ein kohlrabenschwarzes Gewand, er erfuhr es erst später. Sie war nur einen anderen Weg zu einer anderen Kirche gegangen, denn der Mann, von dem sie sagten, er sei sein richtiger Vater gewesen, hatte in Gilgenberg gelebt.

Mit der Zeit begann er zu begreifen, was Krieg war und daß es in Tittmoning nur einen Bahnhof gab, von dem aus die Männer dorthin fuhren. Er buchstabierte die Namen der Toten in der „Neuen Warte am Inn" und sah die Bilder von Schützengräben und Artilleriestellungen und deutschen Flugzeugen über Paris. Er sah den jungen Kaiser Karl, wie er Soldaten dekorierte, und seine Spielkameraden trugen Pistolen und Gewehre aus Holz und machten Peng! Peng! Er sah Verwundete im Feldlazarett, und einige von ihnen kamen sogar zurück nach St. Radegund, auf Krücken, mit Binden über dem Auge oder einem Armstumpf, dennoch froh, dem Krieg entronnen zu sein. Er hörte von Schlachten und glorreichen Siegen und buchstabierte sich aus Zeitungen und amtlichen Anschlägen alles mögliche selber zusammen. Er sah, wie die Nachbarn einander trafen, einmal bei dem und einmal bei jenem, und einander aus den Briefen vorlasen, die der Mann von der Post gebracht hatte, vom Elend mit den schlammigen Straßen und Erfrierungen dritten Grades, von Granaten, die einen Kameraden zerfetzt hatten, und von verschimmeltem Brot. Er sah, wie sie die beschriebenen Zettel wieder zusammenrafften und zu sich steckten, behutsam, als wären es die Reliquien eines Heiligen. Und die starren, dunklen Frauengestalten wandelten immer noch unentwegt den steilen Weg zur Kirche hinunter und wieder zurück, hinunter, zurück, wie damals, als er noch nicht gewußt hatte, was jenseits der Brücke alles geschah.

*

Es war merkwürdig, so weit er sich zurückerinnern konnte, hatte der Krieg immer in fremden Ländern stattgefunden, in Rußland, in Serbien, in Italien. Jetzt aber, als es hieß, der Krieg sei zu Ende gegangen, kam es dem kleinen Franz vor, als wäre er nur näher gekommen. Man sprach nicht mehr von Przemyśl oder Verdun, sondern immer öfter von Linz und Wels und Vöcklabruck, wo gekämpft worden sei, und das war seinem Dorf doch ganz nah. Der Kaiser, für dessen Wohlergehen sie jeden Sonntag in der Kirche gebetet hatten, war davongejagt worden, und in den Städten ging das Volk auf die Straße, „demonstrieren", wie sie das nannten, ein schwer zu buchstabierendes Wort. Sie holten die schwarzgelben Fahnen von den Masten und rissen den Offizieren, die vier Jahre lang die Heimat verteidigt hatten, die Rangabzeichen vom Kragen und die Orden von der Brust. Eine Schande, sagte der Großvater und schlug das Kreuz. Sie schrien gegen die Monarchie und für einen neuen Staat, und einmal sagte ein Mann auf dem Kirchplatz, sie müßten sich mit Deutschland zusammentun zu einem großen Reich, dieser Meinung seien auch viele in Wien. Und der Franz dachte, es wäre dann gar keine so große Mutprobe mehr, über die Salzach hinüber ans deutsche Ufer zu schwimmen, wie das einzelne Größere im Sommer manchmal wagten. Wenn sie ohnehin alle zusammengehörten …

Noch ein Wort war zu lesen, „Bürgerkrieg", und mancher schien davor mehr Angst zu haben als vor dem Krieg. Immer mehr Soldaten in Uniform tauchten auf, aber das waren die Heimkehrer, die hatten mit dem Bürgerkrieg nichts zu tun, wie der Großvater sagte. Oder doch? Viele hatten noch ihre Waffen bei sich, und wenn auch die Landesregierung angeordnet hatte, sie abzuliefern – wer konnte wissen, ob sie es auch taten? Da trieb sich jetzt allerlei Gesindel in der Gegend herum, und später, als immer mehr von Selbstschutzverbänden oder von Heimatwehren, oder auch von Schutzbündlern und wie das alles noch hieß, die Rede war – ob da nicht so mancher seine Waffe wieder hervorholen würde?

„Unsinn!" sagte der Großvater. „Wir haben das Kriegspielen satt. Bei uns ist jetzt Frieden." Aber vielleicht wollte der Großvater ihn nur beruhigen, vielleicht wußte er auch keine Antwort wie so viele, die der Kleine fragte. Und wenn die Mutter dazukam, hieß es nur: „Das kommt von dem ewigen Lesen! Wirst noch die Fraisen kriegen."

Manchmal, des Nachts, waren Schüsse zu hören. Da sollte es irgendwo geheime Übungen geben, vielleicht im Bayerischen drüben, und das war doch ganz nah. Und dann begann die kleine Aloisia heftig zu weinen, als wäre sie aus einem bösen Traum erwacht.

*

Ich denke an einen kleinen Marktflecken im Salzkammergut, 56 Kilometer Luftlinie von St. Radegund. Drei Berufsoffiziere hatten sich dort nach Ende des Krieges verkrochen, um eine neue Existenz zu finden. Der jüngste von ihnen hatte zum Glück einen wohlhabenden Vater mit einer schönen Pension, auch wenn die Inflation später den größten Teil des Barvermögens auffressen sollte. Sein Bruder war am Isonzo gefallen, und die Mutter hatte in ihrer Verzweiflung darauf bestanden, das Haus in Wien zu verkaufen, um das Grab des Toten suchen zu können und den Leichnam heimzuholen. Heimholen, so sagte man damals, meine Großmutter hat mir die traurig-groteske Geschichte oft erzählt, und ich seh sie noch weinen. Sie haben das Grab nie gefunden, und von dem Geld ist gerade noch so viel übriggeblieben, um ein altes Bauernhaus in St. Georgen zu kaufen. Hier ließen die drei Offiziere noch einen Anbau aufführen, ihre „Fabrik", in der sie Kerzen und Seife und Schuhpasta erzeugen wollten, Dinge, die man überall brauchte. Leider hatten sie keine Ahnung von ihrem Geschäft, und so schäumte die Seife nicht und roch auch nicht gut, leider brannten auch die Kerzen nicht, sie sprühten wie Wunderkerzen am Christbaum, und ich hab mir später als Kind beim Spielen noch öfter die Finger verbrannt. Vom Schicksal der Schuhpasta weiß ich nichts. So gaben es die Freunde bald wieder auf, und zwei zogen davon. Vom Ältesten, dem Herrn Oberst, weiß ich

nichts mehr, der zweite verkaufte in Baden bei Wien Bata-
schuhe und träumte von allerlei Erfindungen, die ihn reich
machen sollten. Das letzte Mal, als ich ihn sah, bald nach
Ende des Zweiten Weltkriegs, erklärte er mir, wie brennend
sich die Amerikaner für seine neueste Konstruktion eines
Gewehrs interessierten, den Brief des Präsidenten Truman
habe ich nie zu Gesicht bekommen. Die Großeltern und der
jüngste der drei Fabrikanten, mein Onkel mit seiner Familie,
blieben im Ort zurück, und meine schöne Tante, die nicht
viel mehr als den Adelsbrief ihres Vaters mit in die Ehe
gebracht hatte, wurde Bäuerin. Sie hieß Franziska und wurde
Fanny gerufen wie jene andere schöne Frau aus Hochburg,
etwa zehn Kilometer von St. Radegund, die in Franz Jägerstätters Lebensgeschichte zur zentralen Figur werden sollte.
Sie war eine begeisterte Bäuerin, die vornehme Dame, sie
hätte ich fragen können, sie und den Bauern, der noch lange
mit Reitstiefeln und Breeches über die Felder ging: Wie das
war, wenn man aus dem Offizierstöchterheim kam, um die
Mistgabel in die Hand zu nehmen. Wie man sich fühlte,
wenn man zum Kämpfen erzogen und an die Front gegangen
war, vielleicht in freudiger Erwartung, vielleicht voll Genug-
tuung, daß man endlich das tun durfte, was man sich als
Lebensziel erwählt hatte. Wie man sich fühlte nach dem
verlorenen Krieg, mit dem eine ganze gestrige Welt versunken war. Ob man dem Töten und Getötetwerden wirklich
nachtrauerte, das doch das einzige war, das für das Vaterland
zu tun man gelernt hatte? Oder nur dem äußerlichen Glanz
der Montur, der Parade- und Kasinowelt mit Kameraden im
gleichen Geist? Ich habe nicht danach gefragt, als noch Zeit
dazu war; ich war offenbar kein so neugieriges Kind wie der
Franz Jägerstätter, der alles in sich aufnahm, was auf ihn
zukam. Ich spielte zwar während der Schulferien Stall-
ausmisten und Kornmandlnaufstellen und genoß, als „die
Maschin" zum Nachbarbauern kam, um auch das Getreide
meines Onkels zu dreschen, meinen ersten Mostrausch –

aber ich nahm alles ganz selbstverständlich hin, als hätte es im Leben dieser Menschen nie etwas anderes gegeben als das, was ich vor mir sah.

Ich bin 1926 geboren, ein Jahr nach Orje, drei Jahre nach Arne, der vielleicht mein Freund geworden wäre, und ich denke jetzt manchmal: Ich hätte als Kind auch dem Franz Jägerstätter begegnen können, dem Hoferben des Leherbauer oder dem, der jetzt schon selber der Leherbauer war. Ich verbrachte damals jeden Sommer in Oberösterreich bei den Großeltern, und mein Onkel, der Bauer, hatte sich mit seinem letzten Geld ein Auto gekauft, einen herrlichen Oldtimer, würde man heute sagen, sicher mehrere Millionen wert, wenn es ihn heute noch gäbe. Es sollte ein Taxiunternehmen werden, aber wer rief damals in der abgelegenen Gegend schon nach einem Taxi, und so blieben seine Familie und wir, die Verwandten aus Wien, wohl die einzigen Fahrgäste. Ein- bis zweimal pro Ferien gab es einen großen Ausflug, nach Ischl zum Zauner und zu den Schwänen nach Gmunden. Aber vielleicht haben wir auf dem Weg nach Bayern auch die Gegend von St. Radegund berührt, und da hätte er uns mit seinem Motorrad entgegenkommen können, ich hätte ihn sicher darum beneidet. Auf seinem Sozius hätte auch schon eine junge Frau sitzen können, er hat ja etliche Ausflüge mit ihr gemacht, wie man weiß. Vielleicht habe ich ihn sogar wirklich gesehen, für einen Augenblick, mein Onkel hat ihm zugewinkt und ihn nach dem Weg gefragt, die Beschilderung war noch nicht so wie heute. Und er ist stehengeblieben, und ich habe seine Stimme gehört, Innviertler Dialekt, den ich als Wahl-Oberösterreicher vielleicht ganz gut verstand. Ich habe seine Augen gesehen, diese stets aufmerksamen, alles durchdringenden Augen ...

Aber in der Zeit, in der ich ihn jetzt sehe, hat er noch kein Motorrad besessen, und ich war noch gar nicht fähig, aus seinen Augen etwas zu lesen. In meinem Geburtsjahr lernte er Zitherspielen, und das war eine neue Attraktion des Franz.

Für gute Stimmung hatte er ja schon immer gesorgt, beim Kegelschieben oder im Winter beim Eisschießen, wo es Hochzeiten gab oder ein Erntedankfest, eine Kirchweih oder eine sonstige Tanzerei. Ob in St. Radegund oder in Tarsdorf oder weiter unten in Ostermiething – und daß er bei den Mädchen gut ankam, war bei seinem Aussehen und dem Humor, den er mitbrachte, kein Wunder. Auf jeden Fall konnte man sich mit dem Leherbauer sehen lassen, und sicher spielte bei manchem Mädchen auch die Tatsache eine Rolle, daß es nicht gerade der kleinste Hof in St. Radegund war, den er bald erben würde.

Aber war fesch sein, flott sein, Tanzen, Freundschaften pflegen und Mädchen den Kopf verdrehen – war das alles, was das Leben zu bieten hatte? Wenn er nach so einer durchtanzten, durchspielten Nacht sich endlich auf sein Bett warf und die Musik immer noch in seinem Schädel dröhnte, daß er nicht einschlafen konnte – fragte er sich da nicht oft genug, wie sinnlos das alles war und daß es eigentlich ganz anders sein müßte? Anders ja, aber wie? Er lebte nicht anders als seine Freunde: Sie taten ihre Arbeit, hatten ihr Essen und ihr Bett zum Schlafen, und als Belohnung gab's einen vergnüglichen Sonntag. Sogar zur heiligen Messe gingen sie, das war hier so üblich, wenn auch oft mit recht verschlafenen Augen. Und war sein Aufstieg vom ledigen Kind einer Dienstmagd und eines gewöhnlichen Knechts zum künftigen Leherbauer nicht ein besonderer Glücksfall? Ein Vater, der sich statt einer Bauerntochter mit entsprechender Mitgift ausgerechnet die arme Rosalia ausgesucht hatte? Mit der er noch dazu keinen eigenen Erben bekommen konnte? Mußte er dafür nicht jeden Tag Gott auf den Knien danken? Jetzt mußte er nur noch eine hübsche, lustige und wohlhabende Bauerntochter, die auf den Hof paßte, zum Traualtar führen, einen Erben in die Welt setzen, und das Wichtigste im Leben eines Bauern war getan. Warum also dieser Mißmut, der ihn zuweilen überfiel? Freilich, auf dem Hof stand nicht alles zum Besten, die Mutter war nie die Liebevollste gewesen, ein eher verschlossenes, hartes Geschöpf, auch wenn sie fleißig ihre Arbeit tat. Zu dieser Frau hätte er nie gehen können und fragen: Du, Mutter, was ist mit mir los? Und auch mit dem Vater gab es immer wieder Streit. Wenn der so weiter das Geld zum Fenster hinauswarf für seine verrückten Ideen, was blieb dann noch von der glanzvollen Zukunft? Und wenn der Vater immer öfter betrunken nach Hause torkelte und dann den ganzen nächsten Tag nicht ansprechbar war – ob das vielleicht nur daher kam, daß seine schönen Träume nicht in Erfüllung gegangen waren? Und wovon träumte der Franz?

Aber war das in anderen Familien viel besser? Gab es dort die Freundlichkeit unter den Menschen, die Nähe, die Wärme, die er suchte? Natürlich gab es das nicht, wie ein ehemaliger Schulfreund grimmig zur Antwort gab. Was hätten die Leute im Dorf sonst zu tratschen gehabt? Aber wenn die andern dieses Leben mehr oder weniger gleichmütig hinnahmen, warum nicht auch er? Glaubte er, ein Anrecht auf ein besseres Leben zu haben als sie? Etwas Besonderes zu sein, wie hin und wieder einer ihm vorwarf?

Manchmal, auch wenn er von der Tagesarbeit schon sehr müde war, ging er noch hinüber zum Weilhartforst, um die Blumen zu betrachten und die Farnwedel zwischen den Bäumen. Er liebte Blumen, da war er ganz anders als seine Freunde oder die Nachbarn, für die alles, was aus der Erde sproß, nur dazu da war, um sie zu ernähren. Diese Blumen, so oder so ähnlich hatte der Herr Pfarrer es einmal gesagt, seien so schön, weil sie wüßten, daß alles, was sie umgab, ein Geschenk Gottes war. Franz glaubte zu spüren, was der Herr Pfarrer damit meinte und von seinen Pfarrkindern forderte, aber er hatte nicht die Kraft dazu, diese Forderung zu erfüllen. Einzig die kleine Aloisia konnte ihn manchmal aus seiner Traurigkeit reißen. Sie schien zu spüren, was er brauchte, und dann nahm sie ihn an der Hand und zog ihn in den Stall und deutete auf die wolligen kleinen Entenjungen im Heu oder die eben geborenen, noch halb blinden Ferkel, die nach den Zitzen der Mutter suchten – oder auch nur auf die gemächlich ihr Futter wiederkäuenden Kühe. Sie lachte und patschte wie zur Aufmunterung in ihre kleinen Hände und ließ auch ihn für ein paar Augenblicke sehen, was sie sehen durfte.

Das Leben auf dem Leherbauerhof wurde immer schwieriger für den Franz. Noch hatte er nichts zu sagen, aber wenn der Stiefvater es so weitertrieb, dann war es bald nicht mehr möglich, alle, die hier lebten, noch zu ernähren, und das waren immerhin die Eltern, der Großvater und ein Onkel, die kleine Aloisia und er selbst. Er überlegte lange, wie sie aus dieser Misere am besten herauskommen könnten. Ob er sich bei einem größeren Bauern als Knecht verdingen sollte? Er wäre nicht der einzige gewesen, und manche gingen dazu auch nach Deutschland hinüber. Die Zurückbleibenden konnten zur Not mit der Arbeit am Leherbauerhof fertigwerden, und er brächte bares Geld nach Hause, an das der Stiefvater nicht herankam. Ein verlockender Gedanke, und eine zweite Verlockung war, endlich einmal ein Stück mehr von der Welt zu sehen, die er bisher nur aus Zeitungen und Kalendern, aus den Büchern des Großvaters kannte.

Den Ausschlag gab allerdings etwas anderes. Er hatte sich heftig in ein Mädchen verliebt, aber bald konnte er nicht mehr anders an dieses Geschöpf denken als mit geballten Fäusten. Nicht weil sie zurückhaltender war als so manche andere, das wäre eher ein Reiz gewesen und vielleicht auch ein Anzeichen dafür, daß sie mehr wert war als jene. Bald aber mußte er entdecken, daß dieses Mädchen mit dem hübschen, unschuldigen Gesicht nur spielte. Und nicht nur mit ihm, da gab es noch einen zweiten, und wenn sie angeblich keine Zeit für den Franz hatte, dann traf sie sich eben mit dem. Und umgekehrt. Ob sie sich im Ernst zwischen den beiden nicht entscheiden konnte? Oder machte es ihr nur Vergnügen, sie gegeneinander auszuspielen? Aber der Franz grübelte nicht lange darüber nach, dazu schmerzte ihn das alles zu sehr, dazu brachte ihn das alles zu sehr in Wut. Wenn er etwas nicht ertragen konnte, dann war das Falschheit, Lüge. Vielleicht, weil er es selber nicht fertigbrachte, zu lügen, zu heucheln, nicht um irgendeines Vorteiles willen, nicht um viel Geld – vielleicht nicht einmal, wenn es ums Leben gegangen wäre.

Manche nannten ihn jähzornig. Wenn ihm etwas in die Quere kam, etwas nicht gleich gelingen wollte, das er sich vorgenommen hatte, wenn er irgendwo Bosheit spürte oder eine Intrige entdeckte, dann konnte er fluchen und losschreien wie kaum einer oder auch seine Fäuste benutzen, und die waren gefürchtet. Aber es war ihm völlig bewußt, daß das keineswegs Heldenmut war, sondern eher ein Ausdruck von Schwäche, gegen die man ankämpfen müsse, wie der Herr Pfarrer im Beichtstuhl mahnte. Um deren Überwindung man zu Gott beten müsse, und zwar öfter als ein- oder zweimal am Tag oder gar nur bei der Messe am Sonntag. Und so stopfte der Franz die geballten Fäuste in seine Taschen zurück und betete um Sanftmut und Friedfertigkeit.

Und dann hatte er das Glück, daß eines Tages jemand vor der Tür stand mit der Nachricht, daß drüben im Bayerischen Erntearbeiter gesucht würden. Ob das Gottes Antwort auf seine Gebete war und die mit Mühe zurückgehaltenen Fäuste? Kurz entschlossen nahm er Abschied und fuhr über die Grenze nach Teising, das ganz in der Nähe des bekannten Wallfahrtsorts Altötting lag.

*

Der kleine Arne war in diesem Jahr 1927 noch nicht alt genug, um Geld zu verdienen. Er war damals erst vier, aber daß etwas ganz Schreckliches geschehen war, das merkte er schon. Erst war der Vater krank geworden und lag im Schlafzimmer hinter dem kleinen Geschäft. Die Mutter mußte allein die Kunden bedienen und hatte immerfort rote Augen. Jeden Tag kam der Arzt, flüsterte ihr und der Großmutter etwas zu und strich den beiden Buben mitleidig über das Haar. „Brav sein, Buben!" sagte er, und Arne versuchte brav zu sein und der Mutter im Geschäft zu helfen, so gut er konnte. Er wußte, wo die Fässer mit den Gurken und dem Sauerkraut standen, und bis 20 konnte er auch schon zählen. Und wenn ein Kunde hereinkam, dann war Arne blitzschnell zur Stelle, um herbeizuschaffen, was er verlangte – nicht nur Gurken und Kraut, auch Zucker, Mehl, Seifenpulver oder Feigenkaffee. Da war es dann nicht zu vermeiden, daß er allerlei aufschnappte, was die Leute einander erzählten, von Wirtschaftskrise und Arbeitslosigkeit und daß alles viel besser sein könnte, hätte man das Land, in dem sie lebten, damals nach dem großen Krieg nicht den Tschechen gegeben. Immer wieder fiel auch das Wort Saint-Germain, und gewitzt wie er war, merkte er sich auch vieles von dem, was er noch gar nicht verstand. Eines aber verstand er sehr wohl: „Wir haben kein Geld mehr", und ohne Geld konnte man nicht leben. Damen, deren Männer Geld verdienten, trugen neue Kleider, manche sogar einen Pelz – was die Mutter trug, war alt und abgeschabt. Kinder von Leuten mit viel Geld bekamen einen schönen glänzenden Trittroller und durften Klavierspielen lernen, Arne besaß nur eine Mundharmonika, und die war verstimmt. Er hatte ein exzellentes Gehör, sagte der Doktor, und sollte unbedingt ein ordentliches Instrument lernen.

Als der Vater endlich wieder aufstehen durfte, merkte Arne, wie sehr die Krankheit sein Gesicht verändert hatte. Er konnte gar nicht mehr richtig sprechen, und ständig tropfte es aus seinen Mundwinkeln. Arne hatte manchmal richtig Angst vor ihm.

„Wird es besser werden?" fragte er einmal die Großmutter, aber die zuckte nur die Achseln. „Ich hoffe", sagte sie, und das klang wenig verheißungsvoll. Arne nahm den kleinen Orje beiseite, der damals noch Schorsch hieß, und redete ihm ins Gewissen. „Hör zu, Schorsch! Du frißt viel zuviel. Ab morgen ißt du nur mehr die Hälfte, sonst gibt's was. Verstanden?" Schorsch begann zu weinen, und das tat Arne weh, aber er konnte nicht anders. Er dachte, daß dieses Saint-Germain und alles Tschechische daran schuld waren, er begann alle, die nicht in seiner Sprache redeten, glühend zu hassen.

*

Auch im Bayerischen schimpften die Leute auf einen „Schandvertrag", der an allem schuld war, nur hieß es hier nicht Saint-Germain, sondern Versailles. Franz arbeitete in einem großen Landwirtschaftsbetrieb und lernte in Mark statt in Schilling zu rechnen. An Politik dachte er kaum, dazu wurde ihm zu viel von früh bis abends abverlangt. Auch quälte ihn die Gicht, und die Schmerzen waren besonders beim Mähen kaum zu ertragen. Ein Glück, daß es die Sonntage gab, und nach Altötting hinüberzupilgern war ihm mehr Erholung, als von früh bis spät auf der Matratze dahinzudösen, wie es die andern taten.

Auch der ewige Staub beim Maschindreschen quälte ihn, und das Atmen fiel ihm schwer. Kranksein war ungefähr das Letzte, das sich ein künftiger Bauer leisten durfte, und wer wußte, wie lange der Stiefvater noch arbeiten konnte? Wenn Franz ernsthaft krank wurde, dann war's vorbei mit dem Geldverdienen – und er konnte doch nicht als halber Krüppel und unnützer Esser nach St. Radegund zurückgehen! Endlich war die Erntezeit vorüber, er packte seine Sachen zusammen und fuhr nach Hause.

Wenige Wochen später war er allerdings schon wieder unterwegs, diesmal nach Eisenerz in der Steiermark. „Der Franzl hat keine Ruhe in sich", klagte die Mutter, aber er versprach ihr, bald Geld zu schicken, und das beruhigte sie einigermaßen.

*

Er hatte die eleganten Schuhe der Dame gesehen, lackglänzende Schuhe, viel zu fein, um auch nur einen Schritt über den kotigen Hof zu machen, schmale, spitz zulaufende Schuhe mit hohen zerbrechlichen Stöckeln, wie er sie in seinem ganzen Leben noch nicht gesehen hatte. Daß man mit solchen Dingern überhaupt gehen konnte, ohne bei jedem Schritt umzukippen! Er hatte auch den Pelz der Dame gesehen und das blitzblanke Automobil mit dem uniformierten Chauffeur, der den Schlag geöffnet hatte und die Mütze vom Kopf riß, wenn die Dame mit huldvollem Lächeln an ihm vorbei und zum Direktionseingang stöckelte.

Franz Jägerstätter war nicht der einzige, der ihr nachsah, die Nachmittagsschicht war eben zu Ende gegangen, und er hörte hinter sich Stimmen, die ehrfürchtig oder auch neiderfüllt ein paar Zahlen murmelten, wohl die Preise, die all das kostete, was die Direktorsgattin an sich trug. Unvorstellbare Summen! Aber er war ihr nicht neidig darum, er hätte nur zu gern unter die Motorhaube des Autos geschaut, das langsam davonschnurrte. Daß Menschen so etwas erfinden, den Geheimnissen der Kraft auf die Spur kommen konnten!

„Na? Gfallt dir, was?" hörte er hinter sich die Stimme des alten Karl. Alt war leicht übertrieben, er war kaum zehn Jahre älter als Franz, dennoch sagten alle „der alte Karl" – einer der vielen, wie man sie damals überall in den Industriegebieten antreffen konnte, mochten sie nun Karl, Rudolf oder Leopold heißen, müde, ausgelaugt, oft auch noch mit einer Familie neben sich.

„Ein schöner Gräf & Stift!" Franz blickte dem Auto nach, das hinter dem Firmentor um die Ecke bog. „DX 13", setzte er rasch hinzu, der Karl sollte nur wissen, daß er etwas davon verstand.

37

„Ich mein doch nicht den Kübel", wehrte der alte Karl ab. „Nein, die dort!" Die Männer lachten. Ein komischer Kauz, der Rodegonner Bauer! Tat immer so, als hätte er für Weiber nichts übrig. Dabei hatte er alle Chancen, fesch wie er war! „Aber der Pelz gfallt dir doch, oder? So was kann sich unsereiner nicht leisten."

„Wer braucht einen Pelz!" murmelte der Franz. Das ewige Thema: ihre Armut, ihr kärglicher Lohn und der Reichtum derer da oben.

„Trottel", gab der alte Karl zurück, ohne jede Gehässigkeit. „Den Pelz brauch ich auch nicht. Aber das Geld! Was glaubst du, die Medizin, die man dafür kriegt!"

Franz sagte nichts, er dachte an Karls Frau und das Mädel, die Lisi. Beide blutarm, und die Frau hatte es noch auf der Lunge. Da brauchte man ganz andere Dinge auf dem Teller, als der Karl sich leisten konnte, sagte der Doktor jedesmal, wenn er vorbeikam.

„Werden die Bauern nie krank?" fragte einer spöttisch, und die Männer hatten wieder etwas zu lachen. Der Franz lachte nicht. Er war eben erst wegen des Blinddarms im Spital gewesen, und die Halsdiphtherie und die Bauchgrippe knapp nach dem Krieg – und die vielen daheim, die viel zu früh starben, meistens an der Tuberkulose. Der Stiefvater und die kleine Loisi husteten auch schon ganz verdächtig. „Gott gibt's und Gott nimmt's", sagten die Leute und richteten ein schönes Begräbnis aus, mit einem Leichenschmaus für die Verwandten und Nachbarn. Das war man dem Verstorbenen schuldig. Und sagten: „Jetzt hat er es besser, da droben im Himmel."

Aber der Karl glaubte nicht an den Himmel und nicht an Gott, auch wenn er nie so gehässig über die Pfaffen herzog wie die andern. Nie gebrauchte er die üblichen Spottworte, Kerzelschlucker oder Tabernakelwanzen, wenn es um Kirchenbesucher ging, wie um den Franz.

„Geht's den beiden so schlecht?" fragte er zögernd, als

sich die andern verlaufen hatten und nur noch der Karl neben ihm ging. Er mochte den Alten, der noch gar nicht so alt war. Ein Achselzucken war die Antwort, und nach einer Weile: „Sieht nicht gut aus und wird auch nicht besser werden. Wer weiß das schon!" Dann redete er von seiner Angst, bald selbst nicht mehr arbeiten zu können, und von den Arbeitslosen, die jeden Tag mehr wurden. Fast alle waren jünger als er, und viele unverheiratet, also billiger. Und wenn es endlich auch ihn erwischte, was dann?

Der Franz hatte immer geglaubt, die Armut zu kennen, aber daheim war vieles ganz anders als hier. Da stand kein Alter und kein Kranker allein auf der Straße, wenn er einmal nicht mehr weiterkonnte. Da hatte jeder sein Bett und seinen Platz am Tisch und einen warmen Ofen, schon dadurch, daß so viele miteinander verwandt und verschwägert waren. Ihm selbst, dem Huber Franzl, war es ja auch nicht anders ergangen. Und wenn auch, wie ihm jetzt manchmal zu Bewußtsein kam, seiner Kindheit vieles gefehlt hatte, das zu einer glücklichen Kindheit gehörte, irgend jemand im Dorf war immer dagewesen, um ihn aufzufangen.

Aber der Karl konnte zu alldem nur den Kopf schütteln. „Ihr Kapitalisten!" sagte er neiderfüllt. Wer sollte hier wen auffangen können? Da war jedem seine Arbeit zugeteilt, und das war so viel und für so wenig Lohn, daß man es mit aller Anstrengung gerade noch bewältigen konnte. Da gab es keinen Platz und keine Minute Zeit für den andern. Und wenn man auch noch eine Frau daheim hatte und Kinder – nein, nein! Und dann kam alles wieder hervor, was der Franz schon hundertmal gehört hatte: daß nur die Politik helfen könne und der Klassenkampf, daß die Entrechteten sich ihre Rechte selber erkämpfen müßten, und wenn es anders nicht ging, dann eben mit Gewalt.

Der Herr Pfarrer in St. Radegund war auf die „Roten" nie gut zu sprechen gewesen. „Die Sozis sind alle gottlos", hatte er gesagt, und das konnte schon stimmen. Aber böse waren sie deshalb nicht, und je länger der Franz hier arbeitete, desto mehr kam ihm vor, daß die Leute gar nicht anders konnten, als so zu denken. Wer half ihnen denn, wenn sie sich selber nicht halfen? Er erlebte Karls Arbeitsunfall mit und schleppte den Schwerverletzten in das armselige Quartier, er gab dem Kantinenwirt Geld und brachte Karl und seiner Familie täglich das Essen nach Hause. Er brachte ihm die schreckliche Nachricht, daß er entlassen worden sei, weil der Chef es sich nicht leisten könne, einen Arbeitsunfähigen weiter durchzufüttern. Und irgendeinmal trugen er und drei andere den Sarg mit dem Toten zur Tür hinaus, bald auch den Sarg mit der Frau, bald den mit dem toten Mädchen. Und als einer sagte: „Wenn es deinen Gott gäbe, Franz …", wußte er keine Antwort. Er sah, wie sie die Fäuste ballten, und war ihnen nicht böse über den Spott. Er wußte, die Revolte lag ihnen nicht im Blut, aber er spürte, wie sie auf den Tag warteten, an dem sie endlich selber „Gerechter Gott" spielen durften. Woran sonst sollten sie sich klammern, wenn nicht an die Hoffnung auf diesen Tag?

Franz hatte ein Gedicht geschrieben, ähnlich jenen Gedichten, die er in Großvaters Büchern gefunden hatte. Einen leidenschaftlichen Appell an den reichen Mann, von seiner Gier nach Reichtum abzulassen, denn der Gottessohn war auch nicht reich gewesen, als er auf die Erde gekommen war. Was hatte man von all dem Geld, wenn die Liebe fehlte und die andern bitterste Not litten?

Aber was nützten die Zeilen auf dem Papier, der reiche Mann würde darüber nur lachen! Da waren die Kampflieder der Arbeitskollegen schon ganz etwas anderes, vor denen hatte der reiche Mann Angst, das sah man ihm an. Daher das strenge Verbot, solche Lieder auf dem Werksgelände zu singen, daher die Warnung, wer zu einem der Arbeiterräte gehöre, müsse seine Entlassung befürchten. Es war auch sicher kein Zufall, daß jetzt immer öfter verstärkte Gendarmeriepatrouillen in der Nähe des Betriebes auftauchten.

Vor Jägerstätters Gott und dessen Sohn hatte der Herr Direktor bestimmt keine Angst, der drohte nicht, ihm seine Villa niederzubrennen, wenn er weiterhin die „Wühlarbeit" der Gewerkschaften unter seinen Arbeitern verbot. Der war nur ein hilfloses Kind in der Krippe für gefühlvolle Seelen, den konnte man sogar verhöhnen, indem man sich mit seiner Pelzmantelfrau im „Gräf & Stift" zur Kirche kutschieren ließ und demütig den Kopf senkte und einen Fünfziger ins Körbchen fallen ließ, weil der Priester von der Kanzel so ergreifend von Nächstenliebe gesprochen hatte. Kirche und Kapitalisten, die hielten zusammen wie Pech und Schwefel, das hatte der alte Karl schon immer gesagt. Dabei war doch auch er ein Christ gewesen, sie alle waren getauft, oder fast alle, und hatten von einem Herrn Katecheten gehört, daß der Vater im Himmel sie liebte, in der gleichen Schule, in der man ihnen beigebracht hatte, daß zwei mal zwei vier ist. Das Einmaleins konnten sie immer noch auswendig hersagen, den Glauben hatten sie längst verloren. Der Karl war als Kind sogar Ministrant gewesen, jetzt hatte er sich geweigert, einen Priester an sein Sterbebett zu lassen. Wie oft hatten die Arbeitskollegen dem Franz diese Zeitungskarikaturen mit den „bösen, fetten Pfaffen", die schon den Volksschülern mit der Hölle und den geschwänzten Teufeln Angst machten, auf seine Matratze gelegt! Aber konnte diese primitive Propaganda allein den Christen ihr Christentum ausgetrieben haben? Oder der Chef mit seinen Hungerlöhnen? Oder die Christlichsozialen, die ihn und seine Mitausbeuter im Parlament und im Landtag unterstützten?

Aber was konnte das ihm, dem Franz Jägerstätter, schon anhaben? Die dümmlichen Hänseleien der „Genossen", wie sie sich nannten, ob er glaube, daß er „dem Himmelvatta sein Vorzugskind" sei, und ob der immer ein Stricherl mache, wenn der Franz sich die Oblate vom Altar holte! Die abgedroschenen Argumente vom grausamen, tyrannischen

Gott, dem es Vergnügen machte, die hilflosen Menschen zu quälen, mit Kriegen, Naturkatastrophen und tausend Krankheiten – falls es ihn überhaupt gab. Oder war er gar nicht der allmächtige Herr, wie die Pfaffen behaupteten, um ihre Schäflein bei der Stange zu halten? War er vielleicht doch nur der hilflose alte Mann, der zusehen mußte, was er mit seiner Schöpfung angestellt hatte, trotz all seiner Liebe – wenn es ihn überhaupt gab? Nicht einmal seinen Sohn hatte er retten können – wenn das alles überhaupt stimmte, was da in der Bibel stand! Und all die anderen Abstrusitäten, die sie in irgendwelchen obskuren Heftchen zusammengelesen hatten und ihm entgegenschleuderten in ihrem Spott – was konnte ihn das alles berühren?

Oder berührte es ihn doch? Und anders, als er selber es wollte? Weit über das Mitleid hinaus, das er für diese Menschen empfand?

„Tust du das nicht alles nur aus Gewohnheit?" fragte ihn einer. „Weil's halt immer so war. Weil der Mensch die Sicherheit braucht." Darum waren ja die Pfaffen so scharf auf die Kinder, was man in dem Alter hörte, von dem kam man nicht mehr leicht los. Der liebe Heiland am Kreuz und das Kind im Stall und der Christbaum und „Stille Nacht", das drückte noch dem ältesten Mummelgreis die Tränen aus den Drüsen.

Gewohnheit? Natürlich war vieles Gewohnheit und Kindheitserinnerung: Der kleine Franz an der Hand der guten Großmutter auf dem Weg zur Kirche, und alle die andern, die in den Bänken saßen und ihr Kreuzzeichen machten. Die Glöckchen und der Weihrauch, der süß in die Nase stieg, und der Herr Pfarrer, der gütige Mann, der ihm die Wange tätschelte, bevor es wieder heimging. „Schön brav sein! Schön beten! Damit der liebe Gott seine Freude hat!" Alles Gewohnheit, wie der Kumpel behauptete?

Aber Gewohnheiten konnte man durch andere Gewohnheiten ersetzen, und irgendwann würde der Tag des Herrn dann nichts anderes mehr sein als der Tag, an dem man nicht arbeiten mußte und statt dessen zum Kartenspielen oder zum Kegeln ging, der Tag, den sich die Genossen von den Ausbeutern erkämpft hatten, weil ein arbeitsfreier Tag zur Würde des Menschen gehörte – es sei denn, man machte aus diesem Tag ein Fest und marschierte an festlich geschmückten Tribünen vorbei, um den Sieg der Arbeiterschaft zu feiern. Und irgendeinmal würde der Franz sich an nichts anderes erinnern als an das – was war daran eigentlich schlecht?

Und irgendwann begann er es auszuprobieren, und der erste Sonntag ohne Kirchgang war recht bequem. Er hatte sogar etwas Prickelndes, wie beim Schulschwänzen. Frei sein von jedem Zwang, auch zwischen acht und neun oder elf und zwölf, im Wirtshaus konnte man jederzeit aufstehen und „zahlen!" rufen, da war man ganz sein eigener Herr. Und der nächste Sonntag war nicht viel anders als dieser erste, und am Nachmittag ging's in den Wald, weil die Sonne schien, oder auf den Tanzboden. Es war nicht anders als sonst, nur daß man weniger an den Pfarrer denken mußte, wenn man das Mädchen umhalste, das einem zur Zeit am besten gefiel.

Und daß die Arbeitskollegen damit einverstanden waren und er endlich nicht mehr der Außenseiter war wie bisher, war auch nicht zu verachten. Und wenn er jetzt zu ihren politischen Versammlungen in den Nachbarort ging, im geheimen natürlich wie die Kollegen, dann hatte er das gute Gefühl, etwas für eine Sache zu tun, der man als Arbeiter schließlich verpflichtet war und von der man auch schon einige Zeit profitierte. Dazugehören war eine gute Sache, dort oder anderswo – und hatte er nicht schon als Kind darunter gelitten, ein Fremder zu sein?

Nur manchmal dieses leise Gefühl des Ungenügens, wenn er am Sonntagmorgen hellwach im Bett lag und gegen die leere Decke starrte. Er horchte auf das Ticken des Wekkers und zählte die vielen Sekunden, bis die Glocken endlich die Mitte des Tages verkündeten. Freiheit – wozu? Selbstherrlich wählen können, ob schlafen oder ein Bier trinken, ob Kegeln, ob durch den Wald streifen oder am Tanzboden den Verführer spielen oder sonst noch etwas. Freiheit – wozu?

Auch nicht in die Kirche zu gehen wird zur Gewohnheit, und irgend etwas, das fest zusammengefügt schien, beginnt auseinanderzubrechen, lauter einzelne Stücke, die kein Ganzes mehr ergeben. Man wagt gar nicht, daran zu denken, geschweige denn zu versuchen, es in Worte zu fassen wie früher. Allerlei Wünsche, die unvermittelt auftauchen, nach St. Radegund fahren, wo man daheim war, und sei es für eine Nacht – und dann fällt alles wieder zurück in lähmende Lethargie. Es war dem Franz nicht vergönnt, sich etwas vorzumachen, noch nie und auch jetzt nicht. Gewohnheit – je länger sie dauert, desto größer die Leere, desto verzweifelter möchte man ihr entkommen. Freiheit, wozu? – fragte er und bekam keine Antwort. Von wem auch?

*

Arne und Schorsch waren auch in die Kirche gegangen. Nicht regelmäßig, die Mutter hatte zu viel zu tun, um sie dazu anzuhalten, das Geschäft war von früh bis spät geöffnet, und am Sonntag kamen die Kunden durch den Hof zum Hintereingang. Und wenn die beiden doch zur Sonntagsmesse gingen, dann mit wenig Begeisterung. Die Großmutter hatte ihnen ein Morgen- und ein Abendgebet beigebracht, das lustlos heruntergeleiert wurde, es zählte zu den täglichen Ritualen, denen man sich nicht entziehen konnte, wie das Zähneputzen oder das „Küß die Hand!", wenn man der Hausfrau begegnete. Warum das so sein mußte, erklärte ihnen keiner, zumindest nicht so, daß sie es begriffen hätten, und in der Schule, eine Stunde pro Woche Religion, erfuhren die beiden auch nicht viel mehr.

Der Messias, nach dem sich diese Familie sehnte, war ein

Mensch, ein Politiker, der mit einem Schlag alles ändern würde, was hier im argen lag, auch im Greißlerladen der Mutter. Noch wußten die wenigsten, wer er war, wie er aussehen, wie er heißen werde und woher er kommen sollte, aber wenn er kam, dann würde man ihn erkennen. Mit brennenden Wangen hörten die Buben vom Kyffhäuser, dem legendären Berg im deutschen Thüringen, in dessen Innerem Kaiser Barbarossa schlief und eines Tages erwachen werde, um die Macht und die Einheit Deutschlands von der Etsch bis an den Belt wiederherzustellen. Sie fragten, ob er es sein werde oder ein neuer Jung Siegfried, den hätte sich Schorsch am liebsten gewünscht, auch wenn er schon wußte, daß heute nicht mehr mit Schwertern gekämpft wurde. Arne sah ihn eher als einen König Artus und sich selbst als Ritter der Tafelrunde. Selber lesen machte ihnen noch Schwierigkeiten, besonders dem Jüngeren, aber da gab es in den Büchern bunt kolorierte Bilder und einen Onkel, der ihnen die alten Sagen so einfach erzählte, daß selbst Schorsch alles verstand. Auf jeden Fall besuchten beide den nach Turnvater Jahn benannten Turnverein, in dem sie ihren Körper stählen konnten, um dem Messias bei seiner Ankunft entgegenzuziehen und ihm zu folgen, wenn er den Befehl dazu gab.

Arne, der Ältere, lernte in diesen Jahren aber noch zwei andere Begriffe kennen, die sich unauslöschlich in seinem Gedächtnis einprägten: „Russen" und „Bolschewiken". Nicht nur die Tschechen waren schuld an den Tränen der Mutter, die Russen, die Bolschewiken hatten seinen armen Vater nach dem Krieg noch jahrelang gefangengehalten und hungern lassen. Und da ihn dort niemand richtig gepflegt hatte, wurde er nie wieder ganz gesund. Nur darum hatte ihn die böse Kopfgrippe so niedergeworfen. Das waren die Russen gewesen, die Bolschewiken, die, wie immer mehr bekannt wurde, schon Hunderttausende, wenn nicht Millionen Menschen umgebracht hatten, während der Revolution und dann all die späteren Jahre. Arne würde das nie vergessen.

Wetterleuchten

St. Radegund hatte seine Sensation. Eines Tages kam ganz unangemeldet ein funkelnagelneues Motorrad herangebraust, auf dem ein junger Mann saß, der trotz der staubigen Straße vor dem Leherbauerhof eine elegante Kurve vollführte, als hätte er das schon seit langem geübt. Und in wenigen Stunden wußte das ganze Dorf: Der Franz war wieder daheim.

Drei Jahre war er fortgewesen, von vielen vermißt, und es hätte wohl noch länger gedauert, wären da nicht Briefe aus St. Radegund ins Steirische gekommen mit der traurigen Nachricht, der Stiefvater sei nun ernsthaft erkrankt – wieder hatte die Tuberkulose, diese Geißel von damals, ein Opfer gefunden. Und auch dem Großvater Matthäus, der schon längst im Austrag lebte, fiel es immer schwerer, auf dem Hof mitzuhelfen. Da nützte es auch nicht viel, daß Franz immer wieder kleine Summen nach Hause schickte, damit sich die alten Leute für die anstrengendsten Arbeiten einen Knecht nehmen konnten, eines Tages war es dann doch soweit. Vor drei Jahren hatte es geheißen, wir brauchen Bargeld, das war auf den meisten Höfen knapp und auf dem Leherbauerhof ganz besonders. Jetzt hieß es, wir brauchen einen kräftigen Arbeiter, zumindest einen, wenn er schon nicht gleich, was wünschenswert wäre, auch eine tüchtige Frau mitbrächte.

Die Frau hatte er nicht mitgebracht, auf dem Beifahrersitz der Maschine war lediglich ein Gepäckstück angeschnallt, und darin befand sich neben dem modischen Stadtanzug noch einiges andere, das so mancher jungen

Radegunderin das Herz höher schlagen lassen konnte. Dazu kam, daß der attraktive Mann mit dem etwas rundlichen, ebenmäßig geschnittenen Gesicht und den großen dunklen Augen aus einer Welt kam, die den Bewohnern dieses äußersten Landeszipfels noch ziemlich fremd und rätselhaft erscheinen mußte.

Die größte Sensation aber war sicher das Motorrad, das erste, das ein Radegunder besaß, eine schwere Puch 250, deren Nummer C 221 bald jedes Kind auswendig hersagen konnte. Und wer das Privileg genoß, eine Runde um den Hof oder gar eine Fahrt von Hadermarkt 7 über das Schwabenlandl bis zum Gasthof Hofbauer und wieder zurück mitmachen zu dürfen, mochte sich wohl, zumindest für die nächsten Tage, als ungekrönter König von St. Radegund und Umgebung fühlen. Bis der nächste eingeladen wurde, den gefederten Thron zu besteigen – flehenden Kinderaugen gegenüber war der Franz ziemlich wehrlos.

Mag sein, daß so mancher Nachbar über das neumodische, stinkende Teufelszeug die Nase rümpfte und ihm insgeheim vorrechnete, wieviel Grund man um dieses Geld hätte erwerben können – ernsthaft böse konnte dem jungen Leherbauer ja doch niemand sein. Schließlich war er einer der Ihren, und die Radegunder waren bekannt dafür, daß sie zusammenhielten wie Pech und Schwefel. Der kleine Makel der unehelichen Geburt war längst vergessen. Bald würde er ein besserer Leherbauer sein als der alte und dem Hof alles geben, was dieser seinem Besitzer abverlangte. Eines Tages würde der fesche Bursch auch heiraten und Kinder bekommen, auch wenn er sich vorläufig noch ein bißchen Zeit ließ. Heiraten war eine Sache, die gründlich überlegt werden mußte.

Er machte damals noch niemanden zu seinem Vertrauten, den Menschen, zu dem er ohne Scheu von seinen innersten Gedanken reden konnte, gab es noch nicht für ihn. Aber irgend etwas war aufgebrochen, das nach Antwort verlangte,

47

und so ging er am Sonntag wieder zur Kirche wie früher und wie fast alle aus seinem Dorf. Wenn die Glocken zu läuten begannen, schloß er die Tür seiner Kammer hinter sich, und so kam er gerade zurecht, bevor der Priester an den Altar trat. Er haßte es, zu spät zu kommen.

Es war eine hübsche kleine Kirche, älter als 500 Jahre, gotisch, wie der Herr Pfarrer schon den Schulkindern eingebleut hatte, mit spitzen Bogen, die das Gewölbe trugen, und vergoldeten Statuen, die nicht ganz so alt waren. In der Steiermark hatte er manchmal versucht, sich zu erinnern, wie sie aussah, aber es war ihm nicht gelungen. Jetzt gefiel sie ihm, und er beneidete den alten Mesner, der in ihr herumging, als wäre er hier zu Hause. Hatte er sich wieder in die alte gewohnte Ordnung gefügt, oder war es mehr? Sich Gott vorstellen, dachte er, während seine Lippen gemeinsam mit den andern dem Priester die gewünschten lateinischen Antworten gaben. Sich ihm nähern, ihm begegnen – konnte das ein Mensch überhaupt? Er hatte sich bald nach seiner Rückkehr das dicke Buch des Großvaters wieder vorgenommen, sein Lieblingsbuch, von den Helden und Heiligen der Kirche, denen das geschehen war. Wie hatten sie es nur angefangen?

Nicht, daß der Franz dachte, es sei das Ziel jedes Menschen, ein Heiliger zu werden, davon war er sicher weit entfernt. Und schon die ersten tastenden Versuche hätten genügt, ihn in den Augen der andern zum Narren zu stempeln. Und er mochte sie doch irgendwie, diese andern, er war gern mit ihnen beisammen, einmal beim Hofbauer, einmal beim Habl, er liebte es, schwimmen zu gehen und sich vom Strom an der Grenze dahintreiben zu lassen, er tanzte gern, er lebte gern, und das spürte er vielleicht am stärksten, wenn er mit seinem Motorrad durch das Dorf brauste. Dieses seltsame Dorf! Kleine, regellos über die leicht hügeligen Wiesen und Felder hingestreute Häusergruppen zwischen dem tief eingeschnittenen Salzachtal und dem Weilhartforst.

So ganz anders als die anderen Dörfer, die er kannte, in denen sich die Häuser rings um einen Ortskern mit Kirche, Gemeindeamt und Gasthof zusammendrängten. Hier gab es kein Zentrum, nur diese weit verstreuten Inseln, auf die sich die kaum 600 Menschen voreinander zurückzogen, dazwischen möglichst viel Getreide- und Wiesengrund. Auch die Schule lag am äußersten Rand des Dorfes, und um die in den Abhang zur Salzach hineingebaute Kirche zu erreichen, mußte man auch noch einen steilen Schotterweg hinuntersteigen, der der Höhe von etwa fünfzig Stufen entsprach. Und doch wurde der Zusammenhalt der Radegunder weithin gerühmt, nicht nur gegen die Außenwelt, sie halfen einander auch gegenseitig, und wenn einem die Scheune niederbrannte oder ein neuer Stall gemauert werden mußte, waren die Nachbarn jederzeit bereit, mitzuhelfen.

Aber im tiefsten war doch jeder allein – oder kam das nur ihm so vor, weil er trotz seiner Heimkehr aus der Fremde immer noch nicht daheim war? Nicht einmal auf dem Hof, den er doch jetzt schon so lange kannte. Da gab es die immerwährenden stummen Klagen der Mutter über den Sohn, der ihr nie so nahe hatte sein können, wie sie es sich ersehnt hatte. Nicht das kleine Kind, das fast ein Jahrzehnt lang von einer anderen Frau aufgezogen worden war, und nicht der Bub, um den sich zu kümmern die viele Arbeit am Hof und die Schwierigkeiten mit dem Mann sie gehindert hatten. Und dann, als Zwanzigjähriger, war er einfach davongegangen, und gleich für drei Jahre, und sicher nicht nur wegen des Geldes – und jetzt, endlich wieder daheim, schien er ihr vollends ein Fremder zu sein.

Auch er spürte die Fremdheit und wußte nicht, wie er sie überwinden sollte. Aber was hätte sie mit dem, was ihn bewegte, schon anfangen können? Sie, für die es nichts gab als den Hof und die Tiere und die Felder und wie man noch möglichst etwas dazukaufen konnte, noch ein Stück Vieh, noch ein paar Quadratmeter Boden. Was hätte sie ihm zur

Antwort gegeben, wenn er beim Heuwenden oder während des Dengelns der Sense sich plötzlich nach ihr umgedreht hätte: Du, Mutter, da hab ich in den Heiligengeschichten gelesen … Du, Mutter, es genügt nicht, sich nach der Arbeit im Zimmer einzusperren und zu beten. Was in der Welt geschieht, auch das geht uns etwas an, in Wien, in München, in Berlin, die ganze Politik und was sie mit unserer Kirche treiben, das geht jeden etwas an.

„Was geht mich Berlin an!" hätte sie zur Antwort gegeben und: „Wir sind Bauern, ich hab genug an unseren Hof zu denken." Er betete ihr ohnehin viel zuviel, auch den andern war das schon aufgefallen. Zur Messe ging man am Sonntag und zu den Feiertagen, alles darüber hinaus war Sache des Pfarrers. Dafür wurde er bezahlt.

War es also nicht besser, gleich stumm zu bleiben?

Es ist immer wieder geschrieben worden: Franz Jägerstätter, der einfache Bauer. Aber was heißt schon einfach? Daß der Mann keine Universität absolviert hat, ja nicht einmal ein Gymnasium? Ein Mann gerade mit Volksschulbildung und einem schwerfälligen Denkapparat, der ihn alles glauben läßt, was man ihm einredet?

Nichts davon. Der junge Leherbauer, der seine Felder bestellte wie jeder andere auch, war ein Meister darin, scheinbar Unzusammenhängendes zusammenzuschauen. Gott hatte die Welt nicht als säuberlich voneinander getrennte Teilbereiche geschaffen, und der Mensch konnte nicht in solchen Bereichen leben. Die Welt war für Franz Jägerstätter ein Ganzes, und was einer tat, mußte er als ganzer Mensch tun. Man konnte nicht auf sein Feld hinausgehen oder in die Wirtsstube oder zu einem Geschäftstreffen mit dem Viehhändler und den Christen daheim an den Nagel hängen. Der Christ konnte nicht in die Kirche gehen und den Bauern, den Sohn, der er war, den Biertrinker und flotten Tänzer, den Ehemann oder den loyalen Staatsbürger draußen lassen. Was immer man war, mußte man mit sich tragen, in die Kirchenbank, in den Beichtstuhl, zum Tisch des Herrn, was immer man war, mußte bestehen können.

Aber welcher Mensch brachte das alles fertig, was der Franz von sich forderte? Wer von all denen, mit denen zusammen er jeden Sonntag das Credo murmelte und „O Herr, ich bin nicht würdig" sang, hatte je einen Gedanken daran verschwendet? Mit wem konnte man wenigstens ein bißchen über das alles reden? Würde er nicht immer allein bleiben mit dem, was er aus Eisenerz mitgebracht und aus Zeitungen und Broschüren, aus Radiomeldungen und Wirtshausdebatten zusammengelesen, zusammengehört, sich zusammenspekuliert hatte und das sich zusammenzureimen immer schwieriger wurde? Wirtschaftskrise und Bankenkrach, die wachsende Arbeitslosigkeit, Parteienhader und Regierungsumbildungen, die Aufmärsche von Schutzbund und Heimwehrverbänden und Namen wie Schober und Otto Bauer, Vaugoin, dessen Name auszusprechen schon ein Problem war, und Engelbert Dollfuß, Hitler und Mussolini, und bei den Novemberwahlen 1930 die ersten 100.000 Stimmen für die Nationalsozialisten in Österreich, von denen es im benachbarten Tarsdorf drei und in Ostermiething schon 50 gab.

Und dann erfaßte die große Ratlosigkeit, die die ganze Welt zu beherrschen schien, auch ihn, und er schob alles von sich, mit dem er nicht fertigwurde, und war wieder der Leherbauer mit dem Motorrad, der sich mit seinen Kumpanen herumtrieb. Da gab es die Burschenzeche von St. Radegund, eine Vereinigung lediger junger Männer, die wie auch in anderen Orten – in Hochburg gab es sogar drei oder vier – sich miteinander die Freizeit vertrieben. Höhepunkte: Wirtshausraufereien und Schlägereien mit den Zechen anderer Dörfer, besonders dann, wenn sich so ein Kerl von auswärts an ein Radegunder Mädchen heranwagte. Und wenn der Leherbauer mit dabei war, dann hieß es: Nehmt euch vor seinen Fäusten in acht! Wie ein Verrückter prügelte er manchmal auf seine Gegner ein, von denen er gar nicht wußte, warum sie seine Gegner waren. Was war schon die „Ehre" des Heimatdorfes, für die sie da „kämpften", weil ihnen nichts Gescheiteres einfiel! Was war dieser lächerliche Ehrenkodex, den sie sich da willkürlich zusammengebastelt hatten, was waren die feierlich inszenierten Strafgerichte am Sonntag, wenn einer sich dagegen verging! Aber es war eine willkommene Aufgabe für seinen Jähzorn, den er schon als Kind so schwer hatte beherrschen können, wenn er mit dieser verdrießlichen Welt nicht zurechtkam. Sein gefürchteter Jähzorn – für den er an anderen Tagen im Beichtstuhl hinter dem Hochaltar Gott um Vergebung bat.

*

Ich war in diesen Jahren noch ein kleines Kind, ein Kindergartenkind, aber das Wort „Arbeitslose" kannte ich schon. Ich kannte nicht ihre Zahl, mehr als 150.000 in ganz Österreich, die immer größer werden sollte, aber ich wußte, wie diese Menschen aussahen, zumindest einige von ihnen. Das waren die Männer auf der Drachenwiese neben unserem neuen Einfamilienhaus, die den ganzen Tag Zeit hatten, ihre vielbewunderten Papierdrachen in die Luft steigen zu lassen, indes mein Vater in einem dämmrigen Büro in der Stadt rechnen und Briefe diktieren und Besprechungen führen mußte. Dennoch war mein Vater immer fröhlich, während die Männer auf der Drachenwiese mit verkniffenem Mund und trüben Augen der Schnur entlang zu ihren Drachen hinaufstarrten. Nur wenn es ihnen gelang, eines der schönen Papiergebilde, die neben ihnen im Gras lagen, an einen Spaziergänger zu verkaufen, heiterten sich ihre Gesichter ein wenig auf. Ich begegnete auch Bettlern und den Straßenmusikanten, die in die Höfe gingen und Lieder sangen und die in Papier gewickelten Münzen, die man ihnen aus den Fenstern zuwarf, dankend aufhoben. Und manchmal drückte meine Mutter auch mir eine solche Münze in die Hand und sagte: „Gib sie dem armen Mann!" Ein Auftrag, den ich, von der Wichtigkeit meiner Mission erfüllt, gern ausführte. Einmal hörte ich eine böse Stimme hinter mir: „A Schand!" sagte sie, „da schicken s' ihre Bankerten und glauben, sie tun weiß Gott was Guats!" Ich verstand nicht recht, was das heißen sollte.

Arne und Schorsch wußten mehr von der Sache. In das Geschäft ihrer Mutter kam kaum eine Kundin, die bar zahlen konnte. „Bitte aufschreiben!" hieß es dann, und schon dem Ton ihrer Stimme war zu entnehmen, wie lange der Ehemann ohne Arbeit war. Klang die Bitte schüchtern und verschämt, dann war die Frau noch ein Neuling, andere, deren Männer schon länger nach Arbeit suchten, hatten schon gelernt, ihre Forderung forsch oder gar unverschämt hervorzustoßen. Oder auch leicht und lässig, als berührte sie das alles nicht mehr. Andere bettelten nur noch stumm mit den Augen, und wenn sie gar nicht mehr zahlen konnten, blieben sie einfach weg und versuchten es anderswo. Und die Mutter der beiden Buben sah sich die Listen ihrer Schuldner an und sagte seufzend: „Wenn das so weitergeht, müssen wir zusperren. Und dann?"

Ich habe keine Armut gekannt und keine Sorgen, und wenn meine Eltern über Zahlenlisten saßen, dann machten zwar auch sie manchmal sorgenvolle Gesichter, irgendwann aber hieß es dann doch: „Wird schon gehen" oder so ähnlich. Auch meine Mutter hatte einen Beruf, sie war Lehrerin, und ich hörte das Wort „Doppelverdiener". Es klang wie ein Schimpfwort.

Ich hatte auch längst gelernt, die Hände zu falten und kleine Gebete herzusagen, ich dankte, daß Gott für uns sorgte, daß wir alle gesund waren und unser tägliches Brot bekamen, dampfende Schüsseln mit Erdäpfeln und Gemüse und manchmal auch Fleisch, das ein freundliches Dienstmädchen auf den Tisch stellte. Es war ein gütiger Gott, zu dem ich betete, und als Gegenleistung hatte ich nicht viel mehr zu tun, als brav zu sein, und das war damals noch gar nicht so schwer. Es gab klare Gebote und Verbote: Tun, was die Eltern wollten, und die wollten doch immer nur, was gut für mich war. Niemandem etwas wegnehmen und der Tante Dorli die Hand geben, auch wenn sie Schweißhände hatte. Beim Essen nicht schlürfen und andere Kinder nicht hauen – ein Gebot, das schon schwerer zu befolgen war. Immer wieder vergaß ich es, wenn ich in Wut geriet, und dann hatte ich Angst vor der Strafe. Habe ich damals je daran gedacht, daß auch Gott nicht wollte, daß ich anderen wehtat? Oder habe ich als selbstverständlich vorausgesetzt, daß er auf meiner Seite stand? Eine Haltung, die es so vielen möglich machte, ohne Bedenken in den schrecklichsten aller Kriege zu ziehen.

*

Franz Huber vom Adamsachl, Jägerstätters Cousin und Patensohn, war zehn Jahre alt, als er seinen Vater verlor, und der Firmpate zögerte nicht lange: Der Bub kommt zu uns. Er war sich bewußt, was es hieß, ein herumgestoßenes Kind zu sein, und dieses Schicksal wollte er dem Buben ersparen. Es schadete auch nicht, daß wieder ein bißchen Leben ins Haus kam. Vor zwei Jahren waren knapp hintereinander der Stiefvater und der Großvater gestorben, und da Franz alle Hände voll zu tun hatte, war der Kleine auch für die sechzehnjährige Loisi eine willkommene Bereicherung. Sie war nicht mehr die Gesündeste.

Die Sonntage aber und jede freie Stunde waren dem Buben vorbehalten, und wieder einmal gab es im Ort ein mehr oder weniger wohlwollendes Kopfschütteln. „Der Leherbauer ist ja ganz narrisch mit seinem Buam", hieß es, und nicht zu Unrecht. In St. Radegund gab es kaum ein Kind, um das sich einer derart gekümmert hätte. Man brachte ihm je nach Auffassungsgabe bei, was für die künftige Arbeit nötig war, alles andere mußte sich von selber finden, und dazu war auch der Pfarrer da. Wenn das Kind weiter nichts anstellte, dann geschah ihm auch nichts, wenn es nicht irgendwelche kleine Arbeiten gab, dann hatte es seine Freiheit. Aber daß sich einer in seiner kargen Freizeit derart mit einem Kind abgab wie der Franz, noch dazu als Jungbauer im Heiratsalter? Dauernd kutschierte er den Kleinen mit dem Motorrad in der Gegend herum, zeigte ihm den Wald und die Blumen und wie das Getreide wuchs. Am Sonntag führte er ihn in die Kirche und sorgte dafür, daß der Franzl anständig mitbetete und sein Kreuzzeichen machte, er nahm ihn sogar zur Kommunionbank mit, und das öfter als die ein- bis zweimal jährlich, die im Dorf üblich waren. Dann ging's ins Gasthaus zum Kegeln, der Bub durfte Kegel aufstellen und sich ein paar Groschen verdienen, und manchmal blieben sie so lang, daß es daheim ein Donnerwetter gab, weil die Mutter das Essen für ihre beiden Männer schon mehrmals hatte aufwärmen müssen. Alles ganz schön, hieß es dann im Dorf, der Leherbauer ist sicher ein guter Kerl. Aber muß man so übertreiben?

Hätte man den großen Franz befragt, wovor er den kleinen am ehesten bewahren wollte, hätte er damals wahrscheinlich gesagt: vor dem Jähzorn und vor der Menschenfurcht, seinen eigenen heimlichen Schwächen. Er hatte sich zwar schon so weit in der Gewalt, daß es bei den Raufereien der Burschenzechen nicht zum Äußersten kam, und daß da und dort sogar Waffen auftauchten – Holzprügel, Eisenketten, mit Sand gefüllte Lederwürste, die sogar mit Messerschneiden gespickt waren –, gefiel ihm schon gar nicht.

Für weitaus schlimmer noch hielt er aber das, was er die „Menschenfurcht" nannte und geradezu für eine Krankheit hielt. Vor nichts hatten die Menschen mehr Angst als vor dem, was ihnen andere antun konnten – als gäbe es keine höhere Macht, die man fürchten müßte. Aber nicht nur, daß der Arbeiter den Vorarbeiter fürchtete, der Schüler den Lehrer, daß keiner so wohlhabend und einflußreich sein konnte, daß es nicht auch für ihn einen gab, den er fürchtete. Weit mehr noch hatten sie Angst vor der üblen Nachrede, vor dem hämischen Blick, einem verächtlichen Achselzucken, einem verletzenden Lachen. Angst vor dem, was der oder jener über sie denken könnte, weil sie vielleicht etwas taten, das aus dem Rahmen fiel, einer augenblicklichen Mode zuwiderlief, das irgendwelchen ungeschriebenen, allgemein anerkannten, wenn auch noch so abstrusen Geboten widersprach: Was der Brauch war und was sich gehörte, was man durfte und nicht durfte, was man zu tun hatte und was man lassen mußte. Diese Angst war es doch, die sie, mit wenigen Ausnahmen, zu der schrecklichen Herde machte, die alles nachblökte, was ihnen der Leithammel vorgab. Aber man durfte sich ihr nicht ausliefern. Wenn man das tat, dann war schon der nächste Schritt, daß man sich dem unterordnete, was der andere, was viele, was vielleicht alle für richtig hielten, auch wenn man selber genau wußte, wie falsch es war. Wie oft war er versucht, Auseinandersetzungen lieber auszuweichen, selbst wenn es um Dinge ging, die ihm wichtig waren. Wie oft hatte er Freunden oder Arbeitskollegen gegenüber verleugnet, daß er, was Frauen betraf, im Grunde ganz anders dachte als sie, und lieber einen leichtsinnigen Frauenhelden gespielt, um nicht als Kümmerling, als Fuchs mit den sauren Trauben oder als Frömmler dazustehen. Und war es nicht vollends absurd, daß er, wenn er öfter als üblich zur Kommunion gehen wollte und die Blicke der Leute bemerkte und wie sie die Köpfe zusammensteckten, dann doch lieber in seiner Bank sitzen blieb? Wie konnte ihn das alles genieren? Wie konnte er als Christ das überhaupt bemerken, wenn er doch im Begriff war, in wenigen Sekunden den Leib des Herrn in sich aufzunehmen? Darum mußte man sie überwinden, diese gefährliche Angst, die den ganzen Menschen zerstören konnte, und darum bemühte sich der große Franz jeden Tag, und auch der kleine sollte möglichst früh davon wissen. Er war doch so etwas wie dessen zweites Ich, um das man sich bemühen mußte wie um das eigene, ohne Vater wie er selbst, arm, wie er im Adamsachl gewesen war. In der Beschäftigung mit diesem Kind hatte Franz einen Sinn gefunden, ein Glücksgefühl, wie er es noch nie gekannt hatte.

Aber auch eine andere Seite seiner Natur verlangte ihr Recht. Er war immer auch noch der „frühere Franz", an dem sie ihre Freude gehabt hatten, und bald wurde es auch offenkundig.

„Ich krieg ein Kind, Franz." So oder so ähnlich wurde es eines Tages gesagt, vielleicht auch mit dem Zusatz: „Ein Kind von dir."

„Also, die wirst du nicht heiraten!" sagte die Mutter, als sie davon erfuhr. Theresia Auer war eine Magd aus dem Dorf, und bald war ihr Zustand nicht mehr zu übersehen.

Es war zu verstehen, eben erst hatte Rosalia sich von ihrer schweren Ehe ein wenig erholt, und schon sollte eine Wildfremde das Regiment im Haus übernehmen? Und ausgerechnet dieses leichtlebige Ding, von dem bald die Rede ging, der Franz sei nicht der erste und auch nicht der einzige gewesen? Und was sollte aus der kranken Loisi werden, wenn mit der neuen Frau gleich ein Kind mitkam? Hatte diese Resi am Ende damit gerechnet? Da hätte sie zum Hof gleich auch ein Kindermädchen, wenn sie aufs Feld mußte oder mit ihrem Franz auf der flotten Maschine zum Tanzboden fuhr. Klug eingefädelt, aber daraus durfte nichts werden!

Für den jungen Leherbauer war der Schock kaum geringer gewesen als für die Mutter. Da war man nun einmal ausgerutscht, oder ein bißchen öfter, aber bestimmt nicht öfter als die meisten, die er kannte – und schon war ein neues Leben da, für das man Verantwortung trug. Gleichgültig, ob an dem Gerede, das Kind sei gar nicht das seine, etwas dran war oder nicht, er war bereit, zu seiner Schuld zu stehen – aber eine Ehe?

Sicher hatte er in der Begegnung mit dieser Theresia Auer mehr gesucht als die üblichen Vergnügungen der männlichen Dorfjugend mit entsprechend willfährigen Mädchen. Mehr als das „Sich-austoben-Müssen", wie es wohlwollend genannt wurde, das scheinbar auch mühelos mit dem sonntäglichen Kirchenbesuch zu vereinen war. Und wenn das, was doch so sehr der Natur eines gesunden, kräftigen Mannes entsprach, wirklich Sünde war, wie der Pfarrer von der Kanzel herab wetterte, dann bequemte man sich halt, wenn das Osterfest, der allerletzte Termin, herankam, in den knarrenden Beichtstuhl. Und derselbe Pfarrer, sichtlich erleichtert, daß das schon verloren geglaubte Schaf doch noch in den Stall zurückgefunden hatte, gab seine Absolution. Auch wenn beide wußten, daß das reuige Beichtkind schon bald wieder und ohne besonderen Widerstand seiner menschlichen Schwäche erliegen werde, wenn die Verlockung nur stark genug war.

Franz verabscheute diese verlogene Übereinkunft, deren sich ja auch er manchmal bediente, es war so schrecklich bequem. Aber jetzt stand er vor einer ganz anderen Entscheidung: Eine Ehe? Der heilige Stand, wie sie genannt wurde? Ein unauflöslicher Bund fürs Leben? Ein Sakrament wie das der Taufe, der Firmung, der Priesterweihe? Was konnte das schon für eine Ehe werden! Er, der um eine ganz andere Form seines Glaubens kämpfte als die, die er bisher gelebt hatte – eine Mutter, für die die Ausübung ihrer Religion nicht viel mehr war als eine der sonstigen Pflichten, die einer Radegunder Bäuerin auferlegt wurden, das tägliche Füttern der Schweine oder die Arbeit am Butterfaß – und als dritte in dieser kleinen Familie eine junge Frau, die im Grunde an gar nichts glaubte? In welchem Spannungsfeld mußte da erst das kleine, hilflose Kind aufwachsen? Konnte man die Sünde, die die Zeugung dieses Kindes, die schon das kurze Verhältnis mit dieser Frau für ihn nun einmal war, wiedergutmachen, indem man mit Gewalt eine Gemeinschaft zu gründen versuchte, die nie eine Gemeinschaft sein, in der jeder für sich einsam sein, in der zwangsläufig eine Schuld schon die nächste und diese wieder die nächste nach sich ziehen würde? Und das alles nur deshalb, um einer Konvention Genüge zu tun?

Er sprach mit dem Mädchen, lange und ausführlich. Er wollte für das Kind sorgen, es würde immer einen Vater haben, der sich zu ihm bekannte – und die junge Frau war es zufrieden. Sie hatte wohl begriffen, daß ein Leben mit diesem Mann, der, auch wenn er fröhlich und charmant sein konnte, alles so schrecklich ernst nahm, sicher nicht das Vergnüglichste sein würde. Andererseits konnte man sich auf ihn verlassen. Wenn er sagte, ich werde zahlen, dann würde er zahlen, und wenn er versprach, sich auch sonst um das Kleine zu kümmern, würde sich auch dann nichts daran ändern, wenn er eine Frau finden sollte, die zu ihm paßte.

Am 1. August 1933 kam das Kind zur Welt, zwei Monate zu früh, um ein Leherbauerkind zu sein, wie ein Spötter bemerkte, aber der Franz dachte nicht daran, das Geschwätz ernst zu nehmen. Für ihn war die kleine Hildegard sein Kind, und wehe, es fiel in seiner Gegenwart ein böses Wort über die Mutter. Ein seltsames Verhalten, wie die Umgebung dachte, und wenn schon aus der Steiermark ein so anderer Franz nach Hause gekommen war, was war von ihm dann noch zu erwarten?

Eines Tages, etliche Monate später, kam der Arzt auf den Hof, um – wie er sagte – mit Frau Rosalia ein ernstes Wort zu reden. Und sie gab weiter, was der Arzt gesagt hatte und was der Franz dennoch nicht wahrhaben wollte: Aloisias Krankheit, die Schwindsucht, die Lungentuberkulose, wie der Arzt sie nannte, war schon so weit fortgeschritten, daß ein längeres Verbleiben in ihrer Nähe für den kleinen Franz lebensgefährlich werden konnte. Er mußte also fort, und möglichst rasch. Die Nachricht traf den großen Franz tief.

Den Buben verlieren? Ihn herausreißen aus allem, was er hier lieben gelernt hatte? Ihn zu wildfremden Leuten geben, da seine Mutter als Dienstmagd ihn nicht zu sich nehmen durfte? Fieberhaft suchte er nach einem Ausweg. Den Kleinen in ein Internat geben, wie das die reichen Leute taten, die ihre Kinder loswerden wollten? Aber er war nicht reich, das trug der Hof nicht, und selbst wenn er das Motorrad verkaufte, reichte das nicht für lange. Aber was sonst?

Die Mutter hatte bald einen Platz gefunden, gute Menschen in Tarsdorf, wie sie versicherte. Natürlich mußte der Kleine als Knecht bei der Arbeit helfen, ein Zwölfjähriger war kein Kind mehr. Natürlich erst nach der Schule, wie es sich gehörte.

Natürlich – Franz brachte es nicht fertig, seiner Mutter in die Augen zu sehen. Wie stolz sie war, daß sie alles so gut geregelt hatte! Eine Selbstverständlichkeit in ihrer Welt – nur keine Selbstverständlichkeit für ihn. Er hatte es erlebt, was dabei verlorenging, mit jedem Tag, mit jedem Jahr, und wie schwer es war, es zurückzubekommen.

Irgendwann in den nächsten Tagen holte er dann das Motorrad aus der Scheune und schnallte das Zeug des Kleinen auf den Gepäckträger. Sein Kreuz, das von der Großmutter im Adamsachl, hatte er dazugetan. Es war eine kurze Reise für die schnelle Maschine, aber sie erschien ihm unendlich lang.

Aber er mußte weiter tun, was zu tun war, und er tat es, auf dem Hof, im Stall, auf den Feldern. Er beklagte sich nicht, wie er sich auch früher nie beklagt hatte. Jetzt hatte er wenigstens wieder ein bißchen Zeit für sich, wie die Mutter meinte, und insgeheim dachte sie: ein bißchen Zeit auch für mich. Ihre Hoffnungen wurden nicht erfüllt, sie hatte nicht mit ihren Feinden gerechnet, mit den vielen Büchern und Broschüren aus der Hinterlassenschaft des Großvaters, in die sich Franz jetzt immer tiefer vergrub. Schon der alte Mann hatte es ihm eingeschärft, und jetzt begriff er aus eigener

Erfahrung, wie wichtig Bücher zur Erziehung des Menschen sind, der ja nicht nur körperliche Nahrung braucht. Ein ungewöhnlicher Gedanke für einen jungen Bauern in dieser Umgebung, in der man der Meinung war, das Lesen mache die Menschen nur noch dümmer, als sie ohnehin schon seien, und noch ungewöhnlicher war seine Begründung, der Mensch brauche diese geistige Nahrung deshalb, weil nicht alle Priester das Talent besäßen, gut zu predigen. Natürlich meinte er keine Liebesromane und Räubergeschichten, wie er einige Zeit später seinem Patensohn in die Fremde schrieb, die seien zwar ganz spannend zu lesen, hätten aber keinerlei Wert.

Aber nicht nur die Bücher des Großvaters füllten seine Freizeit aus, auch Zeitungen, Flugblätter und Plakate kamen in das entlegene Dorf an der Salzach, und kaum eine Zeile, die Franz in die Hände bekam, blieb ungelesen. Nichts hinderte ihn daran, die politischen Veränderungen in seinem Land aufmerksam zu verfolgen, und was er da erfuhr, machte ihm mehr und mehr angst: Der ewige Streit im Wiener Parlament – das es dann, Anfang März 1933, nicht mehr gab. Der neu verkündete Ständestaat, von dem selbst seine Verkünder nicht wußten, wie er funktionieren sollte, und die Auflösung des Schutzbundes, der Kommunistischen und der Nationalsozialistischen Partei. Einige Zeit glaubte Franz aufatmen zu können, die antichristlichen Sozialisten waren entmachtet, und wenn ein Ständestaat nach den Vorstellungen von Dollfuß schon in der Enzyklika des Papstes vor drei Jahren empfohlen worden war, wie man jetzt zu lesen bekam, dann mußte doch etwas dran sein. Nur das Kruckenkreuz störte ihn, es erinnerte ihn trotz aller Unterschiede zu sehr an das Hakenkreuz der Nationalsozialisten, besonders wenn es bei Massenkundgebungen auf Fahnen und Transparenten in solchen Mengen herumgetragen wurde.

Aber die Unruhen dauerten weiter an, und schon im Februar des nächsten Jahres brach der blutige Kampf zwischen den Sozialdemokraten und der Regierung los, in Linz, in Steyr, in Wien und auch im steirischen Industriegebiet. Er dauerte nicht lange, nach drei Tagen hatten Bundesheer und Heimwehr ihre Gegner mit Kanonen und Maschinengewehren zusammengeschossen, aber der Franz saß die ganze Zeit am Kopfhörerapparat eines Freundes und hörte mit Entsetzen die widersprüchlichen Zahlen der Toten, 128, 200 geschätzt, zuletzt an die 300 offiziell, und die Zahlen der unzähligen Verletzten. Er hörte von den Urteilen der Standgerichte und zitterte, wenn die Namen verlautbart wurden, ob vielleicht einer dabei war, mit dem er am Erzberg gearbeitet hatte. Und fünf Monate später saß er wieder bei seinem Freund, diesmal hatten die Nationalsozialisten losgeschlagen, hatten das Bundeskanzleramt besetzt und den kleinen Kanzler Dollfuß ermordet. Und die beiden glaubten die schlimmsten Stunden ihres Lebens zu erleben, als es ihnen aus den Hörern entgegenschlug, die Regierung sei abgesetzt und Anton Rintelen neuer Kanzler geworden. Kurze Zeit später war die Rundfunkanstalt zurückerobert, und Franz und sein Freund konnten aufatmen. Noch einmal hatte Österreich Glück gehabt.

*

Das Schlimmste aber war schon im vergangenen Jahr geschehen: Adolf Hitler war an die Macht gekommen und hatte sich in der Wahl vom 5. März 1933 die Bestätigung seines Sieges geholt. Und so abgeschieden das kleine St. Radegund lag, schon nach wenigen Wochen war auch hier zu spüren, wieviel sich dort drüben verändert hatte.

Franz war von einer auffallenden Unruhe erfaßt worden, und die Mutter beobachtete das mit großer Sorge. Sooft er sich Zeit nehmen konnte, holte er das Motorrad aus der Scheune, um Freunde zu besuchen und mit ihnen zu reden, und immer wieder zog es ihn zur nahen Salzach, dem

Grenzfluß. Er fuhr hinauf bis nach Braunau und betrachtete das Geburtshaus des neuen Reichskanzlers, das trotz des strengen Verbots geschmückt war. Wie auch überall anderswo trotz aller Verbote und Strafandrohungen Hakenkreuzfähnchen und Propagandaparolen die Straßen überschwemmten. Er fuhr zum Fluß und blickte über die Brücke hinüber zur deutschen Zollstation, von wo dauernd dröhnende Marschmusik herüberwehte. Er fuhr nach Burghausen, nach Tittmoning, bis hinunter nach Oberndorf, und überall bot sich das gleiche Bild: Musik und die Fahnen und die aufdringlichen Hakenkreuze. Gegenüber Tittmoning stellte er das Motorrad am Ufer ab und ging über die Brücke. Es hatte geheißen, die Österreicher dürften auch weiterhin mit ihrem Grenzschein passieren, und auch Franz durfte es. Er wurde nur genauestens untersucht. Einen der Zollbeamten kannte er seit Jahren, der aber blickte rasch zur Seite, als Franz ihn grüßen wollte. Die anderen kannte er alle nicht mehr, und es waren mindestens doppelt so viele wie früher, als müßten sie ihr Land vor dem kleinen Österreich schützen. Noch nie war er nach dem Grund seines Grenzübertritts gefragt worden, jetzt sagte er wie aus der Pistole geschossen: „Ich möchte ins Kino", und ging dann wirklich ins Kino, um keinen Verdacht zu erregen. Als er über die Brücke zurückging, fiel ihm ein Satz ein, der ihn seit Wochen beschäftigte: „Es ist unmöglich, ein guter Katholik und ein wirklicher Nationalsozialist zu sein." Seit Wochen trug er diesen Satz schon mit sich herum, drehte und wendete ihn, aber der Inhalt blieb immer derselbe. Es war unmöglich, es war unmöglich …

Als er wieder einmal von so einer Fahrt heimkam, dämmerte es schon, und der mächtige Block des Passionsspielhauses ragte dunkel gegen den Himmel. Die Radegunder spielten heuer ein Marienspiel, es war gut angekommen bei der Premiere und doch eine Pleite geworden. Um die österreichische Wirtschaft zu schädigen, hatte Hitler angeordnet, jeder Deutsche, der in Österreich einreisen wollte, hätte tausend Mark zu zahlen. Eine ungeheure Summe damals, und natürlich kam keiner mehr, auch den österreichischen Besuchern wurde der Bahnweg über deutsches Gebiet abgeschnitten. 100, 150 Besucher pro Aufführung statt der früheren 1000 waren die Folge, und im August spielten sie gar nicht mehr.

Als Franz an dem Gebäude vorbeifuhr, sah er an der Vorderfront einen hellen Fleck. Er blieb stehen und lief über die Wiese, es war irgendein Propagandaplakat. Ausgerechnet hier, dachte er. Er konnte kein Wort mehr lesen, er sah nur noch die dunklen Balken des Hakenkreuzes und riß das Plakat wütend herunter. Ausgerechnet hier! Er warf es zu Boden und stampfte mit den Füßen darauf herum. Er spürte, wie ihm die Tränen kamen. Vor elf Jahren hatte er da drin als kaiserlicher Soldat den Leibrock des Heilands gewonnen, während dieser hoch über ihm sein Leben hingab, zur Erlösung der Welt.

Plötzlich hörte er ein Geräusch und blickte um sich. Es war schon finster, und kein Mensch war zu sehen – aber vielleicht hatte ihn jemand beobachtet! Auf der Straße gloste das Licht des Motorrads, es konnte ihn leicht verraten, und kaum einen Kilometer weiter begann Deutschland. Ein Schauer lief ihm über den Rücken.

*

Nur wenige Tage vor Adolf Hitlers Griff nach der Macht hatte sich etwas anderes ereignet, weniger spektakulär, aber nicht minder bedeutsam. Ein Hirtenbrief des Linzer Bischofs Johann Maria Gföllner war am Sonntag von allen Kanzeln verlesen worden, er hatte den Titel „Über wahren und falschen Nationalismus" und sollte den Katholiken der Diözese die Augen öffnen, wer da in Deutschland nach der Macht griff. Der Brief war ziemlich lang, 28 Seiten Maschinschrift, und viele Zuhörer langweilten sich, wurden unruhig, mancher Mann ging hinaus ins Freie.

Franz Jägerstätter aber hörte vom ersten bis zum letzten Wort gebannt zu, er hatte schon einiges über das Thema gelesen, aber hier war es so klar und deutlich gesagt, daß es kein Mißverständnis mehr geben konnte. Der Bischof hatte über die Einheit des Menschengeschlechts geschrieben und daß alle Rassen derselben Wurzel entstammten – und das klang ganz anders als von drüben jenseits der Salzach, wo sie nicht genug von der Überlegenheit der nordischen Rasse reden konnten und vom Lebensraum, den sich der Herrenmensch erkämpfen müsse. Aber es gäbe kein edelrassiges und kein minderwertiges Volk, sagte der Bischof, und der Rassenhaß der Nationalsozialisten sei mit dem Christentum unvereinbar wie Wasser und Feuer.

Auch an diesem Sonntag hatte die Mutter wieder was zu schimpfen, weil der Franz zu spät zum Mittagessen kam, gleich zwei Stunden zu spät, und daran war nicht das Kegeln schuld und auch nicht der kleine Franz, mit dem er sich vertrödelt hatte. Er war gleich nach der Messe in die Sakristei gehetzt, damit ihm keiner zuvorkam. „Kann ich das haben?" bat er und deutete auf den Hirtenbrief. „Ich hab nicht alles verstanden."

Der Pfarrer war hocherfreut über den Eifer des jungen Mannes, sonst schien sich niemand dafür zu interessieren. „Wenn Sie es gleich lesen wollen? Ich brauch es am Nachmittag wieder." Franz war einverstanden, nahm das Manuskript und kletterte die steilen Holzstufen zum Chor hinauf, dort war er ungestört. „Wenn du Hunger hast, geh nach Haus!" rief er zum kleinen Franz hinunter, der ihn schon gesucht hatte, dann versenkte er sich in den Text. Er hatte schon einiges über den „Blutmythos" der Nazis gehört, der nur körperliche Merkmale wertete, und daß Rassenvermischung eine Todsünde wider das Blut und die „deutsche Rasse" sei. Aber hier stand das alles noch viel genauer.

Er borgte sich das Manuskript später noch öfter aus und holte sich Zeitungen aus Ostermiething, die den Bischof je nach Weltanschauung dafür lobten oder angriffen. Sie schrieben auch über seine bedenkliche Haltung gegenüber den Juden, aber das stand dem Franz eher fern, in ganz St. Radegund und Umgebung gab es keine Juden. Er las, daß der Rassenantisemitismus unmenschlich und unchristlich sei und daß die Kirche für die Juden beten müsse, und das genügte ihm. Er las, daß nicht Staat, Nation oder Rasse die wahre Religion bestimmen dürften, sondern nur Gott und seine Kirche und daß die Bestrebungen, eine „deutsche Volkskirche", eine „Los-von-Rom-Kirche" zu gründen, abzulehnen seien. Nicht am deutschen Wesen könne die Welt genesen, las er, sondern einzig und allein an Jesus Christus. Wenn man deutsch fühlen darf, las er, dann darf man mit dem gleichen Recht auch österreichisch fühlen. Diese Ideologie, las er, ist ein Rückfall in abscheuliches Heidentum. Und immer wieder las er den einen Satz, den er von nun an nicht mehr vergessen sollte, daß es unmöglich sei, gleichzeitig ein guter Katholik und ein wirklicher Nationalsozialist zu sein.

Etliche Tage später fand er im „Linzer Volksblatt" die Mitteilung, daß der neue Hirtenbrief um 30 Groschen zu kaufen wäre, und bestellte sofort zwanzig Stück. Er mußte sie an seine Freunde und Nachbarn verteilen, auch wenn die Mutter gegen die Verschwendung protestierte. „Um die sechs Schilling kannst du beim Eichelseder 120 Semmeln kaufen!" rief sie, er aber lachte nur: „Wenn du 120 Semmeln brauchst, ich schenk sie dir."

„Das mußt du lesen!" sagte er zu dem und zu jenem und drückte ihnen den Hirtenbrief in die Hand – und fragte schon ein paar Tage später, ob sie ihn auch gelesen hätten. Der Leherbauer spinnt schon wieder einmal, hieß es dann. Lesen! Gab's denn auf dem Hof keine vernünftige Arbeit? Eines Abends, als er besonders lange in seiner Stube über den

Blättern saß, verlor die Mutter die Geduld und klopfte an die Tür. „Schlafst du immer noch nicht? Morgen im Stall bringst dann wieder die Augen nicht auf."

„Ja, ja, ich dreh schon ab", rief er schuldbewußt zurück, raffte die Blätter zusammen und drehte das Licht ab.

Aber was war dieser Stall, was waren die Tiere, was war das alles im Vergleich zu dem, was dort draußen sie bedrohte? Und man las nicht nur in der Zeitung davon, von Schmieraktionen, Bombenanschlägen und Anschlußkundgebungen; man las nicht nur von Flugzeugzwischenfällen und zerstörten Überlandleitungen – oder von dem abscheulichen Plakat, das in Linz am Tor des Hauses gehangen war, das den Hirtenbrief nachdruckte: Christus als gehenkter Verbrecher am Hakenkreuz und darunter der Satz: „Einmal ist er aus jüdischen Händen von arischen Römern gekreuzigt worden. Jetzo, der Heiland Hitler gebeuts, hängen wir Christus ans Hakenkreuz. Heil Hitler! Juda-Christus verrecke!" Auch in der allernächsten Umgebung geschah bereits ähnliches. In St. Radegund gab es zwar noch keinen einzigen Nationalsozialisten, da hielten sie zusammen wie gegen alles, was von außen kam, und daß die Hitlerleute ihren schönen Spielen für immer ein Ende gemacht hatten, wurde ihnen nicht vergessen. Aber nur wenige Kilometer weiter, von Braunau über Geretsberg bis hinunter nach Ostermiething wurden Mauern und Haustore mit Hakenkreuzen und Parolen gegen Regierung und Kirche beschmiert, nur wenige Kilometer von ihnen entfernt gab es Waffenübungen, und kaum eine vaterländische oder kirchliche Veranstaltung, die nicht gestört worden wäre. Auch Anpöbelungen von Priestern durch ihre eigenen Pfarrmitglieder waren keine Seltenheit mehr, und ein Hitlerjunge ging sogar in die Pfarrhofkapelle von Tarsdorf und ließ während einer Messe die Hose herunter. Und über die Salzach kam das Geld, kamen Gewehre, Böller und Sprengmittel, kam die Unterstützung durch Zeitungen und das Radio. Dort drüben saßen auch die

Mitglieder der „Österreichischen Legion", Zehntausende illegale Nationalsozialisten, die Österreich verlassen hatten, sie saßen in Dutzenden Lagern von Rosenheim bis nach München und Dachau und im Norden bis Coburg und warteten auf den Tag, an dem sie endlich losschlagen durften. Hitler wollte sein Österreich haben, seine „Heimatstadt" Linz, die er zur glanzvollen Großstadt ausbauen, und Wien, das er demütigen wollte, weil es ihn in seiner Jugend zurückgestoßen hatte. Und die Zahl seiner Anhänger wuchs, als könnten sie es nicht mehr erwarten, unter die Stiefel des Tyrannen zu kommen.

Und der Franz mußte zusehen, ohne etwas dagegen tun zu können, und dieses schreckliche Gefühl der Ohnmacht ergriff immer mehr von ihm Besitz. Manchmal träumte er von alldem, was er am Tag erlebt hatte, und dann flüchtete er am frühen Morgen in die Kirche hinunter, wo der Pfarrer für ein paar Frauen die heilige Messe las. Er bemerkte gar nicht, wie sie neugierig zu ihm herübersahen – ein Mann, der unter der Woche zur Messe ging! Er blieb dann noch lange in der stillen, leer gewordenen Kirche und starrte auf die Statue des leidenden Jesus an einer der Säulen gegenüber dem Eingangstor, der sein Kreuz in der Hand hielt. Als Kind hatte er immer ein bißchen Angst gehabt vor dem seltsamen kleinen Mann mit den vielen Blutspuren und dem viel zu großen Kopf auf dem ausgemergelten Körper. Da nützte auch der goldene Schurz nichts, da nützten auch nichts die Strahlen, die von seinem Haupt ausgingen. Er hatte sich immer möglichst weit weg von ihm gesetzt oder gestellt, aber er konnte nicht verhindern, daß er immer wieder zu ihm hinübersehen mußte – wie Kinder, die einem auf der Straße neugierig nachschauen und sich rasch abwenden, wenn man sich umdreht, weil sie sich bei ihrer Neugier ertappt fühlen, und das wieder und wieder … Es war wie ein Spiel und war doch viel mehr, er konnte sich noch so zwingen, möglichst lange anderswohin zu schauen, da war immer das Gefühl gewesen: Er schaut mich an! „Immer schaut er mich an", hatte er eines Tages auf die Frage der Großmutter gesagt, warum er in der Kirche dauernd den Kopf hin- und herdrehe, und er war ganz erstaunt, als sie zur Antwort gab: „Er schaut uns alle an. Es ist gut, wenn du das weißt."

Jetzt, zwanzig Jahre später, stand er ganz nahe vor dem Leidenden, der den grellroten Blutstrahl aus seiner Herzwunde in einem goldenen Kelch auffing – eine Gebärde, deren Sinn das Kind lange nicht verstanden hatte. Aber er sah nicht nur die Wundmale und das viele Blut auf der breiten Stirn, wie der kleine Franz, er sah auch eine unsagbar tiefe Trauer, als hätte der unbekannte Künstler eine Ahnung in dieses Gesicht schreiben wollen, wie vergeblich das qualvolle Sterben für all diese Menschen da draußen gewesen war.

*

Franz Jägerstätter saß in seiner Kammer und schrieb einen Brief. Der Huber Franzl war nun schon fast vierzehn, und der Pate hatte das Gefühl, ihm wenigstens auf diese Weise den Vater ein bißchen ersetzen zu können. Es sollte ein langer Brief werden, wohl kaum ein Radegunder hatte je einen solchen geschrieben.

Franz war jetzt schon 28 Jahre alt und hatte einige Erfahrungen, die er dem Kleinen nicht vorenthalten wollte. Er erinnerte ihn als erstes daran, wie oft in der Zeitung zu lesen war, 15- oder 16jährige hätten sich aus unglücklicher Liebe oder wegen schlechter Schulnoten das Leben genommen. Aber wenn unglückliche Liebe der Grund dazu wäre, hielt er dagegen, dann dürfte es nur wenige Menschen über Dreißig geben, die überhaupt noch am Leben waren. Der wahre Grund für diese Selbstmorde, meinte er, läge vielmehr darin, daß diese unglücklichen jungen Leute den Glauben ihrer Kindheit verloren hätten, ja daß sie überhaupt nicht mehr wüßten, was ihr Leben noch für einen Sinn haben könnte. Franz hatte ja selber diese quälende, lebensbedrohende Leere erfahren, damals in der Steiermark. Aber er hatte die Krise überwunden, er ganz allein, und so sollte auch sein Patenkind wissen, daß es auf den Verstand und besonders auf den freien Willen ankäme, den Gott den Menschen gegeben hatte, ob man auf ewig glücklich oder unglücklich werden könne. Das hatten sie auch schon in der Schule gelernt.

Vor einem aber wollte er den jungen Franz besonders warnen: vor seiner Umgebung und ihrer Verlogenheit und ihrer doppelten Moral. Auch das hatte er schon selber erlebt. Wie oft hieß es da, die Jugend solle sich nur austoben, zum Bravwerden wäre später immer noch Zeit. Obwohl doch kein Mensch wissen konnte, ob es nicht schon in der nächsten Minute mit ihm zu Ende ging. Und das Schlimmste war, daß gerade die eigenen Eltern, die doch ihre Kinder zu anständigen Menschen erziehen sollten, mit derlei Ratschlägen daherkamen. Aber wie sollten sie auch ihre Kinder erziehen können, wenn sie selber nicht wußten, was gut und was schlecht war! Und diese Eltern, die erst so liberal gewesen waren, hatten im gleichen Atemzug nichts Besseres zu sagen als: Aber wehe, du kommst mir mit einem Kind daher! Dann hast du daheim nichts mehr zu suchen. Also gut, dachten dann die jungen Leute, passen wir halt auf, daß nichts passiert – und wenn etwas passierte, dann ließ man das Kind einfach abtreiben. „Wenn also Eltern keine bessere Aufklärung für ihre Kinder haben", schrieb er ganz offen an den Patensohn, „so wäre es besser, sie ließen sie ganz ihre Wege gehen." Denn viel dümmer konnten die Kinder auch nicht mehr sein. Diese Eltern waren es, die ihre Kinder dazu brachten, ungeborene Kinder zu töten, und wie oft das heute schon geschah! Franz hatte eine Statistik in die Hand bekommen, daß in den vier Jahren des schrecklichen Weltkrieges in Deutschland nicht so viele Menschen umgekommen waren, wie jetzt ungeborene Kinder in diesem Land ihr Leben lassen mußten: bis zu zwei Millionen im Jahr. Und im christlichen Österreich sah es nicht viel besser aus, und nicht nur in den Städten, dieses Morden drang schon bis in das entlegenste Dorf. Und für ihn war das Mord!

Und wo blieb bei alledem noch die Liebe? fragte der Franz. Wie konnte er den Kleinen davor bewahren, dieses Schönste und Heiligste, zu dem Gott die Menschen befähigt hatte, zu verlieren? Für ihn war er immer noch „der Kleine", und dann spürte er die Zärtlichkeit, die ihn erfüllte.

Oh, wie verabscheute er „diese Teufel in Menschengestalt", wie er sie nannte! Die ihre eigenen Kinder dem Verderben auslieferten, diese Scheinchristen, die am Sonntag in die Kirche gingen, weil es der Brauch war, und sich auch sonst recht anständig benahmen aus Angst vor dem Zuchthaus. Aber kaum lernte man sie näher kennen, sah man schon, wie wenig ernst es ihnen mit Gottes Geboten war. Und kaum gab es einen, der sie wirklich ernst nahm, wurde er auch schon dafür verspottet. Und wehe, wenn so einer einmal straucheln sollte – was doch jedem Menschen geschehen konnte! Dann waren diese Herrschaften, die ihn zuerst wegen seines Bravseins und seiner Bigotterie verhöhnt hatten, die ersten Ankläger: „Da schaut's an, diese Betbrüder", hieß es dann gleich, „einen Dreck sind's besser als die andern, diese Luder, die scheinheiligen." Und plötzlich wurde das, über das sie bisher nur gelacht hatten, zum großen Verbrechen und zur Todsünde erklärt. So war es auch dem Franz ergangen, als die kleine Hildegard zur Welt gekommen war. Aber was wußten all diese Selbstgerechten, die sich auf einmal zum Richter aufspielten, welche Vorwürfe er sich selber machte, wie sehr er unter alldem litt!

„Oh, diese Teufel in Menschengestalt", schrieb er, „sie streuen oft Sachen aus, daß man glaubt, es ist lauter Zucker und Honig, und beißt dann eins hinein, so ist's lauter Gift." Darum sollte sich der junge Franz vor diesen Taufscheinchristen in acht nehmen und sich bemühen, nicht selber in

71

diese Lauheit und Heuchelei zu verfallen. Er sollte alle Kraft aufbieten, um sein gutes Gewissen zu bewahren und für die ewige Heimat zu arbeiten. „Wenn wir uns auch täglich plagen müssen und wenig Lohn dafür auf dieser Welt ernten, so können wir doch reicher werden als Millionäre", schrieb er, „denn solche sind am reichsten und glücklichsten, die den Tod nicht zu fürchten brauchen."

Er hatte schon Stunden geschrieben und hin und her überlegt, wie er das alles am einfachsten und klarsten für den 13jährigen sagen konnte. Er wußte, wie schwer das war, was er dem Buben da abverlangte, der in einer solchen Umgebung lebte, und das tat ihm weh. Aber er wußte auch, daß alles, was er weniger von dem Kleinen verlangte, schon von Übel war. Christus hatte von denen, die er liebte, noch viel mehr gefordert, obwohl er wußte, daß sie es nie würden erfüllen können. Darum ermahnte er den Franzl, eifrig Gott um seinen Beistand zu bitten und auch den Katechismus öfter zur Hand zu nehmen – wieviel von dem, was sie alle in der Schule gelernt hatten, war längst vergessen!

Die Dunkelheit brach herein, aber er machte kein Licht. Er fragte sich, ob er dem Buben zumuten könne, was ihm plötzlich durch den Kopf geschossen war: daß der Kleine, sollten ihm einmal Glaubenszweifel kommen, immer an die großen Heiligen denken sollte. Und daran schloß sich ganz selbstverständlich der Gedanke, daß es noch fast in jedem Jahrhundert Christenverfolgungen gegeben hatte, mit Helden und Märtyrern, die oft unter entsetzlichen Qualen ihr Leben für Christus geopfert hatten. Und wenn ein Christ sein Ziel erreichen wolle, dann müsse er auch in dieser Zeit zum Glaubenshelden werden – ohne diese feige Menschenfurcht, die schon wegen ein paar spöttischer Worte alle guten Vorsätze über Bord wirft.

Er zögerte lange, dann machte er Licht und begann weiterzuschreiben. „Solange wir die Menschen mehr fürchten als Gott", schrieb er, „werden wir nie auf einen grünen

Zweig kommen." Märtyrer? Glaubensheld heute? Wie war er nur darauf gekommen? Ob der kleine Franz sich das auch fragen würde, wenn er das las? Und was das mit seinem Leben zu tun haben könnte? Oder mit dem seines Paten? Vielleicht machte er dem Kleinen damit nur angst.

Aber er hatte einen Trost für ihn: Natürlich konnten auch Christen fallen, die besten und mutigsten, aber sie konnten sich wieder aufraffen, denn da war das Sakrament der Buße, und da war das Sakrament des Altars, von ihnen konnten sie sich neue Kräfte holen, immer wieder. Und wenn der Kleine manchmal Angst bekommen sollte, unter der Last all der Leiden, die ihm zugedacht sein könnten, erdrückt zu werden, dann sollte er seinem Paten ruhig glauben: Gott lud keinem ein schwereres Kreuz auf, als dieser tragen konnte.

Die jungen Männer im Dorf hatten diese Probleme nicht; sie schienen sich auch von all dem Politischen, das sich rings um sie abspielte, weit weniger berühren zu lassen als der Franz. Auch wenn allenthalben darüber geredet und debattiert wurde. Viele waren der Meinung, es werde schon nicht so schlimm kommen, und was immer denen da oben einfallen sollte, ein kleiner Bauernsohn oder ein Knecht konnte ohnehin nichts dagegen tun. Es war ja nie anders gewesen, und auch der Leherbauer konnte nichts bewirken, auch wenn er ihnen noch so oft einzureden versuchte, es käme auf jeden einzelnen an. Und die Nationalsozialisten, auf die er besonders losging, ach Gott, auch die würden sich an den Radegundern die Zähne ausbeißen, mitsamt ihrem Hitler. Nicht anders als die Herren Pfarrer, die von Zeit zu Zeit als Neulinge im Pfarrhof einzogen, um eine Köchin jammerten und der Meinung waren, alles umkrempeln zu können, was ihnen hier nicht paßte. Die Radegunder taten, was sie für gut hielten, das war schon vor hundert Jahren nicht anders gewesen, und auch der letzte Hochwürden,

Josef Karobath, würde sich daran gewöhnen müssen, wenn er nicht die nächsten zehn oder zwanzig Jahre als Fremder unter ihnen leben wollte. Warum sollte es den Nationalsozialisten mit ihren blödsinnigen Fahnen und der ewigen Marschmusik besser ergehen?

Nein, nein, da brauchten sie sich weiter keine Gedanken zu machen, sie hielten sich lieber an die Realität, die sie im Augenblick betraf, und die trug einen ganz anderen Namen: Heimwehr oder Hahnenschwanzler, wie sie nach dem flotten Federnschmuck an ihren Hüten oder Schirmmützen genannt wurden. Immer mehr von diesen Kerlen tauchten jetzt in der Gegend um St. Radegund auf, und das gehörte nicht zum Angenehmsten. Erstens waren sie Fremde, aus allen möglichen Bundesländern, die meisten sogar aus Wien, und deren schrecklicher Dialekt war am allerwenigsten zu verstehen. Noch dazu, da sie nicht im entferntesten daran dachten, sich den Sprachgewohnheiten der Einheimischen anzupassen oder es wenigstens mit Hochdeutsch zu versuchen. Schließlich gab es eine Schulpflicht in Österreich, auch wenn diese Leute gar nicht so aussahen, als hätten sie allzu viele Jahre auf einer Schulbank gesessen. Da waren ihnen schon eher die Wirtshausbänke vertraut, und das war das zweite, was an ihnen so störte: Dauernd saßen sie im Wirtshaus herum, und in solchen Mengen, daß die Einheimischen oft gar keinen Platz mehr fanden. Und was für Reden sie führten – wenn man sie überhaupt verstand! Lauter Angeber, stolz auf ihre Uniformen, als ob das etwas Besonderes wäre, in solchen graugrünen Hosen und Jacken herumzulaufen, die oft nicht einmal recht zusammenpaßten. Und dann diese Stiefel, die Hüte oder Kappen mit irgendwelchen Abzeichen drauf – und natürlich dem Hahnenschwanz! Das wichtigste schien ihnen ihr Gürtel zu sein, denn an manchem dieser Gürtel mit den glänzenden Schnallen hing die Pistole. Hauptsächlich aber waren sie wohl dazu da, wie ein Spaßvogel vermutete, um die Bäuche der älteren Heimwehrführer einigermaßen in Form zu halten. Aber auch die anderen konnten ganz schön einhauen, wenn sie bei Tisch saßen, und dabei wanderte wohl ihr ganzes Geld in die Kasse der Wirtsleute.

Viel war es ja nicht, was sie verdienten, wie einer von ihnen verriet, und so fragten sich die Radegunder, was das überhaupt für Leute waren, die da herumsaßen, herummarschierten, manchmal irgendwelche Übungen im Gelände abhielten und, wie sie sagten, die Grenze gegen die „Nazis" verteidigen würden, wenn es diesen nach einem Angriff gelüstete. Einen anständigen Hof besaß garantiert keiner von ihnen, sonst hätte er ja auch daheim sein müssen, statt hier seine Zeit zu vertrödeln. Sicher waren die meisten arbeitslos oder Vorstadtgesindel, dem das Soldatenspielen immer noch lieber war als alles, was man ihnen daheim anbieten konnte. Ob ihr Einsatz im Grenzgebiet erfolgreich war, konnte auch niemand genau feststellen, mit der Verhinderung des Schmuggels von Waffen und Propagandamaterial über die Salzach jedenfalls schien es nicht weit her zu sein, sonst hätte es in Österreich nicht so viel von dem Zeug gegeben. Ein paar Jahre später wurde der ganze Verein auch aufgelöst, und die Männer verschwanden wieder.

Jetzt aber gab es sie noch, und das Ärgerlichste an ihnen war, daß sie die viele Freizeit dazu benutzten, sich an die Mädchen des Ortes heranzumachen. Und da, was vielleicht noch ärgerlicher war, so manches Mädchen sich von diesen lächerlichen Uniformträgern sichtlich beeindrucken ließ, statt seine Unschuld zu verteidigen, mußten eben die Radegunder Burschen einspringen. Ein Glück, daß es die Burschenzeche gab, und auch die aus den Nachbarorten, mit denen man zwar traditionell verfeindet war, sich aber jederzeit verbünden konnte, wenn es bedrohlich wurde. Und ein Glück, daß sie, was Wirtshausraufereien betraf oder das Inszenieren nächtlicher Überfälle, mindestens so gut geschult waren wie ihre Gegner. Auch stand ihnen neben besserer

Geländekenntnis noch eine erkleckliche Anzahl von Beobachtern zur Verfügung, die ihnen Informationen liefern konnten, über die die Heimwehrleute nicht annähernd verfügten.

Auch der Leherbauer stand bei der Verteidigung der Radegunder Frauenehre nicht zurück und soll, wie noch viel später erzählt wird, eifrig mitgerauft und mitgekämpft haben. Er mußte sich zwar seiner Kenntnis der politischen Lage nach sagen, daß die Hahnenschwanzler weit harmloser waren als ihre deutschen Gegner am anderen Ufer der Salzach, aber das Faktum, daß er wegen eines besonders heftigen Einsatzes in diesem Kleinkrieg sogar verhaftet und zu etlichen Tagen Arrest verdonnert wurde, beweist, daß er sich in diesem Fall anders entschieden hatte. Eine zweite Quelle gibt an, er habe eine Geldstrafe von fünfzig Schilling zahlen müssen, und das war immerhin soviel wie zweieinhalb Monatslöhne eines Mädchens aus Hochburg, das er in nächster Zeit kennenlernen sollte.

*

Josef Karobath, der neue Pfarrer, war noch nicht lange in St. Radegund, aber den Weg von der Kirche zur Salzach kannte er schon recht gut. Auch diesen Sonntag im Frühsommer 35 war er zwischen den Bäumen hinuntergeklettert, aber die Stille am gemächlich dahinströmenden Wasser, die er sich erhofft hatte, konnte er heute nicht genießen. Schon auf halber Höhe hatte er das Gegröle der Männerstimmen gehört und überlegt, ob er nicht lieber umkehren sollte. Wenn das die Hahnenschwanzler waren, dann übten sie wahrscheinlich wieder „Handgranatenwerfen", indem sie große Steine ins Wasser schleuderten, und wer am weitesten warf, bekam am Abend ein Gratisbier.

Aber sie waren es nicht, wie er erleichtert feststellte, als er die ersten Gestalten vor dem Hintergrund der glitzernden Wasserfläche auftauchen sah. Es waren Burschen aus St. Radegund, und sie jubelten einem Schwimmer zu, der etwa in der Mitte des Flusses aus Richtung Tittmoning heruntertrieb und mit kräftigen Stößen das österreichische Ufer zu erreichen suchte.

„Er war schon ganz drüben, Hochwürden", rief ihm einer zu, der ihn als erster erkannte, und deutete zum jenseitigen Ufer.

„Ja, ist denn der Kerl verrückt?" war Karobaths Antwort.

„Wenn die mit dem Schlauchboot kommen ..."

„Ah, den Franz kriegen die nie!" Allgemeines Gelächter. Es hatte die letzten Tage stark geregnet, und der Wasserstand war höher als sonst. Der Bursche mußte also schon ziemlich weit oben hineingesprungen sein, vielleicht bei der Brücke, um das deutsche Ufer berühren und dann hier landen zu können. Trotz aller Kraft, die er gegen die Strömung einsetzte.

„Na, dem werd ich's geben!" polterte Pfarrer Karobath, aber die Burschen hörten ihn nicht mehr. Sie waren dem Schwimmer entgegengelaufen, der jetzt schwer atmend aus dem flachen Uferwasser stieg, und umringten ihn. Es war der Leherbauer Franz, der jeden Sonntag mit seiner Mutter und einem Mädchen in die Kirche kam, aber auch manche Messe unter der Woche besuchte, nicht unsympathisch, der junge Mann. Einige Burschen winkten ihrem Pfarrer zu, herunterzukommen, der aber drehte sich verärgert um und humpelte den steilen Weg zur Kirche wieder zurück. Diese Dummköpfe! Statt ihn zu warnen, schrien sie herum und vollführten große Gesten, damit die dort drüben ja auf sie aufmerksam wurden. Mehr noch aber ärgerte ihn, daß der Bursche, der sich strahlend auf die Schultern klopfen und zu seiner Heldentat gratulieren ließ, ihm eine gewisse Bewunderung abnötigte. Aber die Strafpredigt sollte dem Kerl nicht erspart bleiben, gleich am nächsten Sonntag und hoch von der Kanzel herab. Die ganze Gemeinde sollte es hören, was für einen lebensgefährlichen Unsinn die Jugend von St. Radegund in ihrer Freizeit trieb!

„So ein verrückter Kerl", murmelte er noch, als er endlich schwer atmend bei seiner Kirche ankam.

Einige Zeit später stand der verrückte Kerl plötzlich mitten in seiner Kanzlei. Er hatte das Donnerwetter von der Kirchenkanzel mit demütig gesenktem Blick über sich ergehen lassen, es war allerdings entgegen Karobaths festem Vorsatz eher milde ausgefallen. Der Pfarrer sprach zwar von leichtsinnigen jungen Burschen aus St. Radegund, die über die Salzach, also über die Grenze hinüberschwammen, ohne an mögliche Konsequenzen zu denken, nannte jedoch keinen Namen. Nur das flammend rote Gesicht des Übeltäters – Scham oder Dankbarkeit? – hätte einem aufmerksamen Beobachter verraten können, wer da gemeint war. Jetzt nahm er, ehe Pfarrer Karobath noch ein Wort sagen konnte, sofort Bezug darauf und sagte: „Sie haben recht gehabt, Hochwürden. Es war dumm. Aber ich hab's ihnen zeigen wollen." Damit schien die Sache für ihn erledigt zu sein.

Der Pfarrer deutete auf einen Stuhl neben Franz und setzte sich selbst. Er hatte vom ersten Augenblick an das Gefühl, daß hier sicher nichts Nebensächliches an ihn herangetragen werden sollte, und faßte sich in Geduld. Es dauerte auch eine Weile, bis der junge Mann mit seinem Anliegen herausrückte. Erst über Umwege, daß es bei einer solchen Sache nicht auf seinen Willen und seine Wünsche allein ankäme, denn ohne Vermittlung und Empfehlung des Ortsgeistlichen sei nichts möglich ... Plötzlich aber war er beim Kern der Sache, und es schien ihm so bedeutsam zu sein, daß er sich wie ein eifriger Schüler wieder aus dem Stuhl erhob, bevor er, fast feierlich, sagte: „Ich möchte in ein Kloster – als Laienbruder", fügte er noch hinzu, obwohl das wirklich nicht nötig war. Aber vielleicht hatte er schon das ungläubige Staunen seines Gegenübers bemerkt und das Gefühl gehabt, etwas abschwächen zu müssen. Er kam sich fast ein bißchen lächerlich vor in seiner Anmaßung, obwohl er über alles das sehr lange und sehr gründlich nachgedacht hatte. Um auf Gott zuzugehen, gab es nach dem Leben, das er bisher gelebt hatte, nur einen Weg: den ganz direkten. Ob das der Herr Pfarrer verstehen konnte?

Der Herr Pfarrer konnte es verstehen, und der tiefe Ernst, mit dem der junge Mann seine Beweggründe vortrug, wobei er wie bei einer Generalbeichte auch ziemlich ausführlich von seinem „sündhaften Leben" erzählte, machte es ihm von Satz zu Satz schwerer, das zu sagen, was er am besten gleich zu Anfang ihres Gesprächs hätte sagen sollen: Sie sind da, um für den Leherbauerhof zu sorgen, ein gut christliches Mädchen zu heiraten, das auch eine tüchtige Bäuerin sein wird und euren Kindern eine gute Mutter. Aber er hatte es nun einmal nicht gesagt, und jetzt sprach bereits, wie er sich eingestehen mußte, schon manches eher für den Eintritt dieses Mannes in ein Kloster als für ein Bauernleben. Der Zeitpunkt, das Anliegen einfach abzulehnen, war also eigentlich schon vorüber.

Da kam ihm das Glück zu Hilfe, das auch ein Priester benötigt, wenn ihm eine Entscheidung in einer Sache abverlangt wird, in der alle theologische und alle Menschenweisheit versagen muß. Oder war es Gottes Beistand, daß ihm plötzlich Bruder Konrad von Parzham einfiel, der erst vor vier Jahren seliggesprochen und am Pfingstfest vergangenen Jahres in Rom zur Ehre der Altäre erhoben worden war? Dieser Hans Birndorfer, ein einfacher Bauernsohn, 1818 in Niederbayern geboren, den sie schon als jungen Mann spöttisch „Betbruder" genannt hatten, weil er für den Geschmack seiner Mitchristen allzuoft in der Kirche zu sehen war, war wie dieser Leherbauer eines Tages zu einem Priester gegangen, weil er in ein Kloster eintreten wollte. Und dieser Priester war damals, vor knapp 90 Jahren, in der gleichen Verlegenheit gewesen wie Pfarrer Karobath heute. Er konnte ebensowenig wissen, ob der Wunsch des jungen Bauern eine wirkliche Berufung war oder nur eine Flucht vor dem schweren bäuerlichen Leben. Er hatte dem Hans Birndorfer also vorgeschlagen, eine gewisse Zeit zu warten, um sich prüfen zu können – und genau das, meinte Pfarrer Karobath, sollte der Franz auch tun. „Wenn Gott Sie wirklich anderswo haben will als auf Ihrem Hof, dann wird er Sie ganz bestimmt dorthin bringen", sagte er.

Er merkte die Enttäuschung, und Franz hatte auch schon aufbegehren wollen, aber die Erwähnung Bruder Konrads, der schließlich doch noch bei den Franziskanern die Gelübde abgelegt hatte, genügte, ihn bescheiden zu machen. Er war diesem Bruder auf seinen Wallfahrten nach Altötting schon mehrmals begegnet, er hatte viel von dessen Leben gehört – ein ganz einfaches Leben als Pförtner im St.-Anna-Kloster, aber von früh bis spät, vierzig Jahre lang, im Dienste Gottes und der Menschen, die ununterbrochen die Pfortenglocke läuteten, wenn sie Hilfe brauchten: Wallfahrer und Bettler, Schulkinder und Arbeitsuchende. Er hatte von Bruder Konrads immerwährender Geduld und Liebenswürdigkeit gehört und daß dieser die Kraft dazu aus seinem immerwährenden Gebet geschöpft hatte. Er hatte gehört, wie viele Gebete zugunsten seiner Schutzbefohlenen erhört worden waren und daß dem einfachen Mann auch die Gabe zuwuchs, in die Zukunft zu schauen, wie im ganzen Land erzählt wurde. Er hatte die lebensgroße Silberfigur des hl. Konrad in der alten Karolingerkapelle gesehen, würdig, direkt neben dem Gnadenbild der schwarzen Muttergottes zu knien – und die Erinnerung daran machte ihn plötzlich mutlos.

„Sie haben recht, Hochwürden", sagte er leise. Ähnliche Worte wie vorhin bei seinem Eintreten, nur nicht mehr so selbstbewußt. „Sie haben ganz recht. Was bin ich denn schon!"

Es sah aus, als wollte er den Raum verlassen, er machte einige Schritte zur Tür, blieb aber dann doch stehen, und der

Pfarrer fürchtete schon, ihn verletzt zu haben. Er hatte es für einen so guten Einfall gehalten, und wenn es beim heiligen Konrad so funktioniert hatte ...

„Kommen Sie, Jägerstätter!" sagte er hastig. Er nannte den jungen Mann zum ersten Mal nicht nach dessen Hof, wie das üblich war. „Beten wir, daß wir alles richtig machen!"

Vor dem Gekreuzigten an der Wand, um dessen Füße sich einige halbvertrocknete Blumen rankten, stand ein Betschemel, aber der Pfarrer kniete daneben auf dem Fußboden nieder – und da der Franz nicht in Anspruch nahm, was ihm vielleicht unbewußt angeboten worden war, stand der Schemel mit dem kunstvoll bestickten Fußpolster unbenutzt unter dem Kreuz.

Pfarrer Karobath sah seinem Besucher durch das Fenster noch lange nach, wie dieser beim Hofbauer vorbei bedächtig über die Wiese ging und hinter einem Hügel verschwand. Es war ihm klar, daß er es mit ihm nicht leicht haben werde, aber er hatte das Gefühl, es könnte sich lohnen.

Franziska Schwaninger

Es kam die Zeit, in der sich die Nebel über das Salzachtal, über die Wiesen und die abgeernteten Felder zwischen
den Häusergruppen legen sollten. Wenn Franz vom ersten
Stock seines Hauses zum Weilhartforst hinübersah, dann
konnte er schon die ersten Schwaden gleich lebendigen
Wesen zwischen den Bäumen erahnen. Eine seltsame Zeit
verschwimmender Konturen, die ihn jedes Jahr tief berührte,
heuer aber besonders, da sie so ganz seiner gegenwärtigen
Gemütsverfassung entsprach. Als er zu Pfarrer Karobath
gegangen war, hatte er gemeint, seine Zukunft deutlich vor
sich zu sehen. Aber der Herr Pfarrer hatte ihm vorgeschlagen, jede Entscheidung noch vor sich herzuschieben, er hatte
ihn auf den Hof als Verpflichtung verwiesen und auf eine
Frau – auf irgendeine Frau, von irgendwoher, fremd, unbe-
kannt, die man sich bestenfalls mit Hilfe seiner Phantasie, als
Traum-, als Wunschgebilde herbeiholen konnte. Und die
dennoch, was ihre künftige Aufgabe auf dem Hof und in
seinem Leben betraf, schon so klar bestimmt war: Bäuerin,
Arbeitskraft, Mutter. Eine Diskrepanz, die ihm angst machte.
Eine wildfremde Frau, mit der man dennoch Morgen für
Morgen aufwachen sollte, ein Leben lang. Mit der man am
Tisch saß, auf dem Feld arbeitete und zur Kirche ging. Eine
fremde Frau, mit der man übereinkommen sollte, wie man
die gemeinsamen Kinder erzog, und der man vertrauen
durfte, so sehr vertrauen, daß man ihr seine intimsten Gedanken offenbarte, all die quälenden Fragen nach – ja, nach was?
„In der Welt bleiben und doch zu Gott kommen können",

hatte er einmal gelesen, diese komplizierte Aufgabe, die ihm der Herr Pfarrer aufgeladen hatte – ob es unter diesen vielen fremden Frauen eine einzige gab, die diese Forderung überhaupt verstehen konnte? Die Leute sagten: Man gewöhnt sich an alles – konnte man sich an eine Fremde gewöhnen? Konnte sich eine Fremde an einen Fremden gewöhnen, der solche Fragen stellte?

Reib heißt Kurve im Innviertler Dialekt, wie mir der Wirt erklärte, und „Zur Reib" wird der Gasthof mit bürgerlicher Küche bei Maria Ach genannt, weil er an einer engen Kurve der Straße von Ostermiething nach Burghausen liegt. Und er hieß schon damals so, als der Franz mit seinem Motorrad die noch viel engere Kurve der früheren, noch nicht asphaltierten Straße nahm, bevor er knapp vor dem Eingang auf die Bremse stieg. Drüben, nahe der Salzach, das zinnenbewehrte Vorwerk der Burg, drinnen eine Tanzerei, wie er sie gewohnt war, um die düstere Stimmung für ein paar Stunden zu vertreiben.

Plötzlich aber, abseits des üblichen Trubels, im Küchendunst über Pfannen und Töpfe gebeugt, ein neues Gesicht, und irgendwie hatte ihn dieses Gesicht mit den über der Stirn herabhängenden Locken sofort fasziniert. Ein so ungewohnt zartes Gesicht, geschnitten wie eine alte Gemme am Hals einer feinen Dame im Steirischen. Auch ein fröhliches Gesicht, wie es ihm entgegensah, trotz der anstrengenden Arbeit, weich und gesund. Eine schmale, leicht gebogene Nase, und die Hände, die schlanken Finger, alles andere als grob oder rauh, auch wenn sie mit Bürsten und scharfer Lauge zu tun hatten. Wer war sie? Woher kam sie? Wie war ihr Name?

Als Aushilfe für ihre Schwester war sie hierhergekommen, die Franziska Schwaninger aus Hochburg, gar nicht weit von hier und nicht weit von St. Radegund. Schwaninger – schon das Wort Schwan, das sich in dem Namen verbarg, ihr ganzes Leben sollte sie etwas von einem

Schwan an sich haben, etwas Wirklich-Unwirkliches, etwas Stolzes, nie sollte sie einen Platz in der Masse der anderen finden.

Und der Franz ließ sie nicht mehr los. Alles mußte er von ihr wissen, wie sie aufgewachsen war und was sie dachte über Gott und die Welt, dieses „Mädchen für alles", dem jede Arbeit zu liegen schien, im Haus wie im Stall, und mit der man reden konnte, wie man noch nie mit einem Mädchen hatte reden können, mit dem man lachen konnte … Und auch sie wollte wissen, wer da so ungestüm in ihr Leben eingebrochen war und schon so viel in ihr verändert hatte, auch wenn sie immer noch die gleiche Fanny Schwaninger sein durfte, und von Tag zu Tag mehr. Sie fragte nicht, wie so manche andere es getan hätte, wie es mit seinem Hof stand und ob er schuldenfrei war, sie fragte, ob er ein guter Christ sei und ob er regelmäßig zur Kirche ging. Was bei so einem flotten Tänzer und Motorradfahrer gar nicht selbstverständlich war. Auch daß es da schon ein uneheliches Kind gab, wurde ihr bald hinterbracht, und immer wieder kam eine wohlmeinende „Freundin" mit der Frage, ob die Franziska nicht noch ein bißchen mehr über ihren Franz und seine Vergangenheit wissen wolle. Schon als Entscheidungshilfe, falls sie beabsichtige, mit ihm Ernst zu machen.

Die Zeit der Nebel war gekommen, des dichten Schneetreibens, und Schneepflüge, die die Straßen offen hielten, gab es nur selten. Aber das störte den Franz nicht, auch wenn er gerade jetzt sehr oft zwischen St. Radegund, Hochburg und Ach unterwegs war. Er fuhr nur vorsichtiger als bisher und nahm dafür in Kauf, daß er ein paar Minuten später ans Ziel kam, um seine Fanny in die Arme zu nehmen. Sein Leben war ihm auf einmal wertvoll, er wollte es nicht verlieren oder schädigen, es sollte unversehrt bleiben, es wurde gebraucht. Ein einziger Schatten fiel auf diese Zeit, mit der Gesundheit seiner Ziehschwester ging es immer rascher bergab. Sonst aber war ihm, als könnte, von Tag zu Tag mehr, alles so werden, wie er es sich in vielen einsamen Stunden erträumt hatte. Was bis vor kurzem noch dunkel, unsicher, fragwürdig erschienen war, wurde jetzt hell, klar und einfach, es konnte gar nicht anders sein, als daß sie zusammengehörten, für immer und mit allen Konsequenzen. Sie würden heiraten, möglichst bald – wozu die kostbare Zeit verschenken? Eine Familie werden, wie er sie sich immer ersehnt hatte und wie ihm Fannys Familie ein Beispiel gab. Menschen, die in Frieden miteinander lebten, weil Gott mitten unter ihnen und keine Randerscheinung war, kein Aufputz für festliche Tage wie fast überall anderswo. Kein Spezialist für verzweifelte Notfälle – als den auch er, der Franz, ihn schon oft angerufen hatte.

*

Franz Jägerstätter war glücklich mit seiner Fanny, Arne fiel in tiefe Verzweiflung. Seine Großmutter war diesen Winter gestorben, sie war aus seinem Leben verschwunden, wahrscheinlich für immer – er mißtraute dem Jenseits. Auch wenn der Priester am Grab mit einer Bestimmtheit davon gesprochen hatte, als wäre er dort drüben jedes Wochenende zu Gast.

Erst war es nur so, daß die alte Frau ihm fehlte, die einzige, die noch aus einer besseren Welt kam, in der man Häuser besaß und im hell erleuchteten Salon Klavier spielte. „Nie gewöhnlich werden, Bub", hatte sie ihn oft ermahnt. „Nie ordinär! Du bist aus guter Familie", und Arne hatte die alten Familiengeschichten aufgesogen wie ein Schwamm das Wasser. Er war also jemand, und die Großmutter steckte ihm auch immer wieder heimlich ein paar Kronen zu: „Damit du mit deinen Freunden mithalten kannst." Jetzt war sie fort, und mit ihr ein Stück seiner Identität. Aber ihr Tod hatte noch andere Folgen. Ihre Pension war in der letzten Zeit so ziemlich die einzige Einnahme der Familie gewesen, jetzt erklärte die Mutter, sie werde das Geschäft nicht mehr lange halten können. Und was dann?

Einige Zeit später kam das Angebot, in Arnes Schule den Schulwartposten zu übernehmen, und die Mutter war überglücklich. Bis Arne davon erfuhr. „Nein!" schrie er auf, „nein, nein, niemals", und warf sich zu Boden. Wie konnte sie ihm das nur antun! Seine Glieder zuckten, seine Stimme überschlug sich, es sah fast aus wie ein epileptischer Anfall. Er wußte, wie sie über ihn lachen würden: Seine Mutter als Dienstbotin, die die Schulglocke läutete und die Klassenbücher verteilte! Seine Mutter, die den Kot der unzähligen Schuhsohlen von den Stufen kratzte und mit dem Lappen den Boden der Gänge aufwusch! Was nutzte es da, der Klassenerste zu sein, der beste Sportler, selbst das Geigenspiel, das die Großmutter doch noch ermöglicht hatte, würde ganz anders klingen als bisher. „Tu das nicht, Mama", bettelte er. „Sie werden mich auslachen – auslachen – tu's nicht! Ich esse trockenes Brot – du kannst meine Eisenbahn verkaufen – du kannst ..."

Jetzt begann auch Schorsch zu weinen. Was sein Bruder da vorschlug – da bekam er Angst, zu verhungern. Die Mutter würde Arne den Willen tun, wie sie das immer tat. Über ihn, den Schorsch, lachten sie ohnehin. Sie nannten ihn blöd und ungeschickt, und er wurde immer wieder verprügelt. Nicht daß er ein Schwächling gewesen wäre, er hätte sie alle niederschlagen können, auch Arne. Er brachte es nur nicht fertig, jemandem weh zu tun. Ein gutes Essen, ein Stück Schokolade, das war sein Trost dafür – und auch das sollte es nicht mehr geben? „O Gott, Mutter", schluchzte er. „O Gott, o Gott ..."

„Du halt den Schnabel!" unterbrach ihn Arne. „Es gibt keinen Gott! Das haben schon hundertmal Gescheitere gesagt. Ein Gott würde das nie zulassen! Nie! Nie!"

Du kannst recht haben, dachte die Mutter. Das Leben war ganz anders, als die Prediger von der Kanzel behaupteten, entweder man hatte, oder man hatte nichts. Entweder man war jemand, oder man war ein Niemand. Das war Glückssache oder was immer. Nur die Gebote, die waren gut für die Kinder, solange sie es nicht besser verstanden ...

*

Sie standen in der kleinen Kirche und sagten ihr Ja. Es war wohl die seltsamste Radegunder Hochzeit, die da am Gründonnerstag des Jahres 1936 stattfand, schon um halb sieben Uhr früh. Eine Hochzeit, die allem, was hier Brauch und Gewohnheit war, ins Gesicht schlug. Nicht genug, daß die Braut eine Hochburgerin sein mußte, eine Fremde also, als ob es in St. Radegund kein passendes Mädchen gegeben hätte! Nicht genug, daß es nichts von dem gab, was zu einer ordentlichen Hochzeit gehörte, keine Festmesse, keinen Festzug mit Blaskapelle, kein Hochzeitsessen mit Tanz. Sogar seine Ziehschwester Aloisia war gestorben und mußte ausgerechnet am selben Tag begraben werden. Hochzeiten und Begräbnisse, das waren die wichtigsten Feste des Jahres, die den eintönigen Alltag unterbrachen – und der Leherbauer betrog sie um das alles! Gleich nach der Hochzeit und der Aussegnung vor dem Hof hatten die beiden das Motorrad bestiegen und waren auf und davon nach Salzburg, und Franz konnte sich vorstellen, wie die Leute jetzt auf den Friedhof gingen und seiner Mutter die Hand schüttelten und sie insgeheim bedauerten wegen ihres mißratenen Sohnes. Er ist übergeschnappt – er hat kein Herz – nicht einmal das Begräbnis seiner Schwester kann er abwarten, weil er sonst zu spät zu seinem Autobus kommt! Hochzeitsreise! Welcher Radegunder macht schon eine Hochzeitsreise?

Aber wie hätte er ihnen begreiflich machen können, daß für ihn weder der Tod eines Menschen noch eine Hochzeit ein Grund war, Bier und Wein strömen und möglichst viel in möglichst viele Gäste hineinstopfen zu lassen! Sich Trinksprüche und läppische Witze über das Brautpaar anzuhören und irgendwelche Lieder zu grölen, bis alle endlich so erschöpft waren, daß sie nach Hause torkelten. Nur daß die arme schwache Loisi hinweggerafft worden war, gerade jetzt, stimmte ihn zutiefst nachdenklich. In der Kirche der Herr Pfarrer, der vom Glück der Ehegemeinschaft gesprochen hatte, diesem Abbild des unauflöslichen Bundes zwischen Christus und seiner Kirche – und dort oben im Leherbauernhof feierlich aufgebahrt die einsame Tote. So rasch war es zu Ende gegangen, aber durfte man sagen, zu Ende? Es gab kein Ende. „Schau gnädig herab auf deine Dienerin, Herr", murmelten seine Lippen, indes das Motorrad seinem Ziel entgegenratterte, „sie hat deinen Verheißungen vertraut ..."

Der Herr Pfarrer hatte ihm eine Bibel geschenkt und „Gute Reise" gewünscht. Franz war ihm dankbar dafür, er fühlte sich geborgen in dem Verständnis des kleinen, vierschrötigen Mannes mit dem gutmütigen Bauerngesicht. Der hatte ihm auch bestätigt, daß die Gebete des Franz der kleinen Toten weit mehr nützen mochten, als wenn er verlegen vor dem Grab gestanden wäre und sein Schäuflein Erde auf den Sarg hätte fallen lassen. Verlegen, weil dieser Körper doch längst nicht mehr die Loisi war, die er gekannt, mit der er einmal gespielt hatte. Beten war das einzig Sinnvolle, und dort, wo sie jetzt hinfuhren, wollte er viel beten.

Salzburg war nicht mehr weit, und er wußte seine junge Frau hinter sich. Sie hatten diese Reise schon lange geplant und bezahlt, eine teure Reise, 200 Schilling für jeden. Für 200 Schilling mußte Franziska länger arbeiten als ein halbes Jahr. Aber was war schon Geld! Seine Ehe sollte eine ganz besondere Weihe empfangen. Sie hatten während ihrer Brautzeit viel von Gott und der Kirche und den Heiligen gesprochen, von denen er immer wieder las, und da war ihre Sehnsucht nach Rom immer größer geworden. Ja, nach Rom wollten sie, wo Petrus und Paulus die neue Lehre verkündet hatten, wo auch Laurentius für Christus gestorben war, der Heilige, dessen Bild im Glasfenster neben dem Altar der Franz schon von Kind auf kannte. Es war ihm, als könnte er an diesem Ort endlich einiges mehr vom Geheimnis seines Glaubens erfahren, und Fanny, seine Fanny, so ganz von diesem Glauben geformt und getragen – war sie nicht schon viel weiter als er? Irgendwann später sollte er schreiben, daß vom Einfluß einer guten Frau mehr zu erwarten sei als von einem Missionar, und damit meinte er keineswegs eine Frömmlerin, die sich zu gut für diese Erde und deren Bewohner war, sondern seine Fanny: gütig und von einer tiefen Gläubigkeit, aber auch froh und lebendig, voller Neugier auf alles und fähig, sich über Gottes Schöpfung zu freuen. Sie saß hinter ihm, aber er sah ihr zartes Profil, wie noch vor einer Stunde in der Kirche, er hatte ihr leises, aber bestimmtes Ja noch im Ohr, ihr Ja zum Franz Jägerstätter und zu dem Sakrament, das sie mit ihm vereinigen sollte, ihr Ja zu einem langen, glücklichen, gemeinsamen Leben.

Dennoch hatte er sich schon darauf gefreut, endlich im Autobus neben ihr sitzen und ihre Hand halten zu dürfen – aber es kam anders. Sie erreichten zwar pünktlich den Bus aus Wien, aber sie waren die letzten, die zustiegen, und die erhofften Plätze nebeneinander gab es nicht mehr. Da war nur ein Notsitz zwischen den Bänken für ihn, und Franziska mußte sich in die allerletzte Reihe zwängen. Und das bis nach Innsbruck!

Sie war tief enttäuscht, noch mehr aber schmerzte sie die Enttäuschung ihres Mannes. Sie sah nur seinen Rücken, aber sie spürte die Verbitterung, sie sah, wie die Schultern allmählich zusammensanken und wie er sich dann wieder aufraffte, und wenn er sich manchmal nach ihr umdrehte, versuchte sie ihm aufmunternd zuzulächeln. Nicht mehr lange, sollte das heißen, dann sind wir im Zug, und dann trennt uns nichts mehr. Nicht mehr lange!

In der Nähe von Lofer aber gab es einen Halt, und ehe sie es noch richtig begriff, war Franz aufgesprungen, stürmte nach vorn und auf den Reiseleiter zu. Ob er nicht den gleichen Preis bezahlt hätte wie die andern? – hörte sie ihn schreien. Also dürfte er auch zwei ordentliche Plätze in Anspruch nehmen!

Franziska erschrak fürchterlich, umso mehr, als sie sah, wie er dem verängstigten Reiseleiter seine Fäuste unter die Nase hielt. Sie wollte nach vorn laufen, aber der Gang war schon voll von Menschen, die aussteigen wollten, um sich ein bißchen die Beine zu vertreten. Sie konnte nur ein gebrülltes „Entweder-Oder, mein Herr!" hören.

Es war ein Glück, daß sich zwei Einzelreisende bereit erklärten, ihre Plätze zur Verfügung zu stellen – und als der Autobus wieder anfuhr, saßen sie nebeneinander. Franz glücklich und zufrieden, sich sein Recht erkämpft zu haben – sie eher verunsichert. Wen hatte sie da nur geheiratet? – fragte sie sich. Was hätten diese kräftigen Hände anrichten können, die jetzt so zärtlich, fast schüchtern über ihre Finger strichen? Selbst wenn sie ihn noch erreicht hätte – hätte sie ihn dazu gebracht, nachzugeben? Oder hätte er sie in seinem Zorn einfach weggestoßen? Weil das doch Männersache war? Oft genug hatte sie solche Szenen erleben müssen.

Aber dann kam Innsbruck, und im Zug verflogen die Zweifel. Sie sah, wie glücklich er war, neben ihr zu sitzen, die ganze lange Bahnfahrt über den Brenner und immer weiter nach Süden.

Dann tauchte Rom auf, Schirmpinien, Palmen, Zypressen und ein Frühling, wie ihn St. Radegund nicht kannte. Rom – und die beiden Hand in Hand auf den Vatikan zu. Die engen, dämmrigen Gassen des Borgo, bis plötzlich, völlig unvermutet, der Petersplatz vor ihnen lag, das Halbrund der Kolonnaden, der Dom und die Kuppel des Michelangelo. Und hoch über dem Platz das Haus, in dem der Papst wohnte. Karwoche in Rom, das Glück, hier zu sein, und die

Leiden des Mannes aus Nazareth. Woche des Schmerzes und der Auferstehung, wie verwirrend eng das beieinander lag! Rom – ergreifende Zeremonien und die Fülle von Kirchen, das gewaltige Kolosseum und die Katakomben tief unter der Erde. Mit jedem Schritt an die Märtyrer erinnert werden, die hier für Christus gestorben sind, und vor Michelangelos Pietà stehen. Diese Schönheit und diese Qual einer Mutter! Und dann die Audienz beim Papst, sehen dürfen, wie er auf seinem Thron hereingetragen wird, die Männer mit den Palmfächern und die schwere Tiara, die Last einer ganzen Welt.

Wieder war nicht alles wie im Prospekt versprochen. Es hatte geheißen, Jungverheiratete würden einen Platz ganz in der Nähe des Papstes bekommen, keine Rede davon. Aber Franz dachte jetzt nicht an Revolte, er durfte den Heiligen Vater sehen, zusammen mit seiner Fanny empfing er den päpstlichen Segen. Was der Mann dort oben in diesem Augenblick wohl empfinden mochte? War das nicht zu viel für einen einzigen Menschen, für die gesamte Christenheit verantwortlich zu sein? Auch wenn er der Stellvertreter des Herrn auf dieser Erde war? Vielleicht stellte auch Franz diese Fragen, aber er bekam keine Antwort.

Es gibt Menschen, zu denen reden im Schlaf die römischen Steine, es ist wie ein Raunen, ein Flüstern, ein Stöhnen, eine Sturzflut von Bildern. Wir haben noch die Frühzeit der Republik gesehen, sagen sie, und andere sind unter Augustus und unter Nero dazugekommen oder zur Zeit der Adoptivkaiser. Wir haben große Worte gehört, sagen sie, von der Größe des Reiches und dem Römischen Frieden, wir haben Söhne gesehen, die ihren Vater ermordeten, um dessen Thron zu besteigen. Über uns sind Legionen marschiert, um die Welt zu erobern, und ihre Befehlshaber, als Transvestiten geschmückt, sind über uns hinweggetanzt. Sie haben römische Götter aus uns gehauen, sie haben verrottete Kaiser auf Altäre gestellt, bis niemand mehr an sie glaubte. Wir haben die ersten Christen gesehen, sagen sie, und deren Blut aufgesogen, wir haben die Kirche wachsen gesehen und Päpste zu Herrschern werden. Wir haben unzählige Kämpfe um Macht und Besitz miterlebt, und der Petersdom ist verfallen, in seinen Mauern haben Tiere nach Futter gesucht. Dunkle Zeiten in jedem Jahrhundert, Zeiten, die gläubige Menschen nur überstehen konnten, weil Gläubige schon vor ihnen ihr Leben gegeben haben. So leicht wäre es gewesen, das Leben zu retten und den Göttern Roms zu opfern, nur eine kleine Lüge, sozusagen mit gekreuzten Fingern hinter dem Rücken, wie Kinder das tun, und die Folterknechte wären zufrieden gewesen. Aber der Schmerz und das Blut waren notwendig. Weil sie geglaubt und nicht geleugnet haben, können die Nachkommen glauben, sagen die Steine, von ihnen holen sie sich ihre Kraft, und die werden sie brauchen. Die dunklen Zeiten können wiederkommen, was geschehen ist, kann wieder geschehen, und es geschieht in allen Jahrhunderten wieder. Warum nicht auch jetzt?

Ich stelle mir vor, die Steine von Rom haben auch zu Jägerstätter gesprochen, und ich stelle mir vor, wie die Bilder aus der Frühzeit des Christentums ihn besonders berührten. Ob es überhaupt möglich war, den Märtyrern von damals *nicht* zu begegnen? Sich nicht ein junges Paar vorzustellen, das auseinandergerissen wird, sie den wilden Tieren zum Fraß vorgeworfen, er als ohnmächtiger Zuschauer, bevor er selbst in die Arena gejagt wird. Er hört ihre Schreie und fragt sich: Ob ich das könnte? Würde ich nicht eher sagen: Schwören wir ab, Franziska!

In diesen Ostertagen war auch ich in Rom, es war nur das Rom des Jahres 1925, durch das meine Mutter mich führte. Mit Worten, die zu Bildern wurden, und weitaus wirklicher als die Marktstraße von St. Georgen, durch deren Schneematsch wir zur Kirche des heiligen Georg gingen. Es war ein hochsommerliches Rom, und die Steine haben geglüht, und ich flüchtete in den Schatten der Arkaden am Petersplatz.

Die holprigen Pflastersteine der Via Appia wurden zur Qual, aber ich sah das Grabmal der Caecilia Metella und die ausgedörrte Campagna. Ich sagte „Quo vadis, Domine?" vor mich hin und meinte, die Zweifel des Petrus zu spüren, ich sah die goldschimmernde Monika in Santa Maria Maggiore, wo ein Stück der Krippe von Betlehem aufbewahrt sein soll.

So führte mich meine Mutter durch Rom auf unserem Kirchgang in St. Georgen, und dann wollte ich immer wieder und immer mehr von dieser Reise, neun Monate vor meiner Geburt, hören, schließlich war ich ja die Hauptperson dieser Reise gewesen. Nach dem frühen Tod meines Bruders hatten meine Eltern lange um ein Kind gebetet, ein gesundes Kind, und schließlich im Heiligen Jahr diese Pilgerfahrt unternommen. So wurde Rom für mich mit jeder Erzählung greifbare Wirklichkeit, und ich war fest überzeugt, meine Existenz nur der Kraft dieser Stadt und der Fürsprache ihrer Heiligen zu verdanken. Und ich erinnere mich, wie ich, noch Jahre früher, als kleines Kind, während der ersten Auferstehungsfeierlichkeiten, die ich erleben durfte, immer in die Kapelle nebenan drängte, in der man gestern noch das Heilige Grab hatte sehen können. Die Mutter verstand nicht, was ich wollte. „Da ist doch nichts mehr zu sehen", sagte sie, und als ich nicht nachgab, wurde sie deutlicher: „Da ist doch alles schon weggeräumt." Aber da war doch gestern noch Christus gelegen, und Soldaten mit Schwertern und Lanzen hatten ihn bewacht. Und jetzt war Auferstehung, wie man mir erklärt hatte, und dieses unfaßliche Geschehen mußte doch auch dort drüben in der Kapelle seine Spuren hinterlassen haben!

Etliche Jahre später hatte der Bub schon begriffen, daß er diese Spuren in sich selbst suchen mußte. Jetzt allerdings beschäftigte ihn etwas anderes: „Hätten die alten Römer auch uns umgebracht, weil wir Christen sind?" fragte ich meine Mutter, während wir uns in die Reihe derer stellten, die die

Wundmale küssen wollten, und der Chor sein „Popule meus, quid feci tibi?" sang. „Wenn wir genug Mut gehabt hätten ...", flüsterte sie mir zu und bedeutete mir, jetzt nicht weiterzufragen. Also kam ich erst auf dem Heimweg darauf zurück. „Aber so was kann doch jetzt nicht mehr passieren", fragte ich. „Oder?"

„Ich weiß nicht ..."

Dieses leise „Ich weiß nicht" machte mir ein bißchen angst, sonst wußte die Mutter auf alles eine Antwort. Aber Praktiker, der ich damals schon war, tröstete ich mich bald mit dem Gedanken, daß es vielleicht das einfachste wäre, sich für seinen Glauben umbringen zu lassen, statt ein ganzes langes Leben als Asket und Heiliger ohne Sünde, als Verfolgter zu leben.

Meine Mutter schüttelte den Kopf und hätte beinahe gelacht. Aber sie blieb dann doch ernst. „Ich glaube, es ist ganz selten, daß einer die Kraft dazu aufbringt – wenn er sich nicht schon immer bemüht hat, es richtig zu machen", versuchte sie zu erklären. „Wenn er nicht jeden Tag darüber nachdenkt, was richtig und was falsch ist." Und ich nickte und versuchte, möglichst verständig dreinzuschauen.

Am nächsten Nachmittag bei der Osterjause unterhielt uns der Onkel mit lustigen Geschichten aus dem Krieg.

Nur wenige Tage durften die beiden in Rom verbringen, dann führte der Zug sie wieder zurück und der Bus nach Salzburg, wo das Motorrad wartete. Ein Alltag begann, der nie ein Alltag werden sollte, dazu war ihr Leben zu schön, zu aufregend, zu sehr erfüllt von täglichen Überraschungen. Franz hatte sich nicht nur, wie es hier üblich war, eine zu seiner Wirtschaft passende Bäuerin genommen, und der Hochzeitstermin war sicher nicht nur deshalb so bald festgesetzt worden, weil neben der Ziehschwester jetzt auch die Mutter krank war und der Leherbauer dringend eine Arbeitskraft brauchte.

„Ich hab gar nicht gewußt, daß Verheiratetsein so schön sein kann", sollte Franz Jägerstätter später einmal sagen – aber so schön ihre Ehe auch jetzt schon war, sie durfte vom ersten Tag an keine Idylle sein, kein „Egoismus zu zweit" oder zu dritt oder zu fünft, kein Füreinanderdasein allein im Hinblick auf Gott. Je mehr er spürte, daß diese Liebesgemeinschaft auch zu einer wahrhaft christlichen werden könnte, desto mehr quälte ihn die Sorge, gewaltsame Mächte von außen könnten in sie einbrechen und sie zerstören. Kaum ein Ereignis auf ihrer glücklichen Insel, das nicht auch von Unheil begleitet war. Schon auf der Hochzeitsreise waren ihm die vielen Uniformierten aufgefallen, Schwarzhemden, römische Liktorenbündel auf den Kappen, die trotz ihrer Verschiedenheit so fatal an die SS- und SA-Männer jenseits der Salzach erinnerten. Und wenn es bis vor einem Jahr noch geheißen hatte, Mussolini sei der Beschützer des kleinen Österreich vor den Deutschen, jetzt, nach dem siegreichen Abessinienkrieg, war der „Duce", wie er sich nannte, radikal umgeschwenkt. Offenbar erschien ihm der „Führer", der schon lange um ihn geworben hatte, verläßlicher als die ewig schwankenden Westmächte, auch hatte Hitler inzwischen wieder die allgemeine Wehrpflicht eingeführt und das Rheinland besetzt, und wenn das so weiterging, dann konnte man vielleicht ganz schön mitnaschen. Wie gelähmt sah die Welt zu, wie Deutschland aufrüstete, und dem kleinen Österreich wurde zynisch geraten, sich doch selber zu helfen.

Aber wie sollte es das? Es war dem zielbewußten Aggressor gegenüber ebenso uneins wie die Staaten des Westens. Die „Roten" hatten sich nach dem Bürgerkrieg schmollend zurückgezogen und überließen es den „Schwarzen", mit dem gemeinsamen Feind allein fertigzuwerden, immer in der trügerischen Hoffnung, bei ihm doch noch Gnade zu finden, wenn man nur Position um Position aufgab und einen Nationalsozialisten nach dem andern in die Regierung nahm, bis diese völlig gelähmt war. Der letzte verzweifelte Versuch des Kanzlers Schuschnigg, Mussolini in Venedig doch noch zugunsten Österreichs umzustimmen, schlug jämmerlich fehl – das war im Juni 1937 gewesen, und Franz Jägerstätter, dessen Frau gerade zum erstenmal schwanger war, konnte sich nicht von dem Gedanken losmachen, was diesem Kind wohl noch alles zustoßen würde in dieser Welt. Und wie konnte er das auch angesichts der Haltung Englands und Frankreichs, die sich mit dem gefährlichen Diktator mehr und mehr zu arrangieren schienen? Nicht einmal die brutale Zerstörung des kleinen Dorfes Guernica durch deutsche Bombenflugzeuge im Spanischen Bürgerkrieg konnte die Herrschaften in Paris und London zu einer Änderung ihrer Haltung bewegen. Auch wenn sich die halbe Welt darüber empörte.

Nur der Papst in Rom erkannte die Gefahr, und eines Sonntags im März 1937 las Pfarrer Karobath seinen Gläubigen mit eindringlicher Stimme wieder eine Warnung vor denen jenseits der Grenze vor. „Mit brennender Sorge", begann er und erklärte den Radegundern, daß dies eine Enzyklika sei, ein wichtiges päpstliches Rundschreiben an die Katholiken der ganzen Welt. Bischof Gföllner aus Linz hatte eine Kurzfassung hergestellt und deren Verlesung von allen Kanzeln seiner Diözese angeordnet. Ein Auftrag, dem Pfarrer Karobath, wie er betonte, gerne nachkam – und diesmal ging keiner aus der Kirche, während er vorlas, denn es hätte geschehen können, daß dieser Herr Pfarrer ihn wieder zurückrief: „Bleib! Das gilt auch für dich!"

Mit brennender Sorge, so schrieb der Papst, habe er den Leidensweg der Kirche im nationalsozialistischen Deutschland beobachten müssen. Immer wieder habe die Reichsregierung das Konkordat mit der Kirche gebrochen, immer wieder mußten Machenschaften enthüllt werden, „die von Anfang an kein anderes Ziel kannten als den Vernichtungskampf", „eine mit allen Mitteln arbeitende grundsätzliche Feindschaft gegen Christus und seine Kirche". Wer eine

Rasse oder ein Volk oder einen Staat aus ihrer irdischen Wertskala herauslöse, sie zur höchsten Norm einer Weltanschauung mache und Götzenkult damit treibe, mahnte der Papst, der verkehre die gottgeschaffene Ordnung der Dinge. Auch das Modewort „gottgläubig" habe nichts mit einem wirklichen Glauben an Gott zu tun, der rein und unverfälscht bleiben müsse, und wer es wage, irgendeinen Sterblichen, und wäre er auch der Größte aller Zeiten, neben Christus zu stellen, der sei nur ein Wahnprophet. „Der Herr im Himmel lacht über ihn!" rief Pfarrer Karobath in den Kirchenraum.

„Jetzt hat er's ihnen aber reingesagt", meinten die Radegunder, als sie die Kirche verließen, und Franz dachte mit Rührung an den Heiligen Vater, der vor einem Jahr an ihm vorübergetragen worden war und ihn und seine Franziska gesegnet hatte. Aber er dachte schon in die Zukunft, und die haßerfüllte Antwort der Reichsregierung war genau das, was er befürchtet hatte, genau das, was von den Anhängern dieser Regierung schon in den nächsten Tagen praktiziert wurde: eine Flut gehässiger Angriffe und Verleumdungen gegen Priester im ganzen Reich, Verhaftungen, beschmierte Kirchentüren und zertrümmerte Fenster, Anzeigen wegen angeblicher Homosexualität, und das auch in Österreich. Wie recht Bischof Gföllner schon vor vier Jahren in seinem Hirtenbrief gehabt hatte, und Franz mußte wieder denken, was schon seit damals unauslöschlich in seinem Bewußtsein eingegraben war: „Es ist unmöglich, gleichzeitig ein guter Katholik und ein wirklicher Nationalsozialist zu sein." So ein kurzer Satz, und doch konnte man, mußte man stundenlang, tagelang darüber nachdenken, besonders dann, wenn man ihn auf sich selber bezog. Waren diese Unzähligen, die man immer wieder auf Zeitungsbildern sehen konnte, wie sie marschierten oder in Stadien jubelten, wie sie mit erhobenen Armen die mit Hakenkreuzfahnen geschmückten Straßen säumten, wenn irgendeiner ihrer Anführer sie durchfuhr –

waren das alles keine Christen mehr? Oder hatten sie das Christuswort „Niemand kann zwei Herren dienen" noch nie gehört? Oder nur nicht begriffen? Und wie würden diese unzähligen Christen und Halbchristen und Nichtmehrchristen reagieren, wenn man einmal mehr von ihnen verlangte als Fähnchenschwingen oder „Sieg-Heil"-Brüllen oder „Ein Volk, ein Reich, ein Führer"? Wenn es mehr einzusetzen galt, als ein paar Stunden für irgendeine Parteiarbeit zu opfern – würden sie dann doch noch zu denken beginnen? Und sich fragen, wo sie wirklich hingehörten? Oder würden sie alles aufgeben, was ihnen ohnehin schon so wenig bedeutete? Weil eine neue Zeit angebrochen war, wie man zuweilen hörte, in der alles anders sein werde? Anders oder alles gleich, gleich belanglos, weil alles niedrig?

Als das Jahr 1937 endlich zu Ende ging, konnten nur noch die Gleichgültigsten das neue Jahr unbesorgt begrüßen. Franz gehörte nicht zu ihnen, und er weigerte sich auch, mit seiner Franziska zum Hofbauer oder zum Habl tanzen zu gehen. Er war in der letzten Zeit etwas seltener ins Wirtshaus gekommen – was sollte er noch mit den Leuten reden, die ihn nur verhöhnten, wenn er von einer neuen, ganz furchtbaren Christenverfolgung sprach? War der Leherbauer jetzt schon völlig übergeschnappt? – fragten sie. Die Nazis sollten ihnen etwas anhaben können? Wo es in ganz St. Radegund keinen einzigen Nazi gab, worauf sie auch mächtig stolz waren!

Franz ging von der Silvesterandacht direkt nach Hause, und wenn einer der Nachbarn im Leherbauerhof noch bis lange nach Mitternacht ein Licht brennen sah, dann mochte er denken, daß die beiden immer noch ineinander Verliebten ihren Silvester halt auf ihre Weise feierten. Sie taten es auch auf ihre Weise, sie beteten um Gottes Hilfe für das neue Jahr, das den Franz mit solchen Ängsten erfüllte.

Nur die kleine Rosalia, die in ihrer Wiege eben erst vier Monate alt geworden war, schlief Österreichs Schicksalsjahr ahnungslos entgegen.

Der Todfeind von drüben

Franz Jägerstätter hatte einen Traum. Der Jänner 1938 war beinahe zu Ende gegangen, und wer das Katz-und-Maus-Spiel Hitlers mit dem verzweifelt um sich schlagenden Österreich nur einigermaßen verfolgte, mußte zur Überzeugung gelangen, Deutschland werde in allernächster Zeit über das kleine Land herfallen. Wozu sonst hatte der österreichische Generalstabschef Jansa, der Schöpfer des Verteidigungsplanes gegen einen deutschen Angriff, auf Befehl des Diktators vom Obersalzberg zurücktreten müssen, wie in der Zeitung zu lesen war? Wozu nahm Schuschnigg einen weiteren neuen Minister in seine Regierung, einen Großdeutschen aus Braunau?

Franz war todmüde, aber er konnte nicht einschlafen, zu viele Gedanken gingen ihm durch den Kopf. Ob auch das seltsame Nordlicht schuld daran war, das ganz Europa in Staunen und Angst versetzt hatte? Von Schweden bis hinunter nach Nordafrika war es zu sehen gewesen, und Gläubige und abergläubische Menschen prophezeiten Unheil und Krieg für den ganzen Kontinent. Und ich überlegte mir: Wäre ich an Jägerstätters Stelle in seinem Bett gelegen, ich hätte angestrengt in die Dunkelheit hinausgehorcht, ob nicht Motorengeräusche zu hören waren oder das Gerassel von Panzerfahrzeugen. Ich hätte mich gefragt, ob dieser Feldmarschalleutnant Jansa in seinem Verteidigungsplan auch das Sprengen der Brücken vorgesehen hatte. Die Brücke von Tittmoning und die Brücken von Ach und Burghausen, von Simbach, Braunau und Schärding und über die Donau bis zur tschechischen Grenze hinauf. Sofern es sie damals schon alle gegeben hat. Das hätte den Einmarsch der Deutschen vielleicht noch um einiges verzögert und den Truppen aus den Garnisonen von Linz, Enns, Wels oder Freistadt die Möglichkeit gegeben, noch rechtzeitig zur Verstärkung des Grenzschutzes einzutreffen.

Irgendwann muß Franz dann doch eingeschlafen sein, denn er sah auf einmal im Traum – oder war es eine Vision? – einen schönen Eisenbahnzug, der um einen Berg fuhr. Viele Erwachsene liefen auf ihn zu, aber auch Kinder, und sie alle wollten unbedingt einsteigen. Nur ganz wenige bemühten sich nicht darum, und als Jägerstätter diesen Traum später beschrieb, wollte er gar nicht sagen, wie wenige es waren. Vielleicht schämte er sich dafür, vielleicht war es nur die Trauer darüber. Plötzlich aber hörte er eine Stimme, und sie sagte: „Dieser Zug fährt in die Hölle." Und gleich darauf war ihm, als faßte ihn jemand an der Hand, und jetzt sagte die Stimme: „Jetzt gehen wir ins Fegefeuer." Und was er hier an Leiden und Elend sah und in sich spürte, war so furchtbar, daß er geglaubt hätte, in der Hölle zu sein, wäre da nicht die Stimme gewesen, die ihm das Fegefeuer angekündigt hatte. Das Ganze dauerte wahrscheinlich nicht mehr als wenige Sekunden, dann hörte er noch ein Sausen, sah noch ein blendendes Licht, und alles war vorüber.

Er war völlig benommen, als er erwachte, und wußte lange nicht, wo er sich befand. Immer noch hatte er den schönen Eisenbahnzug vor Augen, der den Berg umkreiste, immer noch hörte er die Stimme: „Dieser Zug fährt in die Hölle." Immer noch war ihm bewußt, sie alle fuhren mit ihm, die Erwachsenen und die Kinder, und wie eifrig sie sich danach drängten! Erst als er seine Frau neben sich atmen hörte, begriff er, wo er war, weckte sie und erzählte ihr von dem furchtbaren Traum. „Bis heut hab ich nicht geahnt, wie groß die Leiden auch im Fegefeuer sein können", sagte er, als er zu Ende erzählt hatte.

Er grübelte Tage und Wochen über diesen Traum nach und was mit dem Zug wohl gemeint sei, der so schön und begehrenswert erschienen war, daß nur ganz wenige sich seinen Verlockungen entziehen konnten. Wie wäre es *ihm* ergangen, wäre er nicht der träumende Zuschauer gewesen? Hätte auch er sich mitreißen lassen, auf den Zug aufzuspringen wie die andern? Hatte Gott ihm eine Warnung zukommen lassen mit diesem Traum? Nicht in St. Radegund, aber von überall in der Nachbarschaft hörte man, wie die Zahl der illegalen Nationalsozialisten anstieg, und keiner genierte sich mehr, offen zuzugeben, daß er schon bei der Partei war. Der starke Mann von jenseits der Grenze war bereits ein stärkerer Schutz als jede andere Macht. Waren *das* die Leute aus dem Traum, die rechtzeitig auf den Zug aufsprangen, um die besten Plätze zu ergattern? Egal, in welcher Gliederung der Partei, in der NSV, dem NSF, der HJ und was es da sonst noch gab? Um nicht ihren Besitz zu verlieren, ihren Posten, ihre Firma, ihr Geschäft?

Die Propheten des Untergangs hatten nicht übertrieben, und der Versuch Schuschniggs, mit dem deutschen Reichskanzler am 12. Februar auf dem „Berghof" zusammenzutreffen, wurde zur Katastrophe. Hitler drohte mit sofortigem Einmarsch, falls die Nationalsozialisten nicht als eine der Vaterländischen Front gleichberechtigte Bewegung anerkannt, die Regierung wieder einmal umgebildet und der Nationalsozialist Seyß-Inquart zum Innen- und Sicherheitsminister ernannt werde. Es gab noch andere Forderungen, und Präsident Miklas akzeptierte sie alle, aus Angst vor dem Einmarsch der Deutschen. Aber das alles nützte nichts mehr, schon eine Woche später hielt Hitler seine berüchtigte Rede vor dem Deutschen Reichstag, und Franz saß wieder einmal, die Kopfhörer an den Ohren, mit seinem Freund zusammen und hörte auf das stundenlange Gebrüll seines Todfeindes, wie unerträglich es auf die Dauer für eine Weltmacht wäre, daß ihren Volksgenossen jenseits der Grenze unausgesetzt schwerstes Leid zugefügt werde. „Das ist das Ende", sagte Franz, und Pfarrer Karobath war derselben Meinung – und die immer mächtigeren Kundgebungen, die Terrorakte der Nationalsozialisten, für die die Rede ihres Führers das letzte Signal zum Sturm war, gaben ihm recht. Schuschniggs letzter Versuch, die Proklamation einer Volksabstimmung für den 13. März, in der die Österreicher entscheiden sollten, ob sie in einem freien Land leben oder sich dem national-sozialistischen Deutschland unterwerfen wollten, war von Anfang an zum Scheitern verurteilt. Wenige Tage später wurde die Abstimmung wieder abgesagt, keiner wußte warum, und am 12. März gab die Presse bekannt: Rücktritt der Regierung Schuschnigg, Seyß-Inquart mit der Führung betraut. Am Morgen des gleichen Tages überschritten die deutschen Truppen die Grenze, und kein einziger österrei-chischer Soldat erhielt den Befehl, sie daran zu hindern. Am Abend zuvor hatte sich Schuschnigg im Rundfunk verab-schiedet: „Gott schütze Österreich!" Neben ihm standen schon seine Bewacher, Hakenkreuzbinden am Arm.

In St. Radegund gab es keinen einzigen Nationalsozia-listen, also auch keinen, der ein Interesse gehabt hätte, den neuen Bürgermeister zu spielen. Noch dazu im Geiste der „Nazis", wie die Usurpatoren schon bald und nicht nur we-gen der bequemen Abkürzung genannt wurden. In den Nachbarorten gab es deren schon zur Genüge, und so war es auch ein NS-Funktionär aus Ostermiething, der am selben Tag, an dem Hitler in Wien die Eingliederung Österreichs in das Deutsche Reich verkündete, im Braunhemd und das Parteiabzeichen an der Brust, angefahren kam und die Ge-meindevertreter in den Gasthof Hofbauer rufen ließ.

Es war eine lange Sitzung da oben im Festsaal, wo noch vor wenigen Tagen eine Faschingstanzerei stattgefunden hatte, und die Papierschlangen und Lampions bildeten einen eigenartigen Kontrast zu dem pompösen Hitlerbild, das der

Herr aus Ostermiething als Geschenk mitgebracht und an die Stirnwand hatte nageln lassen. „Für ewige Zeiten", wie er dazu bemerkte. Aber die Sitzung dauerte nicht deshalb so lange, wie Franz und seine Freunde unten in der Gaststube von einem Lauscher an der Tür erfuhren, weil sich die Herren dort oben nicht einigen konnten. Im Gegenteil, die Auflösung der Gemeindevertretung und die Absetzung des bisherigen Bürgermeisters waren in wenigen Minuten erledigt, keiner sagte nein oder fragte nach einer Begründung. Schwierig wurde es erst, als es um den neuen Bürgermeister ging. Da hatte der Herr aus Ostermiething den Ehrgeiz der Radegunder, sich der neuen großen Zeit zur Verfügung zu stellen, gründlich überschätzt. Es schwirrten zwar allerlei Namen in der Luft herum, die schon jedem flüchtigen Besucher des kleinen Friedhofs rund um die Kirche bekannt sein dürften, von Altenbuchner und Huber über Kohlbacher, Rambichler, Sailer bis Zenz, aber keiner wollte sich der ehrenvollen Aufgabe gewachsen fühlen oder Zeit dazu haben, schon wegen der Landwirtschaft. Auch waren die meisten der Genannten gar nicht anwesend und mußten doch erst gefragt werden. Bis der Herr aus Ostermiething die Geduld verlor, sich sein Wiener Schnitzel zahlen ließ und die Drohung ausstieß: „Wenn ihr euch bis morgen nicht entschieden habt, dann wird die Kreisbehörde einen Kommissär einsetzen. Und der kommt nicht von hier. Heil Hitler!"

Jetzt wurde es gefährlich. Sich einem Fremden, noch dazu einem echten Nazi, freiwillig unterzuordnen, war wohl das Letzte, das einem Radegunder zuzumuten war. Gegen den Nationalsozialismus wehrten sie sich ja auch nicht primär wegen dessen Ideologie, davon wußten sie auch viel zu wenig, trotz Jägerstätters Versuchen, ihnen klarzumachen, worum es ging. Aber der Nationalsozialismus kam aus der Fremde, noch dazu von den Deutschen, denen man immer noch nicht vergessen hatte, daß sie den Radegundern ihre Passionsspiele kaputtgemacht hatten. Und alles, was fremd war, hatte hier keine Chance. In aller Eile wurden also sämtliche Männer, die für das Amt des Bürgermeisters in Frage kamen, herbeigeholt, und ich kann mir gut vorstellen, daß auch der Leherbauer sich dafür mit seinem Motorrad zur Verfügung stellte. Er hatte erfahren, daß bei der Besprechung mit dem Herrn aus Ostermiething auch sein Name genannt worden war, und um das zu verhindern, wäre er wenn nötig bis auf den Mond gefahren.

Irgendwann am Nachmittag hatte St. Radegund seinen neuen Bürgermeister, den Franz Sperl, der sich offenbar am leichtesten hatte weichklopfen lassen, und Franz fuhr erleichtert zu seinem Hof zurück. „Hättest du nicht Bürgermeisterin werden wollen?" rief er Franziska zu, die ihm aus dem Haustor entgegentrat, und erzählte ihr lachend die kuriose Geschichte. „Was sagst du? Ich bin ein Mann, der was darstellt, hat einer dem Nazibazi erklärt. Wenn der wüßte, was ich darstelle!"

Aber das war so ziemlich das einzige, über das man in diesen Tagen noch lachen konnte. Schon der Gedanke, daß sie ohne weiteres einen Mann zum Bürgermeister gemacht hätten, der gerade seines Glaubens wegen der größte Feind der Nationalsozialisten war, ließ ihn erschauern. Hatten sie ihm denn nie zugehört? Hatten sie bei der Verlesung der päpstlichen Enzyklika vor einem Jahr geschlafen? Oder war ihnen das alles so gleichgültig, daß sie keinen Gedanken daran verschwendeten? Oder dachten sie, der Leherbauer würde sich's dann mit denen schon richten, wie man das nannte, wenn es um einen Vorteil ging? Und das alles bereits zwei Tage, nachdem Hitler ihr geliebtes Österreich ausradiert hatte! Für das einige von ihnen noch vor einer Woche geschworen hatten zu kämpfen, wenn der Bundeskanzler dazu aufrufen würde!

Auch der Franz wäre sicher bereit gewesen dazu, es hatte ihn nur niemand gerufen. Und jetzt stand er da und las die Triumphmeldungen aus den Zeitungen und betrachtete die Fotos, bis ihm die Tränen kamen: Die jubelnden Menschen auf den Landstraßen von Braunau bis Wien und die gedrängte Masse auf dem Heldenplatz, Hitlers Erklärung von der Heimkehr des kleinen Österreich ins Reich und das Spruchband am Wiener Parlament „Das Volk regiert", Einheiten des Bundesheeres, das schon am 14. März seinem neuen Oberkommandierenden den Eid leistete und unbedingten Gehorsam schwor. Und er horchte auf das, was Pfarrer Karobath und der Pfarrer aus Tarsdorf über irgendwelche geheimen Kanäle aus Linz in Erfahrung gebracht hatten, was natürlich in keiner Zeitung mehr stand, was nur geschah, ohne daß sich einer öffentlich empören durfte: die Verhaftung von Schuschnigg und Bundespräsident Miklas und Landeshauptmann Gleißner und die Ermordung des Linzer Polizeidirektors Dr. Benz, der Abtransport der ersten Verhafteten nach Dachau, Minister, hohe Beamte, Militärs und Gewerkschafter. Dachau, das war ein Konzentrationslager in der Nähe von München, weitaus schlimmer als das Wöllersdorf des Ständestaates.

Und schon vom ersten Tag an kam auch seine Kirche dran, als wäre sie die gefährlichste Feindin der neuen Herren. Schon am ersten Tag hatte die Gestapo alle Redaktionen des Katholischen Preßvereins besetzt, in Linz und in Wels, in Ried und Grieskirchen, kein Wort, das ihnen nicht genehm war, durfte ab nun veröffentlicht werden. „Und das ist erst der Anfang", sagte Pfarrer Karobath. „Noch halten sie sich zurück, weil sie unsere Stimmen brauchen. Aber wart nur bis nach der Wahl!"

Und diese Wahl oder Volksabstimmung, die für den 10. April festgesetzt worden war, kam immer näher, und noch nie waren die Menschen mit soviel Propaganda überschüttet worden. Bis in die kleinsten Dörfer kamen die Lautsprecherwagen und brüllten den Bauern die Ohren voll, und die Holzwände des Passionsspielhauses waren mit Plakaten beklebt.

„Per du sind sie auch schon mit uns", murrte Pfarrer Karobath, als Franz mit ihm vor einem Plakat hielt, das einen Stimmzettel zeigte, der von der Hand eines Wählers ausgefüllt wurde. „Bist du mit der am 13. März 1938 vollzogenen Wiedervereinigung Österreichs mit dem Deutschen Reich einverstanden", stand darüber geschrieben, „und stimmst du für die Liste unseres Führers Adolf Hitler?"

„Und was heißt Wiedervereinigung?" fragte der Pfarrer weiter. „Wann sind wir zuletzt mit denen beisammen gewesen?" Und das war nicht der einzige Makel, den er entdeckte. „Liste unseres Führers? Gibt's da also noch mehrere Listen?" Er sagte es laut, denn da waren noch andere hinzugekommen, und die sollten es nur hören. „Was meint ihr? Ob wir die Herren in unsere Volksschule zurückschicken? Geschichte für Anfänger? Oder zu mir in Religion? Siebentes Gebot: Du sollst nicht lügen!"

Er erntete anerkennenden Beifall, Franz aber beachtete es kaum. Er mußte dauernd auf den überdimensionalen Wahlzettel starren, auf den großen Kreis unter dem „Ja", in den die Hand mit dem Stift ein Kreuz kritzelte, damit die Wähler wußten, was sie zu tun hatten. Und rechts daneben, klein und ganz in die Ecke gedrängt, der Kreis für ein „Nein". Er hörte sie immer noch hinter sich lachen, aber er wandte sich nicht um. Wer von ihnen würde es wagen, sein Kreuz dorthin in die Ecke zu setzen?

Drei Tage waren nun schon vergangen, fünf Tage, acht, und er hatte noch nichts getan seit jenem ersten. Aber was gab es jetzt noch zu tun? – fragte er sich und blickte verstohlen zu Franziska hinüber. Ob sie ahnte, was in ihm vorging? Einige seiner früheren Freunde wußten es schon, aber sie sagten dasselbe, was auch er dachte: Was soll man jetzt tun? Und wenn er sie an ihre Burschenzeche erinnerte, zuckten sie nur die Achseln: „Das war einmal, Franz." Oder: „Das war doch ein Spiel." Oder: „Wir waren Kinder." Jetzt waren sie also erwachsen geworden, jetzt hatte plötzlich der Ernst des

Lebens begonnen, und da gaben die größten Helden klein bei und suchten nach Kompromissen und verkrochen sich in ihre Schlupfwinkel. Falls es noch welche gab.

*

Arne und Schorsch waren aus der Schule gekommen. Der eine voller Pläne für den Nachmittag: Geigenstunde bei Erich, dem Freund, der ihn jetzt immer auf dem Klavier begleitete. Erichs Eltern schätzten Hausmusik, zu einem kultivierten Haus gehörten Musikabende genauso wie die Bilder von Dürer und Spitzweg an der Wand oder der Orientteppich auf dem Boden. Ein wahrer Glücksfall, dieser Arne, vielfach begabt und gut erzogen, durchaus präsentabel trotz seiner Herkunft. Die larmoyante Mutter störte halt ein bißchen, aber wenn Arne spielte, konnte man sie nicht gut übergehen. Der kranke Mann wenigstens blieb einem erspart.

Der ewig mißtrauische Arne wußte nichts von diesen Gedanken seiner freundlichen Gastgeber, wenn er nur hier sein durfte, in diesen schönen Räumen, schwamm er in Seligkeit, töricht, vertrauensvoll. Und jetzt, nach der Musikstunde, wollte er sich daheim an einem neuen Aquarell versuchen – und dann lesen. Erst am Abend natürlich, wenn es still wurde, zu seinem „Raskolnikow" brauchte er absolute Ruhe. Mit ihm war er zum Mörder geworden, aus Zorn und Not zu töten war gar nicht so schwer. Er brauchte nur an den Hajek zu denken, dann zuckte es ihm schon in den Fingern, an dieses Schwein, das die Mutter immerzu betteln ließ und zum Schluß dann doch sagte: „Kein Geld, keine Ware, gute Frau. Jeder muß seine Schulden bezahlen."

Schorsch hatte keine Pläne, er freute sich einfach aufs Essen. Heute war Mittwoch, da gab es Erdäpfelgulasch mit einem Lorbeerblatt. Meine Leibspeise, dachte er, aber das dachte er jeden Tag, außer Donnerstag, wenn es Spinat gab.

„Was ist, Arne?" fragte er, der Bruder war mitten im Trab stehengeblieben und starrte zum elterlichen Geschäft hinüber.

„Der Rolladen, du Trottel! Siehst du das nicht?" Jetzt sah es auch Schorsch, der Rolladen war heruntergelassen, und das hatte es tagsüber nur einmal gegeben, beim Tod der Großmutter.

„Was ist da passiert?" schrie Arne und war schon im Haustor verschwunden. Im dunklen Kabinett saß die Mutter und weinte, neben ihr der Vater mit seinem Gesicht ohne Ausdruck – und ihnen gegenüber ...

„Onkel Konsul? Was ist geschehen?"

Der österreichische Konsul, ein Freund des Vaters aus besseren Tagen, als der zerstörte Kranke noch beim Schubertbund gesungen und bei den Schlaraffen so manchen Ausritt gewagt hatte, bemühte sich schon seit langem, dieser Unglücksfamilie zu helfen. Und jetzt gab es eben wieder einen Anlaß dazu. „Arne – wir müssen weg ...", stammelte die Mutter, es kam wie von einem kleinen, verängstigten Tier.

„Was heißt – weg?"

Der Konsul atmete tief durch. „Du weißt, mein Junge, daß ihr Österreicher seid", begann er. Arne wußte es, der Vater stammte aus einer „ärarischen Familie", die nach dem Weltkrieg hier hängengeblieben war. „Vielleicht hast du auch schon gehört, daß es Österreich nicht mehr gibt." Arne nickte, er hatte die Geschehnisse der letzten Tage aufmerksam verfolgt. „Es gehört jetzt zu Deutschland, ich weiß. Wir sind wieder Deutsche."

Der Konsul glaubte eine Spur von Stolz aus den Worten des Jungen zu hören, was ihm nicht sonderlich gefiel; umso rascher wollte er die Sache hinter sich bringen. Als Deutsche hätten sie jetzt in der Tschechoslowakei nur Schwierigkeiten zu erwarten, erklärte er, mangelhafte diplomatische Vertretung, keinen ausreichenden Schutz ...

„Aber wir können doch nicht weg von hier", jammerte die Mutter. „Wohin denn? Und meine guten Sachen ..." Aber der Konsul versicherte, dafür sei gesorgt, sie könnten im Salzburgischen unterkommen, in der Heimat ihres Mannes. Natürlich nicht in ein Lager, der Führer kümmere sich schon um seine unterdrückten Volksgenossen – und auch er, der Konsul, habe sich in Wien für sie verwendet. Da sei ein altes Fräulein in einem netten Haus, und sie betreibe eine kleine Werkstatt, Kunststickereien, es würde ihnen sicher gefallen. Die Möbel hier würde man einlagern – vorläufig, wer wußte schon, wie es weiterging! Im Herbst konnte alles schon wieder ganz anders sein. „Wir leben in einer großen Zeit", sagte er und erhob sich. Er hatte noch viele solche Fälle zu erledigen.

Arne sah ihn aufmerksam an. Die Phrase hatte er in letzter Zeit schon öfter gehört, nur aus dem Mund des „Onkels" klang sie nicht ganz echt. Vielleicht hatte er sie noch nicht oft genug wiederholt. „Und wann soll es losgehen?" fragte er. „In drei Tagen", sagte der Konsul und küßte der Mutter die Hand.

„Es ist schön hier", schrieb Arne an Erich, den Freund. „Wunderschön. Schade, daß Du nicht hier sein kannst. Musizieren in dieser Landschaft – hier ist alles Mozart, verstehst Du? So leicht und frei und – verzeih das blöde altmodische Wort: anmutig. Das alte Fräulein hat mir ihr Rad geborgt, und ich war schon dreimal in Salzburg. Ich habe Mozarts Geburtshaus gesehen und die Hände an seine Mauern gelegt, und das Blut in meinen Fingerkuppen hat gepocht, das ‚Non più ...' – Wie Cherubin hab ich mich gefühlt. Ich war auch schon im Salzkammergut, bin von See zu See geradelt und dann das Salzachtal hinauf, bis Burghausen, die Stadt mit der längsten Burg Deutschlands. Schorsch, der Depp, hat es vorgezogen, mit einer HJ-Gruppe nach Braunau zu hatschen. Versteh mich recht, ich hab nichts gegen die HJ, im Gegenteil. Sportliches Training, Disziplin und Gemeinschaftsgefühl, das ist schon in Ordnung. Aber ich meine, wenn der Führer der Mann ist, für den man ihn hält, verdammt noch mal, dann muß ihm doch die Kriecherei vor seiner Person auf die Nerven gehen."

Der Führer – Arne verschwieg dem Freund, daß er mit Hitler nicht zurechtkam. Da konnte die Mutter noch so gerührt seufzen, was für ein guter Mensch das sei, und von seinen blauen Augen schwärmen – die gar nicht blau waren. Da konnte Schorsch in einen Begeisterungstaumel verfallen – aber die Mutter war ein Kind, und der Schorsch war ein Trottel, und er, Arne, konnte Hitlers bellende Stimme nicht ertragen. Kein Wunder, daß der Mann Wagner bevorzugte. Und er sah aus wie eine schlechte Imitation von Charlie Chaplin, nur hier schien das keiner zu merken. Aber was soll's, dachte Arne, der Mann hat uns aus der Misere geholt, und die Bettler und die Arbeitslosen werden bald verschwunden sein. Durch ihn hab ich wieder eine Zukunft, was kann ich mehr verlangen? Wir dürfen Deutsche sein, und die Salzburger freuen sich schon auf die ersten deutschen Festspiele, nur die Hoteliers jammern um die paar Ausländer. Wir dürfen die Sprache Goethes und Schillers und Heines sprechen, ohne dafür von den Tschechen Prügel zu beziehen, weil die in der Mehrzahl sind – nein, mit Heine war's natürlich vorbei, aber ohne Heine konnte man leben. Ohne Stolz und ohne Würde nicht.

Die Mutter stickte in der Werkstatt der alten Dame, die sie aufgenommen hatte, an einem kostbaren Meßkleid für einen Primizianten. Gold auf Brokat, unzählige Stiche. „Mutter, deine Augen!" warnte Arne. „Deine wunden Finger! Und alles für einen kleinen Pfaffen." – „Nein, für euch", war die Antwort. – „Aber jetzt ist doch alles anders!" – „Still, Bub, ich tu es doch gern. Und schau, wie schön es wird! Ich hab noch nie so etwas Schönes machen dürfen."

Das verschloß ihm den Mund. Etwas Schönes machen,

das verstand er, dafür ging er sogar mit ihr und mit Schorsch in den Dom. Auch wenn er für den jungen Priester kein Verständnis hatte. Und wie ihr Werk in dem entsprechenden Rahmen wirkte, und dazu die Musik! Gegen Schönheit war er wehrlos, wofür immer sie eingesetzt wurde. Wenn Goebbels und seine Leute nur solche Ideen gehabt hätten ...

„Perfekte Inszenierung", flüsterte er der Mutter zu, um sich in überlegenen Spott zu retten, aber das „Gloria" von Bruckner, das auch Hitler angeblich liebte, wie auf einer Kulturseite stand, trieb ihm die Tränen in die Augen. Vielleicht lohnte es sich, für eine solche Stunde das ganze Brimborium mitzumachen, jedes Brimborium, egal, wo es stattfand, besonders wenn man mit Gold und solcher Musik, mit Weihrauch und Paukenschlägen umhüllt wurde wie dieser Bursche dort am Altar. So hätte Arne gern ausgesehen: groß, elegante Bewegungen, schwarze Augen, tiefgebräunte Haut und dunkles, welliges Haar.

Am nächsten Tag sah er den jungen Priester wieder – in Offiziersuniform. Er stieg aus einem großen Wagen und rief dem Fahrer mit befehlsgewohnter Stimme etwas zu.

„Ach, du Dummkopf", kicherte das alte Fräulein, als Arne sie verwirrt fragte, wie denn das möglich sei. „Bist auch drauf reingefallen. Das war der Zwillingsbruder vom Harald. Der Helmut. Hast du nicht bemerkt, wie kurz sein Haarschnitt ist?"

Arne schrieb an Erich. „Die Zwillinge haben mich auf einen Gedanken gebracht: Man müßte sich teilen können. Aber nicht nur einmal, nein, so oft man es braucht. Einer sein, der Menschen führt und ihnen befiehlt, einer, der Geige spielt, einer, der schreibt. Dann müßte man sich nicht immer entscheiden.

Aber jetzt etwas anderes. Glaubst Du, daß Blut etwas Heiliges ist? Daß nur der Arier schöpferisch sein kann, wie Hitler in ‚Mein Kampf' schreibt? Daß nur Menschen ab einer gewissen Körpergröße und mit einem gewissen Gesichts-

111

schnitt nicht versagen, wenn man ihre Tapferkeit auf die Probe stellt, wie Himmler behauptet? Daß unser deutsches Blut uns adelt wie niemanden sonst? Wenn unser mickriger Lehrer, der aussieht wie Goebbels, uns das vorträgt, dann kommt mir das alles ganz idiotisch vor – aber wenn wir dann singen: ,Heilig Vaterland, in Gefahren deine Söhne sich um dich scharen', dann krampft es mir das Herz zusammen, und ich könnte heulen. Übrigens – bei der Volksabstimmung hier hat alles für Hitler gestimmt, mit Ausnahme von ein paar Schuften. 99,73 Prozent. Auch unser altes Fräulein. Schorsch und ich sind leider noch zu jung. Es ist eine Begeisterung im ganzen Land, die ich Dir einfach nicht schildern kann."

*

Für Franz Jägerstätter war ein Ja etwas Heiliges, das durfte man nicht mißbrauchen. An seinem Hochzeitstag vor dem Altar hatte er „ja" gesagt, wie also sollte ihm seine Fanny vertrauen können, wenn er dieses Wort jetzt als Lüge gebrauchte? Nur um sich irgendwelche Unannehmlichkeiten zu ersparen? Schon Christus hatte gesagt: Dein Wort sei ja, ja, nein, nein, alles andere ist von Übel.

Franziska zögerte. „Alle stimmen dafür", sagte sie. „Die meisten!" Sie hatte aufmerksam herumgehört, kaum einer hielt mit seiner Meinung zurück.

Aber vielleicht mußten die alle nicht lügen, wenn sie das Ja ankreuzten. Vielleicht wurde wirklich alles besser, wenn man endlich mit dem großen Deutschen Reich vereinigt war. Viele hatten das ja schon nach Ende des Krieges gewünscht, die Westmächte hatten es ihnen nur nicht erlaubt. Jetzt erlaubten sie es, und die Zahl der Arbeitslosen, die ewigen Streitigkeiten bis zum Bürgerkrieg waren doch der beste Beweis für die Behauptung gewesen, daß Österreich allein nicht lebensfähig war. Hatten die Jasager also nicht recht? Oder es war ihnen gleichgültig, Hof blieb immer Hof, und

Ernte blieb Ernte, gleichgültig, unter welcher Regierung, und dann war das Ja auch keine Lüge.

Aber in seinen Büchern und Broschüren stand zu einer Volksabstimmung für oder gegen Hitler kein Wort, und wenn er sich an den Religionslehrer des kleinen Franzl, den Pfarrer Thomas Huber, erinnerte, der einmal gesagt hatte: „Jesus hat uns genügend hinterlassen in seiner Lehre. Da findet ihr Antworten auf jede Lebensfrage. Ihr müßt es nur richtig lesen" – dann gab es erst recht ein Problem. Wie las man das Evangelium richtig? Brauchte man dazu nicht erst recht einen andern?

Pfarrer Karobath war so einer, aber der machte sich's leicht. „Machst halt dein Kreuzerl beim Ja", riet er. „Wird doch ohnehin alles manipuliert." Und dann erklärte er, was er von verschiedenen Seiten gehört hatte: Daß es in so einem Regime keine wie immer geartete Kontrolle über den rechtmäßigen Verlauf einer Wahl gäbe. Daß es in manchen Wahllokalen gar keine Zellen geben werde, also auch keine freie, keine geheime Wahl. „Und wenn einer in die Zelle geht, damit ihm keiner zusieht, wo er sein Kreuzerl macht, dann wird er sofort registriert. Wer wird da also mit Nein stimmen?"

Aber der Herr Pfarrer konnte lange reden, der Franz war nicht sehr beeindruckt. „Ich soll also lügen?" fragte er nur.

Der Pfarrer suchte auszuweichen: „Ich mach doch auch mein Kreuzerl, Franz. Wir alle."

„Sie werden also auch lügen?" Der Pfarrer wurde rot im Gesicht, aber Franz hatte kein Erbarmen mit ihm. „Und die andern auch? Alle?" Der Pfarrer wurde immer verlegener, und Franz wurde sich der Ungehörigkeit seines Benehmens bewußt. Er versuchte es mit einem Scherz: „Wir haben es ja leicht: Wir gehen einfach zu Ihnen beichten. Und der gute Vorsatz ist auch kein Problem. Eine nächste Gelegenheit zu der Sünde wird's ja kaum geben ..." Er brach ab, er begriff, daß der nächste Satz nicht anders lauten konnte als: Aber zu wem gehen Sie, Herr Pfarrer? Und das war zu viel. „Entschuldigung", murmelte er. „Ich muß mir das alles noch überlegen."

Aber es gab nicht viel zu überlegen. Um dem Dilemma zu entkommen, gab es nur eines, und um das auszudrücken, gab es nur einen einzigen Satz. Und an irgendeinem der folgenden Tage muß dieser Satz auch gefallen sein: „Ich geh am besten erst gar nicht hin."

Es war vielleicht der erste Streit in dieser Ehe, denn Franziska gehörte nicht zu den Frauen, die aus Prinzip ihren Willen durchsetzen müssen. Natürlich mußte alles Wichtige besprochen werden, und meistens waren die beiden ohnehin einer Meinung. Wenn nicht, dann redete man sich halt irgendwie zusammen. Aber in diesem Punkt war der Mann völlig unzugänglich – und ausgerechnet in diesem Punkt durfte auch sie nicht nachgeben. Sie spürte zum ersten Mal, wie gefährdet er war. Sie hatte es zwar schon seit Tagen hinnehmen müssen, wie er sich nicht und nicht zurückhalten konnte, wenn ihm an den neuen Machthabern etwas nicht paßte. Aber bisher war es immer nur darauf angekommen, ob gerade Zeugen in der Nähe waren, und die Zeugen in St. Radegund waren ihrem Franz trotz allen Fremdseins immer noch wohlgesinnt. Von denen verriet ihn keiner, zumal er oft nur laut aussprach, was sie selber insgeheim dachten.

Wenn aber auf der Wahlliste von St. Radegund sein Name fehlte, dann war das nicht mehr so leicht zu vertuschen. Darum mußte er hingehen, darum mußte sie ihn bitten, ihn anflehen, darum mußte sie gegen seine Argumente anreden, so gut sie konnte. Darum mußte sie auch sich selber ins Spiel bringen, nicht nur er, auch sie war gefährdet, auch die kleine Rosalia, auch das neue Kind, das sie unter dem Herzen trug, war gefährdet, sollte es glücklich zur Welt kommen. Bis ihr nichts anderes mehr einfiel als das eine, letzte Druckmittel, das sie in jeder anderen Situation abgelehnt hätte. „Also wenn du nicht hingehst, Franzl", sagte sie und machte eine Pause, von der sie wußte, daß sie ihre Wirkung nicht verfehlen würde, „dann mag ich dich nimmer."

Sie wußte, daß so etwas bei Frauen gang und gäbe war, dennoch, kaum war es ausgesprochen, hätte sie es um alles in der Welt wieder zurücknehmen wollen. Aber dazu war es jetzt zu spät, sie sah, wie es getroffen hatte, und wußte, daß sie da nichts mehr bagatellisieren konnte. Jetzt hieß es nur noch, wenigstens das zu retten, um dessentwillen es gesagt worden war. Sie schwieg und sah ihm nach, wie er den Raum verließ. Sie hörte die harten Schritte hinunter ins Vorhaus und das Schließen der Eingangstür. Sie glaubte, den Weg zu kennen, den er jetzt ging, nicht ins Wirtshaus hinüber und auch nicht in den Pfarrhof, in ganz Radegund gab es keinen, dem er zutraute, eine solche Sache zwischen ihnen beiden wieder gutzumachen. Sie wußte, daß er in den Wald ging, wo dieser am dichtesten wuchs – aber sie hielt sich mit aller Gewalt zurück, bis sie sicher war, ihn nicht mehr zu finden.

*

Wenn ich mich recht erinnere, schien am 10. April die Sonne, und das war fast genau sechs Monate vor der legendären Großkundgebung der katholischen Jugend Wiens im Stephansdom am 7. Oktober. Viele ältere Herren erzählen noch heute mit leuchtenden Augen, wie sie's den Nazis gezeigt haben, wie sie zu Tausenden das „Großer Gott, wir loben dich" sangen und zu den Fenstern des erzbischöflichen Palais hinaufriefen: „Wir wollen unseren Bischof sehen!" Viele aber erinnern sich auch, wie sie zwei Tage später in ohnmächtiger Wut erfahren mußten, daß wildgewordene HJ-Horden als Vergeltung für dieses Rosenkranzfest das Palais gestürmt und verwüstet hatten. Ein Jahr darauf oder auch später, es gab dafür noch Zeit genug, ließen sie sich wie alle anderen ihrer Leidensgenossen eine Uniform anpassen, ließen sich anlernen, wie man Menschen tötet und in ein Land einmarschiert, das zum Feindesland erklärt wird. Ließen sich ohne Gegenwehr nach Warschau und Narvik treiben, an die Maas, nach Dünkirchen und auf den Atlantik hinaus, hunderttausend Stück Schlachtvieh für Kreta und El Alamein, für Rostow, Demjansk und Stalingrad. Nichts schien selbstverständlicher zu sein, und auch ich war noch ganz am Ende dabei.

10. April, das war nicht mehr lang bis zum Sommer, da wir, uns fast als Widerstandsgruppe fühlend, unsere Wallfahrt nach Seckau machten, eine damals schon streng verbotene Aktion. Das war auch noch vor der Zeit, da wir uns, wie auch in den späteren Jahren, zu den „Pfarrjugend"-Stunden in der Sakristei unserer Kirche zusammendrängen mußten, denn die Jugendarbeit war nur noch als „rein religiöse" Betätigung „auf kirchlichem Raum" erlaubt. Oder wir trafen uns der besseren Tarnung wegen in der Wohnung eines Freundes in Gersthof, im Haus meiner Eltern oder, wenn das Wetter es zuließ, auf dem kleinen Platz vor dem Steinbruch in Sievering.

Jetzt aber war noch Frühling, und ich bilde mir heute noch ein, daß die Sonne schien und daß dieser Sonntag für mich ein Sonntag wie jeder andere war. Die Eltern waren zur $1/2$8-Uhr-Messe gegangen – ich hatte schon um sieben Uhr ministriert – und wollten nachher nur noch zur Wahl, wie sie sagten. Das Kind, das ich damals noch war, hatte also Muße genug, sich mit seinen selbstgebastelten Panzern, Kampfflugzeugen und Kriegsschiffen zu beschäftigen. Irgendwann vor ein paar Wochen hatte das Bundesheer seine Einheiten der glorreichen deutschen Wehrmacht eingliedern lassen, und der Kleine war jetzt dabei, mit Haarpinsel und verschiedenen Farben in einem gleichsam symbolischen Akt das gleiche zu tun. Er übermalte bedächtig das A an den Panzertürmen und Flugzeugen, am Bug seiner Schlachtschiffe und Zerstörer und schrieb an dessen Stelle ein großes D. Auch

116

Namen wurden gelöscht auf Anraten meines Vaters, Erzherzog Karl, Prinz Eugen und auch Heinrich Heine, und bald sollte es die brandneue „Deutsche Geschichte" von Suchenwirth geben, in deren Register zeitgemäßere Namen zu finden waren: Marschall Blücher, Königin Luise, Fridericus Rex.

Ich weiß nicht, ob ich meine Eltern gefragt habe, wie es war, als sie zurückkamen. Ich weiß nur, daß mein Vater sofort das mit der Wahlzelle erzählte. Ob er eine Entschuldigung suchte? Ausgerechnet vor mir, der da am großen Ausziehtisch saß wie vor einem Paradeplatz, den Pinsel in der Hand, um seine persönliche Vollzugsmeldung vor der Geschichte abzugeben? An demselben Tisch, an dem wir vor einigen Wochen gesessen waren, um aus dem neuen Radioapparat das vierstündige Gebrüll Adolf Hitlers zu hören, meine ältere Schwester immerfort Tränen in den Augen, mein Vater mit einem einzigen Satz als Kommentar: Das ist das Ende!

„Es war schon eine Wahlzelle in dem Raum", gab er jetzt zu, er sah schrecklich müde aus. „Man hat sie sehr gut sehen können", und meine Mutter nickte. „Jeder hätte mit seinem Zettel hineingehen können. Aber jeder, der hineingegangen wäre …"

Der Halbsatz genügte, natürlich war mein Vater nicht in die Wahlzelle gegangen, und meine Mutter auch nicht. Da hätten sie ihr Nein ebensogut direkt vor den Augen der Wahlkommission abgeben können. Und er war doch immer ein guter, verantwortungsvoller Vater gewesen und hatte noch zwei Kinder zu versorgen. Er hatte ein hübsches Haus bauen lassen, mit einem Garten, und da war noch so viel abzuzahlen. Er hatte eine gute Stelle beim Staat, und meine Mutter war Lehrerin, und auch die Schwester würde bald einen Posten brauchen. Und auch ich wollte doch einmal studieren.

Plötzlich sagte die Mutter: „Sie haben uns doch aufgefordert, es zu tun", und mein Vater nickte dazu, aber es schien sie beide nicht sehr zu erleichtern. Und ich frag mich noch heute, warum sie ausgerechnet mich dabei ansah. Was erhoffte sie sich von mir? *Mir* hatte keine höhere Instanz gesagt: Tu es!, bevor ich meine spielerische Arbeit mit dem A und dem D begann.

*

„Pst! Pst!" Der alte Mesner winkte den Franz zum Pfarrhof heran und bedeutete ihm gleichzeitig, daß der Herr Pfarrer schlief. „Ich hab was für dich", flüsterte er und öffnete leise die Tür. „Aber nur, wenn du mir hoch und heilig versprichst ..."

Franz hatte es versprochen – und jetzt saß er in der Kirche unter der Kanzel, die damals noch wie ein Schwalbennest hoch über dem rechten Seitenaltar klebte. Dennoch war Pfarrer Karobath auch heute die vielen engen Stufen hinaufgeklettert – nur das, was ihm sein Bischof aufgetragen hatte, tat er nicht. Er las keine einzige Zeile von dem vor, was der alte Mesner dem Franz insgeheim gezeigt hatte, nichts von dem „Vorwort", wie sich der kurze Brief der österreichischen Bischöfe an die Gläubigen nannte, nichts von einer „geschichtlichen Stunde", wie es da hieß, die Österreichs Volk erlebte, nichts von der Erfüllung einer tausendjährigen Sehnsucht nach Einigung in einem großen Reich der Deutschen. Nichts von dem, was Jägerstätters Hand so hatte zittern lassen, daß ihm das Blatt beinahe entfallen wäre. Pfarrer Karobath las nichts von einem Beauftragten des Führers mit Namen Gauleiter Bürckel, der „die aufrichtige Linie seiner Politik" bekanntgegeben hatte, die unter dem Motto stehen sollte: Gebt Gott, was Gottes ist, und dem Kaiser, was des Kaisers ist. Er las das Evangelium des vierten Fastensonntags, und Franz Jägerstätter war wohl der einzige, der hinter der Geschichte von der wunderbaren Brotvermehrung am See Genezareth ganz andere, weit weniger tröstliche Worte hörte.

118

Pfarrer Karobath machte eine Pause, und Franz dachte schon, er hätte es sich überlegt und wollte den Bischöfen, die sämtliche Pfarren des Landes angewiesen hatten, ihre „Feierliche Erklärung" zur Verlesung zu bringen, doch noch gehorchen. Aber er tat es nicht, er begann seine Predigt wie jeden Sonntag. Und statt daß sein Zuhörer da unter ihm sich der tröstlichen Botschaft des göttlichen Wunders hingab, las sein geistiges Auge wieder Satz um Satz all das von dem Blatt, das ihm der alte Mesner gezeigt hatte. Unvergeßlich hatte es sich über Nacht in ihm eingebrannt, wie freudig die Bischöfe alle die Leistungen der nationalsozialistischen Bewegung auf dem Gebiet des völkischen und wirtschaftlichen Aufbaus für das deutsche Volk und namentlich dessen ärmste Schichten anerkannten. Und wie erfolgreich dank dem Wirken der Nationalsozialisten auch der alles zerstörende gottlose Bolschewismus abgewehrt worden war – und eins ums andere kam es ihm vor, als wären das erst nur Entschuldigungen für etwas noch viel Schlimmeres. Die flehentlichen Bitten von Beichtkindern um Vergebung schon im voraus für all die Untaten, die jetzt kommen sollten. Er hatte plötzlich den Wunsch, sich die Ohren zuzuhalten, als könnte er dadurch verhindern, daß er hören mußte, was doch längst schon in ihm war. Er hatte plötzlich den Wunsch, dem Priester da oben zu danken, daß keiner von denen links und rechts und vor und hinter ihm mitgeteilt bekam, was nach dieser Einleitung kommen werde, und er bettelte inständig darum, daß sie es nie hören müßten. Was sollte denn aus ihrem Leben werden, wenn sie das hörten und akzeptierten und taten, was man ihnen da anriet oder vorschlug oder von ihnen erwartete – oder ihnen befahl?

Aber er hielt sich nicht die Ohren zu, er hörte es ja doch, auch wenn der Priester da oben es ihm durch seine Eigenmächtigkeit verwehrte. Er wußte auch, daß er diesmal nicht in die Sakristei gehen durfte wie damals vor fünf Jahren nach der Verlesung des Hirtenbriefes aus Linz, er hatte dem alten

Mesner versprochen, nicht zu verraten, daß er die „Feierliche Erklärung" der österreichischen Bischöfe bereits kannte. Er konnte auch nicht sagen: Ich hab nicht alles verstanden, er hatte ja alles verstanden, bis zum letzten Buchstaben und zum letzten Punkt.

Pfarrer Karobath hatte seine Predigt beendet. Er zögerte einen Moment, als hätte er etwas vergessen, dann drehte er sich abrupt um und polterte die Stufen hinunter. Er hatte nichts vergessen, und die Heftigkeit dieser Verweigerung entsetzte den Franz fast noch mehr als alles, was er gestern gelesen hatte. Dieses unerbittliche Urteil! Der Pfarrer stimmte das Credo an, und so gut sie es konnten stimmten die Anwesenden mit ihrem dürftigen Latein mit ein. Franz betete nicht mit ihnen, wie gelähmt ließ er das Geschehen der Messe an sich vorübergehen, er vergaß sogar, sich in die Reihe der wenigen zu stellen, die die heilige Kommunion empfangen wollten. Auch Franziska war unter ihnen, aber sie gab ihm kein Zeichen. Jetzt könnte sie sagen: Bist du jetzt beruhigt? Jetzt könnte sie sagen: Willst du gescheiter sein als die Bischöfe? Aber auch ihr hatte sich der Herr Pfarrer verweigert, noch standen ihr solche Argumente nicht zur Verfügung, noch nicht.

Oder hatte er sich nur in seinem Herrn Pfarrer getäuscht? Vielleicht hatte der vor, die Erklärung der Bischöfe erst am nächsten Sonntag zu verlesen, damit ihre Forderungen den Leuten bei der Wahl noch möglichst frisch im Gedächtnis blieben. Das paßte doch bestens zu seiner Aussage vor einigen Tagen, am liebsten wäre ihm ein einstimmiges Ja, das würde der ganzen Welt vor Augen führen, was für ein Theater da gespielt wird. Ja, das konnte es sein, und dann werden sie alle nach dem „Ite missa est" zum Sakristeieingang drängen wie er damals mit seinem „Ich habe nicht alles verstanden". So lange haben sie auf eine klare Anweisung gewartet, jetzt gibt es nichts mehr zu überlegen. Die Sakristei als Auskunftsbüro, dessen Ratschläge keiner mehr in den Wind schlagen wird. Und kein Ortsgruppenleiter und keine Kreisbehörde werden sich über die ungehörige Haltung der Kirche beschweren müssen, sie ziehen ja alle an einem Strang, jetzt weiß jeder, was des Kaisers ist.

Am nächsten Tag brauchte der Franz sich nicht mehr mit solchen Gedanken abquälen, da war schon überall die Jubelbotschaft der Nationalsozialisten zu lesen, auf Plakaten, im „Völkischen Beobachter", in der „Neuen Warte am Inn": „Auch die Kirche bekennt sich zu Großdeutschland!" stand in Balkenlettern geschrieben, und darunter schön lesbar für alle Volksgenossen die Zeilen der Bischöfe, die ihn die ganze Nacht noch gequält hatten. Und dann der letzte Satz, auf den sich meine Mutter zwei Wochen später zur Entlastung ihres Gewissens so vergeblich beziehen wird: „Am Tage der Volksabstimmung ist es für uns Bischöfe selbstverständliche nationale Pflicht, uns als Deutsche zum Deutschen Reich zu bekennen, und wir erwarten auch von allen gläubigen Christen, daß sie wissen, was sie ihrem Volk schuldig sind."

Und Franz fragte: Was bin ich ihm schuldig, meinem Volk, Eminenz? Und welchem Volk, Exzellenz? Was ist aus meinem Volk geworden in diesen letzten achtzehn Tagen? War für ein Volk ist es jetzt, dieses Volk, Exzellenz, seit diesem 11. März? Wenn man deutsch fühlen darf, hatte Bischof Gföllner geschrieben, dann darf man mit dem gleichen Recht auch österreichisch fühlen. Und jetzt hatte der Bischof auch diesen Satz unterschrieben! Was war geschehen mit ihm? Was hatte dieser Bischof aus dem kleinen Franz bis dahin gemacht? Und was hatte er jetzt mit ihm vor? Durfte man so etwas einem Menschen antun? So viele Fragen und so viele Bischöfe, und keiner gab Antwort. Hatten sie selbst eine Antwort gewußt, als sie diese Zeilen verfaßten? Und einer hatte noch „Heil Hitler!" geschrieben, als hätte sein Papst nie gesagt: „Den Menschen ist kein anderer Name unter dem Himmel gegeben, durch den wir selig werden können, als der Name Jesus." Hatte er noch nicht begriffen, daß da einer als neuer Erlöser die Stelle Christi einnehmen wollte? Daß jetzt der Nationalsozialismus die Kirche sein sollte? Was hatte die brennende Sorge des Papstes so plötzlich in diesen Jubel verwandelt? Immer wieder las Franz diesen Satz, als könnte er immer noch nicht glauben, daß es ihn gab – wer hatte diese Ungeheuerlichkeit in die Welt gesetzt? Aber der Satz blieb bei jedem Lesen derselbe, ob auf dem Hochglanzfoto der „Wiener Bilder", ob im Rotationsdruck im Blatt der Partei oder auf einem Plakat an dem Haus, in dem der kleine Leherbauer den Leibrock des Herrn erwürfelt hatte. Kein Wort änderte sich, kein einziges Wort wurde gegen ein anderes ausgetauscht oder ging verloren. Ein Übereifriger hatte den Satz noch mit roter Tinte eingerahmt, nichts sollte den Lesenden ablenken von dem Wichtigsten, der „Liste Adolf Hitler" seine Stimme zu geben. Dazu bedurfte es keiner Begründung und keiner Entschuldigung, nichts sonst wurde von ihm verlangt als sein Ja zum neuen Erlöser; das genügte für das nächste Jahrhundert, das sprach frei von jeglicher Schuld.

„He, Franz!" rief ihm ein Vorübergehender zu. „Hast noch nicht genug vom Lesen?" Er gab keine Antwort. „Gebt Gott, was Gottes ist", las er – und plötzlich wußte er, was Gott von ihm wollte.

*

Die Wahlbehörde hatte sich im Gemeindeamt einquartiert, acht oder zehn Männer, er zählte sie nicht so genau. Wie ein Gerichtshof saßen sie an ihrem langen Tisch, Richter und Beisitzer, Ankläger und Verteidiger und Schriftführer, nur das Kreuz fehlte, geschworen wurde hier nicht, zwei Striche genügten. Sie schienen erleichtert, den Franz zu sehen, und der Satz „Ich hab's schon nicht mehr geglaubt" war eher gutmütiger Spott.

Er blickte zur Wand hinauf hinter den Männern, aber anstelle der Uhr starrte ihn das maskenhafte Gesicht Adolf

Hitlers an. „Eine halbe Stunde noch", kam ihm einer entgegen. „Na also!"

„Der Hitler hat persönlich versprochen, daß er der Kirche nichts tut", hatte ihm gestern einer erklärt und von einem Kardinal-Faulhaber-Dokument aus Deutschland erzählt. Von wem er das nur erfahren hatte?

„Franz Jägerstätter ..." Er schreckte aus seinen Gedanken, irgend jemand las seinen Namen von einer Liste herunter. „Und Kirchensteuer zahlt er auch, jedes Jahr." – „Und der Seyß-Inquart geht mit dem Schott in den Stephansdom." – „Leherbauer, Hadermarkt 7", las der Mann weiter, und ein anderer kontrollierte den Ausweis, und ein dritter drückte ihm einen Zettel in die Hand. Noch vorgestern hatte er Bischof Gföllners Hirtenbrief aus der Lade geholt und gelesen, bis in die Nacht. Er spürte den Zettel in seiner Hand und wandte sich um. Dort in der Ecke stand ein mit Stoff überzogenes Holzgestell, er kannte es noch von der letzten Landtagswahl. Er hatte einen Augenblick überlegt, zum Bischof nach Linz zu fahren, um ihn zu fragen: Wem soll ich gehorchen? Dem Bischof von damals oder dem Bischof von heute? Aber es war schon alles zu spät.

„Soll ich da rein?" fragte er und zeigte auf die Wahlzelle. „Ganz nach Belieben", kam es leicht süffisant zurück. Er mochte den Mann nicht. Er war kein Nazi, aber warum hatte er sich dann so auffallend neben den Naziredner aus Hochburg gestellt? Die Kundgebung vor dem Schulhaus letzte Woche, Franz und Franziska als entfernte Beobachter unter den Kastanienbäumen der Hofbauers. Und die vielen Radegunder! Warum hatten sie die beiden nicht einfach allein stehengelassen?

„Gib her!" sagte er und nahm dem Mann den Stift aus der Hand. Zwei Striche, und die Sache war getan, jeder hatte es sehen können: „He, Franz, da stimmt doch was nicht", rief einer, und auch die anderen blickten entsetzt nach der Tür, Franz Jägerstätter hatte sie schon geöffnet. „Was nützt es

dem Menschen, wenn er die ganze Welt gewinnt, an seiner
Seele aber Schaden leidet?" stand bei Matthäus.

„Das stimmt schon", gab er zurück und war nicht
mehr da.

Die neuen Herren hatten es verabsäumt, der Radegunder Wahlbehörde einen verläßlichen Aufseher beizugeben.
Franz Jägerstätters einzige Nein-Stimme verschwand also
sofort, und St. Radegund hatte zu 100 Prozent für den Führer gestimmt. Kein Mensch außerhalb des Orts erfuhr etwas
davon.

Franz kümmerte sich wenig darum, auch wenn er dank-
bar war, auch wenn es ihn störte, daß er die Tatsache, für sein
Nein keine Schwierigkeiten bekommen zu haben, einem
Betrug verdankte. Auch wenn es ihn störte, daß er auf die
Bemerkung eines Nachbarn: „Das nächste Mal bist halt
gscheiter", keine Antwort gab.

Aber er war seiner Kirche ungehorsam gewesen. Sechs
Bischöfe hatten gesagt, du sollst, und von ihm erwartet, daß
er es tun werde, und er hatte es nicht getan. Sie hatten es von
ihm verlangt, im Glauben, es besser zu wissen als er, und weil
sie für die Kirche Österreichs die Verantwortung trugen. Sie
hatten nichts anderes getan als die evangelische Kirche, als
der frühere Staatskanzler Karl Renner, auch wenn sie es bald
bereuen und als Irrtum erkennen werden – wie wir dank
unserem heutigen Wissensstand sagen können. Sie hatten
geglaubt, ihrer Kirche auf diese Weise dienen zu müssen,
und er, der Franz aus St. Radegund, hatte geglaubt, besser zu
wissen, was getan werden sollte – und er glaubte es immer
noch. Mußte er beichten? Oder war es sinnlos, wenn er so
wenig mitzubringen hatte, was zu einer Beichte gehörte? Ob
der Schmerz darüber, daß es Sünde sein sollte, was er als
Willen Gottes empfand, genug war? Da war vielleicht noch
ein bißchen Reue – aber auf keinen Fall der Vorsatz, so etwas
nicht wieder zu tun.

Er ging in die Kirche hinunter, noch öfter als sonst, er kam zu Zeiten, in denen niemand in der Kirche war, und ging zum Beichtstuhl hinter dem Altar. Mußte der Stellvertreter Christi, der die Macht hatte, Sünden zu vergeben oder sie zu behalten, nicht mehr wissen als der Herr Karobath im Lehnstuhl, die Zigarette im Mund, der gesagt hatte: Machst halt dein Kreuzerl beim Ja! Der aber schien sich ihm zu verweigern, jedesmal, wenn der Franz kam, war der Beichtstuhl leer. Und der oben im Tabernakel – hatte er ihn dazu verurteilt, die Antwort auf alle Fragen nur in sich selber zu finden?

Wer auch immer gesagt hatte: Wart nur bis nach der Wahl, der hatte sich nicht getäuscht, jetzt hielten die neuen Herren sich nicht mehr zurück. Schon in den nächsten Wochen begannen sie, sämtliche katholische Vereine und Studentenverbindungen aufzulösen, und der Religionsunterricht wurde teils verboten, teils weitgehend eingeschränkt. Die katholischen Schulen übernahm der Staat, die bischöflichen Mittelschulen, Stiftsgymnasien, Lehrerseminare und Studentenkonvikte wurden geschlossen. Allein in Oberösterreich wurden mehr als 290 Schulen, Heime, Waisenhäuser und Bildungsanstalten jeglicher Art gesperrt, und die Schüler der verbliebenen staatlichen Schulen bekamen ein neues Einheitsgebet verordnet:

> „Uns'rer Schule Arbeit leite,
> segne deutsches Volk und Land!
> Über uns'ren Führer breite
> deine starke Gnadenhand.
> Hilf empor aus aller Not
> und sei ewig unser Gott!"

Auch die Seelsorge außerhalb der Schulen wurde systematisch behindert. Verhaftungen von Priestern, ihre Einlieferung in Konzentrationslager oder Verbannungen in fremde Diözesen waren an der Tagesordnung. Viele von ihnen durften keinen Religionsunterricht mehr erteilen, und die Zahl der Priester, Priesterstudenten und Laienbrüder, die später an die Front mußten, war unverhältnismäßig hoch. Trotz ihrer Macht hatten die Nationalsozialisten immer noch Angst vor Kirche und Klerus. Sonntagspredigten und andere religiöse Veranstaltungen, sofern sie überhaupt noch stattfinden durften, wurden also regelmäßig von Beamten der Gestapo oder deren Handlangern überwacht. Kein Priester konnte sicher sein, wenn jemand seinen Beichtstuhl betrat, ob er nicht nur ausspioniert werden sollte. Im Laufe der Jahre wurden die größten Stifte und Klöster wie Engelszell, Wilhering, St. Florian, Kremsmünster oder Lambach beschlagnahmt, die Mönche verjagt, und auch die Propaganda zum Austritt aus der Kirche wurde intensiv betrieben. Auch viele kirchliche Feiertage wie Dreikönig, Peter und Paul, Mariä Himmelfahrt, Allerheiligen, Mariä Empfängnis gab es bald nicht mehr, und die antikirchlichen Maßnahmen und Schikanen gingen bis zu willkürlichen Verboten oder Verschiebungen von Prozessionen, Einkehrtagen und Seelsorgestunden, bis zur Einschränkung des Glockengeläuts und dem Einschmelzen fast sämtlicher Glocken. Schon Ende des Jahres 1938 waren die wichtigsten äußeren Einflußmöglichkeiten der Kirche auf ihre Gläubigen ausgeschaltet, und da, wie Pfarrer Karobath dem Franz erklärte, das Konkordat zwischen dem Vatikan und dem Deutschen Reich für die „Ostmark", wie Österreich nun hieß, nicht galt, war die Kirche ihren Todfeinden hier schutzlos ausgeliefert.

Und was Franz Jägerstätter immer wieder verblüffte: Die Nazis versuchten das alles gar nicht zu leugnen, die meisten dieser Maßnahmen wurden sogar in der „Amtlichen Linzer Zeitung" veröffentlicht, die im Gemeindeamt und zuweilen auch bei Pfarrer Karobath herumlag. Und so sehr ihn die Lektüre dieser Mitteilungen auch bedrückte, er gehörte zu ihren aufmerksamsten Lesern.

Auch etwas anderes schmerzte ihn tief, und das war die Beobachtung, wie wenig das alles seine Freunde und Nachbarn zu berühren schien. Sie lebten fast ungestört auf ihrer „nazifreien Insel", wie einer es nannte, sie hatten ihre Kirche und ihre gewohnten Gottesdienste, Andachten und Prozessionen, die Kinder erhielten ihren Religionsunterricht, wie es sich gehörte, ja sie hatten nicht einmal noch einen Spion von auswärts entdecken können, der die Predigten ihres Pfarrers unter die Lupe nehmen wollte. Dem wäre das gewiß auch nicht gut bekommen. Sie schienen sich hier sicher zu fühlen wie in einer Burg, sie hielten ja auch eisern zusammen, und Verräter gab es keinen. War die Tatsache, daß ihrem Franz, der doch bei jeder Gelegenheit das Maul aufreißen mußte, bisher nicht das Geringste geschehen war, dafür nicht Beweis genug?

Zu ihrer Sicherheit, in der sie sich zu wiegen glaubten, war es allerdings nötig, sich möglichst still zu verhalten, auch wenn man überzeugt war, sich aufeinander verlassen zu können. Und wenn einem der Franz wieder einmal so ein Amtsblatt vor die Nase hielt und empört nach einer Stellungnahme verlangte, dann war die beste Antwort ein mehr oder weniger gleichmütiges Achselzucken. Oder die unverbindliche Floskel: „Eine schreckliche Welt!" Als gehörte St. Radegund gar nicht zu ihr.

Aber sie waren sicher nicht nur Egoisten. Zumindest was die Bewohner ihres Heimatdorfes betraf, konnte jeder, der irgendwelche Probleme hatte, mit der Hilfe der anderen rechnen. Und was Franz betraf, waren sie besonders bemüht, ihn nicht vollends zum Außenseiter werden zu lassen. Sie hielten ihn zwar für einen Narren, wie alle, die am 10. April mit Nein gestimmt hatten – in ganz Österreich sollten das 11.807 gewesen sein –, seltsamerweise aber ließen sie es nicht dabei bewenden, sondern versuchten immer wieder, ihn dazu zu bringen, „vernünftig" zu werden, wie sie sich ausdrückten, und das hieß, wie einer auf seine Fragen hin präzisierte, ihn

„auf die neue Linie" zu bringen. Viel präziser ging es allerdings nicht mehr, denn abgesehen von dem Faktum, daß sie mit Ja gestimmt hatten, taten sie recht wenig für die Partei und den Führer. Abgesehen von einigen Fahnen, die irgendwo herumhingen, und der Ankündigung am Eingang des Gemeindeamts, daß hier mit „Heil Hitler!" gegrüßt werde. Und selbst das verlangte vom Leherbauer nicht einmal der Bürgermeister, als er merkte, daß dieser um nichts in der Welt dazu zu bewegen war, sein „Grüß Gott!" aufzugeben.

Erst am 25. Mai, dem ersten Opfertag der NS-Volkswohlfahrt, wurde ihm klar, daß „auf der neuen Linie" sein für sie vielleicht nichts anderes hieß, als in eine der vielen roten Sammelbüchsen ein paar Mark hineinzustecken. 105.000 Reichsmark spendeten die Oberösterreicher an diesem Tag, wie die Zeitungen stolz meldeten, und vier Monate später wurden dieselben Büchsen wieder herumgereicht, nur daß der Anlaß diesmal „Winterhilfswerk" hieß, und auch hier war das Ergebnis beträchtlich. Nur vom Jägerstätter Franz war kein Pfennig gekommen, und auf die spöttische Frage eines Nachbarn, wie es denn auf einmal mit seiner Nächstenliebe stehe, kam es nicht weniger spöttisch zurück: „Mein Nächster sitzt in St. Radegund und mein zweiter Nächster in Hochburg – der vom WHW ist mir zu weit weg. Und wer weiß, was da unterwegs alles verlorengeht!" Irgendwo hatte er auf einem Plakat gelesen „Deine Spende zum Winterhilfswerk, Dein Bekenntnis zum Führer" – und das genügte ihm.

Aber wenn er schon einmal so geizig war, meinten die Radegunder, dann sollte er die eifrigen Büchsensammler wenigstens aus Klugheit nicht vor den Kopf stoßen.

Leuten wie den Nazis gegenüber war man am besten Opportunist, man mußte ihnen möglichst wenig Gelegenheit geben, einem zu schaden. Man mußte sich sozusagen mit einem Panzer umgeben, gerade das Gegenteil also vom Franz, der förmlich darauf aus zu sein schien, in seiner

128

Geradheit seine verletzlichsten Seiten zu zeigen. Mit einem freundlichen Hitlergruß und ein paar lockeren Mark in der Tasche für jede Gelegenheit, so glaubten sie, mit der Zugehörigkeit zu irgendeiner Gliederung der Partei, die zu möglichst wenig verpflichtete, konnte man sich am ehesten von anderen, weitaus unangenehmeren Forderungen loskaufen.

Aber der Franz tat ja noch viel unverständlichere Dinge. Nicht nur, daß er den Nazis Geld verweigerte, er nahm auch keines von ihnen an. Er wies die neu eingeführte Kinderzulage für seine beiden Mädchen zurück und ebenso die Wiedergutmachung für einen Unwetterschaden, die ihm von Gesetzes wegen zustand. „Von denen nehm ich nichts an", sagte er, und das verstanden die Nachbarn nun gar nicht mehr.

Dennoch versuchten sie es immer wieder mit ihm. Er gehörte zu ihnen und mußte also geschützt werden gegen den gemeinsamen Feind, und als sie nicht mehr weiterwußten, holten sie Hilfe von auswärts. Aber auch der Ortsgruppenleiter aus Hochburg, von dem sie wußten, daß er trotz seiner illegalen Vergangenheit ein anständiger Mensch, also für den Leherbauer ungefährlich war, gab es bald auf. Der Pfarrer hatte schon lange erklärt, den Argumenten des Franz nicht gewachsen zu sein, ihn aber hatten die Radegunder eher in Verdacht, daß er seinem Freund die Stange hielt.

Franz Jägerstätter spürte, daß sie es im Grunde gut mit ihm meinten, es rührte ihn sogar, wie sie sich um ihn bemühten – und das sicher nicht nur aus Angst, er könnte auffällig werden und auf das bisher unbehelligte St. Radegund aufmerksam machen. Dennoch hatte er dauernd das Gefühl, daß es etwas Teuflisches war, das sie von ihm verlangten, und auch von sich selbst. Auch wenn es noch so harmlos aussah, es machte ihm angst. „Ob ich Grüß Gott oder Guten Tag oder Heil Hitler sag", versuchte einer zu argumentieren, „da drin bin ich noch immer derselbe." Aber hatte der Mann

damit recht? Betrog er sich damit nicht? Diese lächerlichen
Parteibonzen, über die jeder seine Witze machte, mit ihren
braunen Hemden und ihren gewichsten Stiefeln, waren gar
nicht so lächerlich. Das waren die gehorsamen Diener einer
satanischen Macht, die sich die Menschen unterjochte, indem sie ihnen alles nahm, was sie an eigenem Denken, an
Widerstandskraft, an Würde besaßen – mit dem Ziel, ihnen
auch ihre letzte Stütze, Gott, wegzunehmen. Und wenn die
Radegunder auch nur so taten, als spielten sie bei alldem mit,
sie lieferten sich dennoch aus, weit mehr, als sie glaubten.
Und nicht nur in der Praxis, indem sie bei allem mittaten und
brav spendeten und ihre Arbeitskraft zur Verfügung stellten.
Sie machten sich mit diesen Leuten gemein, sie bestätigten
sie tagtäglich: Ja, du hast recht. Sie machten ihre Todfeinde
zu ihren Freunden. Noch wußten sie, daß sie logen und
schwindelten, aber wie lange noch, und sie konnten ihre
Lügen nicht mehr von der Wahrheit unterscheiden? Sie
zerstörten, ohne es zu wissen, etwas in sich selbst, ganz
allmählich, aber ganz konsequent, tief unter der Oberfläche
ging es verloren.

Es mochte noch eine Weile dauern, aber Franz glaubte
schon jetzt gewisse Symptome zu beobachten. Allein wie sie
bestimmte Ausdrücke übernahmen, die eine Haltung anzeig-
ten, die doch gar nicht die ihre war – wie sie zumindest
glaubten. Wie einige von ihnen plötzlich nicht mehr „die
Deutschen" oder „die Piefkes", sondern einfach „wir" sagten!
Wie sie sich sogar die Argumente ihrer Gegner zu eigen
machten. Franz war immer wieder verblüfft. Da erfuhren sie
eines Tages, Ende August, von einer „Verdunkelungsübung"
in Linz, und als Franz fragte, was Adolf Hitler da wieder
vorhaben könnte, fuhr ihn sofort einer an: „Der Führer? Das
sind die Plutokraten! Die kommen mit ihren Bomben! Wie
in Indien. Wie gegen die Buren!"

Franz nahm sich vor, gar nicht mehr ins Wirtshaus zu
gehen, um solchen Debatten möglichst auszuweichen, aber

immer kam er ihnen doch nicht aus, und als im Mai nächsten Jahres die ersten Volksgasmasken ausgegeben wurden, mußte er zur Abwechslung hören, daß diesmal die Franzosen schuld waren. Die hatten ja schon eine Unmenge von Gasgranaten aufgestapelt, wie einer aus erster Quelle zu berichten wußte. Die schworen ja auf Giftgas seit den Schlachten von Verdun, also mußte Hitler seine Landsleute schützen. Und als Pfarrer Karobath fragte, warum es in Frankreich keine Volksgasmasken gäbe, wenn sie doch so auf Gas schworen, kam prompt die Antwort: „Weil wir nicht mit Gas aufrüsten. Wir sind eben human." Auf die Frage, woher er das alles so genau wisse, kam der gut informierte Volksgenosse zwar in einige Verlegenheit, ging aber sofort zum Gegenangriff über: „Und woher wissen *Sie*, daß die Franzosen keine Gasmasken haben, Herr Pfarrer? Hören Sie am Ende ausländische Sender?"

Franz spürte das aufkommende Mißtrauen zwischen den Männern. In den Nachbarorten hatte es schon etliche Denunzierungen gegeben, und das nächste war der Gendarm, der ins Haus kam, und das Bezirksgericht. Oder gar ein Gestapokeller. Der Ekel stieg in ihm auf. „Du redest schon ganz wie ein Nazi", fuhr er den Mann an und ging davon.

„Ich und ein Nazi?" schrie dieser empört und wollte dem Franz nach, aber die andern hielten ihn zurück.

„Er meint es doch nicht so", suchte Pfarrer Karobath zu vermitteln. „Natürlich bist du kein Nazi. Du läßt dich halt nur von der Propaganda einwickeln." Aber das kränkte auch nicht viel weniger als die Bemerkung des Leherbauer. „Ich mich einwickeln lassen ...", murmelte er in einem fort vor sich hin, bis einer ihn auf die Idee brachte, sich mit einem Glas Bier im naheliegenden Gastgarten trösten zu lassen.

Franz ging zur Kirche hinunter, er nahm diesen Weg jetzt immer öfter, er kniete auf der untersten Altarstufe nieder, das wagte er nur, wenn niemand im Raum war. Warum läßt du es zu, daß die Menschen so sind? – betete er. Ich weiß, du hast uns den freien Willen gegeben, und so haben sie „ja" gesagt, weil es das leichteste war. Wie schon Adam und Eva zu ihrem Verführer. Und jetzt müssen sie weiter „ja" sagen, auch wenn schon mancher von ihnen spürt, daß es nicht richtig war. Aber wie oft werden sie noch „ja" sagen müssen? Was wird man von ihnen noch alles verlangen? Das ist erst der Anfang, und schon so viel, jede Sünde hat ihre Folgen ...

Als er aus der Kirche trat, stand schon einer am Friedhofstor und sah ihm entgegen. Er stand nicht das erstemal hier, er wohnte in dem großen weißen Haus gegenüber der Kirche, manchmal saß er auch auf der Bank neben der Tür. Es war ein eigenartiges Verhältnis zwischen den beiden, das noch lange nach Franz Jägerstätters Tod immer wieder hervorgezerrt und beredet, verdreht, verfälscht und gegen ihn verwendet werden sollte.

Schon vor längerer Zeit waren die Bibelforscher oder „Zeugen Jehovas" auch in Oberösterreich sehr aktiv gewesen, und es gelang ihnen, auch Johann, den zwei Jahre älteren Cousin des Franz, seine Frau und seine Mutter zu bekehren. Da die drei weder Hof noch Grund besaßen, hatten sie, wie auch andere Radegunder in ihrer Lage, in dem Haus bei der Kirche Unterkunft gefunden, und so konnte es nicht ausbleiben, daß die beiden Männer sich oft in lange Debatten verwickelten. Jeder wollte den andern von dem überzeugen, was ihm heilig war.

Der Cousin war dem Franz eigentlich gar nicht sympathisch, und es entfuhr ihm so mancher Seufzer, wenn er ihm begegnete; aber er nahm sich alle Mühe, die Antipathie zu überwinden, zumal er zu spüren glaubte, daß der andere ihn brauchte. Der heilige Franz von Assisi hatte Leprakranken die ekligen Geschwüre geküßt, um ihnen zu zeigen, wie er sie liebte, und Johann war auch einer allzu abstrusen und fanatischen Sekte verfallen, für die Christus nicht der Sohn Gottes, sondern der frühere Erzengel Michael, also nur ein Geschöpf Gottes, war. Die katholische Kirche war für sie die „Hure Babylon" aus der Apokalypse, die Ausgeburt des Satans, und sie predigten auch nicht den Gott der Liebe, sondern den Gott der Rache und lebten dauernd in Angst. „Wenn du nicht Zeuge wirst, wirst du untergehen", versuchte der Cousin Franz einzuschärfen, aber es schien ihm selbst wenig zu helfen, daß er in der Überzeugung lebte, zu den einzigen Auserwählten zu gehören, die einmal herrschen würden. Franz hingegen versuchte, ihn von der Liebe Gottes zu den Menschen zu überzeugen und von der unvergleichlichen Opfertat Christi am Kreuz, alles, was in seinen – wie er meinte – armseligen Kräften stand, versuchte er einzusetzen, um den Cousin wieder zurückzugewinnen.

Manchmal lasen sie auch miteinander die Bibel, und die Frauen, die zum Friedhof herunterkamen, um die verdorrten Blumen auf den Gräbern gegen frische auszutauschen und neue Kerzen anzuzünden, hörten verständnislos eine Weile zu, wie die beiden ihre Argumente und Gegenargumente einander an den Kopf warfen. Ob es nun um den Weltuntergang ging und das Gericht, das der Johann in Kürze über die Menschheit hereinbrechen sah – was der Franz mit dem Hinweis quittierte, wie oft sich die Zeugen da schon verrechnet hatten, nach der Prophezeiung ihres Gründers dürfte die Welt seit 1914 nicht mehr bestehen. Oder ob es um die Wahrheit der Bergpredigt ging, die innere Wahrheit der Gleichnisse Christi. Wozu hätte ein einziger Apostel, ein einziger Jünger Verfolgung und Tod auf sich nehmen sollen für etwas, das er selber erfunden hatte – wie der Cousin behauptete? Warum nicht gleich eine gefälligere Lehre, die ihnen erlaubt hätte, ihren Gott im römischen Pantheon aufzustellen gleich den anderen Göttern, um ihn dort zu verehren und in Mode zu bringen?

Völlig verblüffte es aber die Zuhörerinnen, als der Cousin eines Abends die Jungfräulichkeit Mariens in Zweifel zog und dazu aus seiner Bibel allerlei Brüder Jesu zitierte, die es da gab, er nahm alles wortwörtlich. Und der Leherbauer, statt ihm gehörig über den Mund zu fahren, begann zu lachen, diese Frage hatte er selber einmal als junger Bursch seinem Pfarrer gestellt, aber keine befriedigende Antwort bekommen. Und dann kam er mit allerlei Theorien, die er wohl in seinen vielen Bücheln gelesen hatte, von denen man sich in St. Radegund erzählte, statt sich mehr um die Kühe im Stall und um die Felder zu kümmern. Oder hatte er es gar selbst erfunden, daß der Nährvater Josef ja auch Witwer gewesen sein könnte, der in die Ehe mit der Jungfrau Maria schon Kinder aus seiner ersten Ehe mitbrachte? Oder daß es in der Sprache des Heiligen Landes gar kein eigenes Wort für „Bruder" gab? Alle Verwandten hießen dort Brüder. Oder waren es einfach verwaiste Kinder irgendwelcher Verwandter, die Josef und Maria kurzerhand aufgenommen hatten – so wie der alte Leherbauer, als er die Rosalia Huber heiratete, doch auch den kleinen Franzl Huber adoptierte? Und das war wohl einer der Zuhörerinnen, die gerade zur Rosenkranzandacht wollte, zu viel, und Pfarrer Karobath hatte dem Franz einen Tag später die köstliche Geschichte zu erzählen von der Frau, die schreiend und schwer atmend in seine Kanzlei eingedrungen war: „Der Leherbauer behauptet, er ist von Josef und Maria adoptiert worden."

Aber was den Franz bei alledem schmerzte, war, daß ausgerechnet dieser Wirrkopf der einzige sein mußte, mit dem man über solche Dinge reden konnte. Abgesehen natürlich von seiner Franziska und Pfarrer Karobath. Und wem von seinen christlichen Mitbrüdern konnte er, konnte irgendwer zumuten, daß er für seinen Glauben nur annähernd das Risiko einging, wie sein im Dorf allgemein verachteter Cousin oder dessen Mutter das schon seit langem taten? Die Glaubensgemeinschaft der Zeugen Jehovas war seit der Machtergreifung der Nationalsozialisten streng verboten, und ihr nur anzugehören, geschweige denn, geheime Zusam-

menkünfte zu veranstalten, für sie zu werben oder Werbe-
material zu verbreiten, wurde mit schweren Strafen belegt.
Immer wieder konnte man, schon zum Zweck der Ab-
schreckung, von Hausdurchsuchungen und Verhaftungen
lesen, und seit März 1938 geschah das gleiche auch in Österreich. Dennoch ließen sich die drei nicht abhalten, ihre ver-
botenen Schriften weiterhin in einer geheimen Druckerei
abzuholen und zu verteilen, Franz vermutete, daß vieles nach
wie vor aus Bayern kam. Er hatte auch erfahren, daß Bauern
in der Umgebung von Mitgliedern dieser Sekte sogar persönlich besucht wurden – und das sicherlich unter Lebens-
gefahr –, und es erfüllte ihn mit Bewunderung, um wieviel
mehr ihnen der Glaube bedeutete, daß sie für alle die Mühen
und Gefahren gerettet würden, als den biederen Kirchgehern
das Wort Christi: „Wer mir nachfolgen will, verleugne sich
selbst und nehme sein Kreuz auf sich." Und immer wieder
befragte er sein Gewissen, ob nicht auch er zu ihnen gehörte.
„Den Mut, den Glauben müßte man haben", sagte er einmal
zu seiner Frau. „Dann sähe es besser mit uns aus."

Franziska spürte, wie sehr ihr Franz unter alldem litt, was
täglich über ihn hereinbrach und mit dem er nicht fertigzuwerden vermochte. Wie er sich quälte, um seinen Cousin,
dem er ohnehin nicht helfen konnte, um seine Nachbarn, die
sich von seinen Bemühungen eher nur belästigt fühlten. Aber
auch sie konnte ihm nicht helfen – oder konnte sie es doch?
Sie erinnerte sich immer noch an den Tag zurück, an dem sie
ihn gezwungen hatte, zur Wahl zu gehen. Es war zwar nur
ein halber Erfolg gewesen, er war hingegangen, hatte aber
dann mit Nein gestimmt. Aber sie hatte seine unendliche
Trauer gesehen und sich schon damals, bald nachdem er
gegangen war, geschworen, nie mehr zu diesem Mittel zu
greifen, um ihn zu etwas zu bringen, das ihm widersprach. Sie
wußte jetzt, daß er nicht fähig war, wie andere Menschen, in
erster Linie an sich und an seinen Vorteil zu denken – auch
nicht an den ihren – und dafür zu lügen, sich zu verstellen,

Dinge zu sagen oder zu tun, die er für falsch, für unredlich, für verbrecherisch hielt. Sie wußte jetzt, daß es etwas gab, für das er alles riskieren und alles opfern mußte, etwas in ihm mußte hart bleiben, und wenn er darüber in Stücke ging. Vielleicht war es wirklich so, wie sie manchmal dachte, daß Gott ihm einen besonderen Platz zugewiesen hatte, daß er von ihm verlangte, einen Weg zu gehen wie nur wenige andere. Und daß sie dabeistehen mußte und zusehen und mitgehen, so gut sie konnte, auch wenn es noch so schmerzte. Eine Kerze mußte brennen, ihr Licht mußte leuchten dürfen. Wenn man zuließ, daß es erlosch, dann war es nicht mehr, auch wenn es die Kerze immer noch gab. Und Franziska, das wußte sie jetzt, war nicht dazu bestimmt, die Hüterin einer erloschenen Kerze zu sein.

Auch die Nachbarn hatten ihre Probleme. Auf der „neuen Linie" sein, auf der sie auch den Leherbauer so gern gehabt hätten, hieß ja doch einiges mehr, als „Heil Hitler!" zu sagen und gute Miene zum bösen Spiel zu machen, wie sie bald erfahren sollten. Anfang Juli war in der Zeitung die Meldung zu lesen, daß die Dienstpflichtigen des Jahrgangs 1917 zum aktiven Wehrdienst herangezogen würden, und was das bedeuten sollte, wußten sie bald alle, als ein Brief aus Enns kam. Ein junger Radegunder, der seine Grundausbildung im österreichischen Bundesheer und zuletzt in der deutschen Wehrmacht absolviert hatte und nun heimkehren wollte, schrieb, daß er leider noch länger bleiben müsse. Wie lange, wußte er nicht. Und wenig später wurde in einem Verordnungsblatt die außerordentliche Musterung der noch nicht ausgebildeten Jahrgänge 1915 bis 1917 angekündigt, und unter ihnen gab es etliche Radegunder, die bisher gehofft hatten, sie wären in dem Chaos der Jahre vor dem Einmarsch Hitlers einfach vergessen worden.

„Der Hitler vergißt keinen", sagte der Franz dazu. „Der braucht jeden Soldaten."

„Und der Franz sieht wieder einmal Gespenster", kam die Antwort, aber ganz behaglich war dem Mann dabei auch nicht – und hätte er gewußt, daß er schon am nächsten Morgen daheim einen Brief vorfinden würde, der ihn zur ärztlichen Untersuchung nach Linz beorderte, hätte er wohl kaum so geredet. Jetzt holten sie sich schon die Jahrgänge von 1893 bis 1900, und er selbst war schon seit 1915 an der Front gewesen, in Galizien und in den Karpaten. Ob der Hitler wirklich vorhatte, einen Krieg anzufangen? Er war doch selber im Krieg gewesen, Meldegänger, wie überall zu hören war, und ein paar Wochen blind vom Gas. Der mußte doch wissen, wie furchtbar ein Krieg war, und der nächste würde noch viel furchtbarer sein, man mußte sich nur die neuen Waffen in den illustrierten Blättern anschauen, die Panzer und die Flammenwerfer und die Bombenflugzeuge!

Zwei Wochen später einigten sich die Westmächte mit Hitler in München, und der Einmarsch in das Sudetenland bestätigte, was der Franz gesagt hatte: Hitler brauchte Soldaten, und im März nächsten Jahres brauchte er sie, um den Rest der Tschechoslowakei zu besetzen, die jetzt auch aufgehört hatte, ein selbständiger Staat zu sein. Und diesmal hörte Franz mit Staunen, wie einer von denen, die ihn am eifrigsten auf die „neue Linie" hatten einschwören wollen, plötzlich sagte: „Die haben's gut, die Tschechen! Die müssen vielleicht gar nicht einrücken."

Franz hatte größte Lust, dem Kerl mit Hohn zu kommen. Etwa mit einem: „Dafür sind sie auch wehrunwürdig, die ostischen Menschen. Wie die Juden. Wie die Zigeuner." Oder: „Möchtest du wehrunwürdig sein? Du, ein Deutscher?" Es gab noch viele Antworten für so einen wie den – aber es gab auch eine ganz andere Antwort, und Franz schämte sich, sie aus einem anderen Mund zu hören: „Tja, wenn wir uns ordentlich gewehrt hätten, voriges Jahr ..." Und er beeilte sich, fortzusetzen: „... und nicht ‚ja' gesagt hätten – und nicht so gejubelt hätten ..."

Im Herbst desselben Jahres jubelte keiner in St. Radegund. Sie hatten noch kurzfristig ein Ziel für ihren Spott gehabt, und der, der am meisten darunter zu leiden hatte, war der Bürgermeister. Er war es nämlich, der die ersten Lebensmittelkarten zu verteilen hatte. Lebensmittelkarten? – fragten sie. Abschnitte für Brot und für Fleisch und für Butter – was brauchte ein Bauer diese Fetzen Papier? „Wenn ich unsere Sauen schlacht und in die Selchkammer häng, dann kann dem Hitler sein Krieg von mir aus ein Jahr dauern ..."

„Wer sagt denn was vom Krieg!" versuchte der Bürgermeister zu beschwichtigen. Vier Tage später verkündete Adolf Hitler, den Angriffsbefehl gegen Polen gegeben und die Soldatenuniform angezogen zu haben, das ehrenvollste Kleid des deutschen Mannes. Der Zweite Weltkrieg hatte begonnen, und er sollte fünf Jahre, acht Monate und neun Tage bis zur Kapitulation Deutschlands dauern, in Ostasien noch vier Monate und zwei Tage länger, und er forderte an die 55 Millionen Tote und Vermißte.

Sechstausend Tote

Franziska schlief. Die Arbeit in dem großen Haus, für die Kinder und die kranke Schwiegermutter, die regelmäßige Betreuung der Kühe und Ferkel von früh bis am Abend hatte sie müde gemacht, und morgen wollte sie wieder zur Messe.

Auch Franz war schon müde, aber er konnte nicht schlafen, die sechstausend gingen ihm dauernd im Kopf herum. Über sechstausend tote deutsche Soldaten nach 18 Tagen Blitzkrieg in Polen, eine verschwindend kleine Zahl, wie das OKW behauptete, und erst recht, wenn man sie mit den 40.000 gefallenen Polen verglich.

„Wenn die Rechnung nur stimmt", hatte Pfarrer Karobath gesagt und grinsend an das Radegunder Wahlergebnis vom vergangenen Jahr erinnert. Aber selbst wenn es stimmte, sechstausend waren genug, auch wenn angeblich kein Radegunder darunter war. Und die Polen, waren das keine Menschen? Ganze Kavallerieschwadronen waren in ihrer Verzweiflung gegen die deutschen Panzer angeritten, völlig sinnlos, wie die Zeitungen höhnten, und ihre Leser mit ihnen. Und dazu noch die vielen Verwundeten, die jetzt unter Schmerzen in den Lazaretten herumlagen, auch in Linz war schon ein Transport angekommen!

Wenn man den Zeitungen glauben konnte, jubelte ganz Großdeutschland über den Sieg, und allenthalben wurde die vorwitzige Frage gestellt: Wer kommt als nächster dran? England und Frankreich hatten als Antwort auf den Polenangriff Deutschland den Krieg erklärt, und Pfarrer Karobath, der schon den Ersten Weltkrieg mitgemacht hatte, zitierte neuerdings Namen wie Marneschlacht, Reims oder Verdun. Die Radegunder schienen nicht recht zu wissen, ob sie stolz sein sollten oder nicht, immerhin hatte auch die 45. Linzer Division tapfer mitgekämpft, und nach dem März 38 gehörten jetzt auch sie zu den Siegern. Andererseits ...

Irgendwie kam es ihm vor, daß sie gar nicht glücklich waren in ihrer augenblicklichen Lage und alles, was ihnen nicht paßte, gern auf andere abgewälzt hätten. Aber auf wen? Wer war denn schuld daran, daß es in Österreich keine christliche Regierung mehr gab, sondern diese Partei mit ihren gelbbraunen Bonzen und der schwarzen SS mit dem Totenkopf auf den Mützen, vor der alle Angst hatten? Und der Krieg, von dem keiner wußte, wie er weitergehen sollte? Und die sechstausend Toten? Und die armen Krüppel im Linzer Spital? War denn der Nationalsozialismus so einfach vom Himmel gefallen? Hatten die Politiker, Schuschnigg und die anderen, ihnen nicht oft genug eingeschärft, wie alles kommen werde, wenn sie dem Rattenfänger von dort drüben Glauben schenkten?

Er mußte jetzt immer an die Leidensgeschichte Jesu denken, an den Herrn vor Pilatus und an das tobende Volk vor dem Palast. An die Frage des Landpflegers: Wen soll ich euch freigeben? Barabbas oder Jesus, der der Messias genannt wird? Sie hatten die freie Wahl gehabt und den Verbrecher gewählt, denn da waren die Pharisäer gewesen und hatten sie aufgehetzt. Und er dachte: War es an jenem Gründonnerstag vor mehr als 1900 Jahren viel anders gewesen als im April des vorigen Jahres bei uns? Und sicher hat man damals die wenigen, die noch zu Christus gehalten haben, genauso eingeschüchtert wie die wenigen bei uns, die nicht „ja" sagen wollten. Die hat man einfach Narren oder Kommunisten genannt. Unglückselige Kirche, wie hast du dich gefangennehmen lassen, an deinem Gründonnerstag! Und wirst immer in Fesseln bleiben. Wie lange? Wer wird kommen müssen, um dich zu retten?

Am Fuß des Ehebettes schliefen die Kinder. Rosalia und die kleine Maria, die etwas älter war als ein Jahr und dennoch dem Vater schon jetzt so ähnlich sah. Das Licht vom Nachtkästchen warf nur Schatten auf ihre Gesichter, aber es genügte, um ein Gefühl tiefer Zärtlichkeit in ihm wachzurufen. Diese schutzlosen kleinen Geschöpfe, was sollte aus ihnen werden, die in eine derart gottlose Welt hineinwuchsen? Ob die sechstausend Männer geahnt hatten, daß sie ihr Leben einmal opfern würden, damit diesen unschuldigen Kindern der einzige Sinn ihres Lebens, Gott und das Wissen um den Weg zu ihm, genommen werde? Und wie viele Tausende, Zehntausende bereiteten sich schon darauf vor, in einem blinden, wahnsinnigen Gehorsam das gleiche zu tun?

Es war eine nutzlose Geste, er legte behutsam die Fläche der Innenhand auf die Wange der kleinen Maria. Eine rasche Bewegung, und schon war die Hand gefangen, vielleicht spürte die Kleine, woher Schutz zu erwarten war, zumindest das intensive Verlangen, ihn zu geben, und er mußte mitten in der Bewegung innehalten, um sie nicht zu wecken. Lange blieb er so stehen, bis ihn die Muskeln schmerzten, aber er hielt durch – bis die Kleine sich mit einem wohligen Seufzer zur Seite drehte und ihn wieder freigab.

Sie mochten ihren Franz, die Radegunder, aber sie konnten immer weniger mit ihm anfangen. Irgendwie hielten sie ihn für einen Verrückten, aber dann sagte er wieder Dinge, die man wohl oder übel akzeptieren mußte, weil sie nicht mehr zu übersehen waren. Den Krieg hatte er förmlich vorausgesagt, und als ihn einer fragte, wieso er das konnte, gab er zur Antwort: „Ich hab nur zugehört, was der Hitler gesagt hat."

Daß er jetzt nur noch selten ins Wirtshaus kam, war sicher ein Verlust für sie alle, mit ihm war es immer lustig gewesen. Es hatte allerdings den Vorteil, daß weniger über

141

Politik gestritten wurde – und in letzter Zeit saßen so alle möglichen verdächtigen Gestalten in den Wirtshausstuben herum, Bayern und Preußen, die sich vollfraßen, hier mußte man noch keine Lebensmittelabschnitte abgeben wie drüben im Altreich. Lauter bessere Leute, die immer noch ihre Autos hatten, die weniger Besseren mußten die ihrigen schon abliefern, und auch der Leherbauer trug sich mit dem Gedanken, sein Motorrad zu verkaufen, bevor sie es ihm einfach wegnahmen. Aber wenn so ein Fresser auch kein Spion war, er konnte leicht ein bißchen mithören und weitererzählen, was die da in St. Radegund für einen hatten, der auf die Nazis schimpfte, als hätten die hier nicht das Geringste zu sagen.

Es hatte sich auch sonst einiges beim Leherbauer geändert, seit die Franziska aus Hochburg da war. Fast täglich ging er jetzt in die Frühmesse, und nach der Kommunion, so behauptete ein Nachbar, nahm er noch bis Mittag keinen Bissen zu sich. Auch sonst war er dauernd am Beten und am Bibellesen, und daran war sicher nur die Frau schuld, davon waren sie fast alle überzeugt – und die wenigen, die der Meinung waren, der Franz sei schon seit seiner Rückkehr aus der Steiermark so ganz anders gewesen, fielen nicht ins Gewicht. Auch auf dem Hof sollte es ziemlich spartanisch zugehen, davon wußten einige Nachbarinnen zu erzählen, die öfter mit der Mutter des Franz zusammensteckten – was allerdings nicht so ganz stimmen mußte, denn daß die Rosalia ihrer Schwiegertochter nicht grün war, konnte man auch nicht übersehen. Andererseits mußte es doch wieder stimmen, denn an den Geschichten, daß er beobachtet wurde, wie er mit vollem Rucksack unterwegs war, um Lebensmittel an die Armen der Umgebung zu verteilen, mußte ja auch etwas dran sein – woher nahm er sonst die vielen Sachen, wenn er sich nicht entsprechend einschränkte?

Was seine Freigebigkeit anbetraf, wurde sie ja allgemein anerkannt, nur mit seinem religiösen Fanatismus, wie einige das nannten, konnten sie sich nicht anfreunden. Auch die

Radegunder schätzten das Wallfahren, und daß der Franz mit seiner Frau öfter nach Altötting hinüberfuhr, konnten sie noch akzeptieren. Schließlich hatte er sich mit Hilfe der Franziska zur Hochzeit ein neues, noch stärkeres Motorrad gekauft, und so ein technisches Wunderding nicht auszunützen wäre wahrhaftig eine Sünde gewesen.

Nur mußten das schon recht eigenartige Wallfahrten gewesen sein, zumindest nach Ansicht der Dorfbewohner und wenn man sie mit einer anderen Fahrt hinüber ins Bayerische verglich. Der Franz hatte einen Freund auf seinem Motorrad mit hinübergenommen, nicht zu einem Wallfahrtsort, sondern zu einer ganz gewöhnlichen Autowerkstätte, aber kaum sah er unterwegs eine Kirche, und wenn sie auch noch so klein war, hielt er schon an und ging hinein, um zu beten. Es war also eine ziemlich lange Fahrt gewesen, hatte der Freund erzählt, trotz der schnellen Maschine.

Es gab aber auch Leute in St. Radegund, die erzählten ganz andere Dinge – die zumindest ihnen sehr seltsam vorkamen. Sie erzählten, er habe auf dem Weg zur Kirche und wieder zurück Kirchenlieder gesungen, und das ganz laut. Er habe aber auch während der Arbeit gesungen, erzählten sie, im Stall oder auf den Feldern, er habe beim Pflügen laut gebetet, und manchmal habe er die Arbeit unterbrochen, um ein paar Zeilen aus der Bibel zu lesen und darüber nachzudenken. Noch Merkwürdigeres hatte später einer zu erzählen, der damals noch ein Kind gewesen sein mußte: Auch er habe die Kirchenlieder gehört, während der Leherbauer das Vieh auf die Gemeindeweide trieb, er behauptete aber auch noch, der Mann hätte sich geweigert, die Wiesen zu mähen, um nicht Gottes Blumen zu töten, und er hätte sogar für die Blumen gebetet, wie es schon der heilige Franz von Assisi getan haben soll.

Seine Frau schüttelte nur den Kopf, wenn sie danach gefragt wurde. Das hätte er hören müssen, meinte der Patensohn, der später noch oft dem Leherbauer bei der Arbeit geholfen hatte. Vielleicht, schränkte er ein, habe er hin und wieder ein leises Summen, ein Murmeln gehört, aber daß die Leute gleich so übertreiben und ein lautes Singen und Beten daraus machen mußten!

Im wundersüchtigen Mittelalter wurde erzählt, wenn der heilige Franziskus von Gott geredet habe, habe es ausgesehen, als brenne der ganze Wald. Unsere rationalistische Zeit hat dafür rasch ihre Erklärungen zur Hand, Sinnestäuschungen etwa, wenn unbewußtes Wissen um die flammende Liebe in der Seele des Heiligen in Symbole umgesetzt wird. Psi-Forscher denken vielleicht an Gedankenübertragung, und Anhänger einer New-Age-Gruppierung könnten mit nonverbalen Mitteilungen des Geistes aufwarten. Man könnte aber auch ganz einfach sagen: Franz Jägerstätter war so glücklich in seiner Ehe, in seiner Liebe zu Gott, er war so erfüllt von Dankbarkeit damals, daß auch die anderen etwas davon zu spüren bekamen. Und so wurde aus einem kleinen Summen oder einem geflüsterten Gebet eben ein lautes Beten, ein weithin vernehmbarer Gesang.

Und so schwer diese Jahre auch waren, sie waren die glücklichsten seines Lebens. Fanny und die Kinder – das war so ganz anders als früher. Heimzukommen und zu wissen: Sie ist da, sie sind da. Wie müssen seine Schritte unwillkürlich schneller geworden sein, wenn er sich dem Leherbauerhof näherte, wie müssen seine dunklen Augen noch dunkler geworden sein in geheimer Freude, wie werden sie schon vor dem Haus seine Lieben gesucht haben, werden versucht haben, die Mauern zu durchdringen, auch wenn er noch weit weg von ihnen war. Fanny am Herd, Fanny im Stall, Fanny mit den zwei kleinen Mädchen, zu denen bald noch ein drittes Kind kommen sollte, es kündigte sich schon an. Manchmal hatte er eine Kleinigkeit für die Frau in der Tasche, die versteckte er dann und ließ sie danach suchen. Manchmal hatte sie seine Lieblingsmehlspeise für ihn gemacht, und dann war er es, der das Versteckte suchen mußte, und das dauerte manchmal eine ganze Weile und war voller Überraschungen.

Diese Ehe sollte nicht zur Routine werden, Verliebtheit, Spiel, Liebe, Leidenschaft, alles blieb neu wie am ersten Tag und verlor nie seinen Glanz. Von Gott reden, beten, nach seinem Willen fragen, das gehörte gleichermaßen zu dieser Ehe wie die Stunden, die man sich für die Kinder nahm. Die Kinder – knapp vor ihrer Heirat waren Franz und Franziska zu Theresia Auer gefahren und hatten ihr angeboten, die kleine Hildegard für immer zu sich zu nehmen. Sie hatte abgelehnt, ebenso ihre Mutter, bei der das Kind lebte, da die ledige Bauernmagd es nicht bei sich behalten konnte. Also besuchte Franz sein erstes Kind, das sehr an ihm hing, sooft er nur konnte, und auch später noch, als es schon Franziskas Kinder gab. Es war für ihn eine Selbstverständlichkeit, die Hilda ihren Vater möglichst wenig entbehren zu lassen, und von Kriegsbeginn an war auch für sie der Gepäcksträger des schönen, vielbewunderten Motorrads voll bepackt mit Lebensmitteln. Und wenn zum jährlichen Kirtagsfest von St. Radegund die Verwandtschaft im Leherbauerhof zusammenkam, dann war auch die kleine Hildegard mit dabei, bekam ihre Lieblingsspeisen vorgesetzt, und der Vater wanderte mit ihr über die Felder, die zum Hof gehörten. So durfte auch sie, so gut es möglich war, ein wenig von dem mitbekommen, was das Glück dieser Ehe, dieser Familie ausmachte.

Das Glück dieser Ehe – was war diese Franziska Jägerstätter aus dem kleinen Hochburg nur für eine Frau, daß dieser ihr Mann es wagen konnte, ihr all die Lasten zuzumuten, die ein Leben mit ihm bedeuten sollte? Daß er es wagte, ihr nach einer so kurzen herrlichen Ehe diese Verlassenheit eines Lebens ohne ihn aufzuladen, und das im festen Glauben: Es ist gut so, es wird gut sein, du bringst es fertig. Was war das für ein Mann, und was war das für eine Frau, daß dieses Alleinlassen und dieses willige Allein-Zurückbleiben zur gegenseitigen Liebeserklärung wurde! Du bist so gut, Fanny, du bist viel zu gut, Fanny, um mit einem Feigling leben zu müssen, mit einem Lügner, mit einem Heuchler, der vielleicht mit Verbrechen beladen heimkäme, für die keiner die Verantwortung auf sich nimmt. Dazu bist du mir zu gut, Fanny, *du* bist für ein anderes Leben geschaffen – steht das nicht zwischen den Zeilen all der Briefe, die uns erhalten sind? Bis zu jenem letzten, in dem er sich für alles bedankt?

Wenn ich auf meiner Suche nach Jägerstätter auch Franziska suche, die so untrennbar mit ihm verbunden ist, dann muß ich immer an die Frau denken, in deren kleiner Wohnküche ich gesessen bin, um sie auszufragen, wie das damals war. An der Wand über der Couch, von wucherndem Grün umrankt, das bekannte Bild ihres Mannes, vor mir die achtzigjährige Frau, die nicht alt wird, weil für sie so vieles immer Gegenwart bleibt. Ich selbst, unverschämt-schüchtern, tastend nach einer Realität, die ihr immer noch weh tun muß. Ich frage nach Fakten, nach einem alten Heldendenkmal und einer Haarfarbe, nach dem Wetter an einem bestimmten Tag. Aber ich bringe den traurigen Mut nicht auf, zu fragen: Was haben Sie gedacht, als …, was haben Sie empfunden, wenn …? Wozu auch? Ich sehe sie an und glaube es in jedem Augenblick zu spüren. Franziska Jägerstätter ist keine jener Witwen geworden, wie man sie aus Künstlerkreisen kennt, keine, die für ihren Mann die Werbetrommel rührt und gleichzeitig verkündet: Was er geworden ist, wurde er durch mich. Sie spricht auch nicht von ihrem Leid, immer nur von dem seinen.

Und mitten in dieses leise Gespräch wirbelt ein junges, blondes Geschöpf herein, modisch gekleidet, unglaublich lebendig, eines der 13 Enkelkinder der Franziska Jägerstätter. Und wieder ist sie anders als andere Frauen, keine betuliche Großmutter, die dem unerwarteten Besuch sofort eine Stärkung aufdrängen muß, keine, die von ihrem Her-

146

zerl, Schatzerl, ihrem Liebling redet – aber wie sie sich der Enkelin zuneigt, ganz Konzentration, ganz Liebe und Aufmerksamkeit, als ob nichts anderes existierte, das mag der Schlüssel sein zu ihrem Geheimnis. So hat sie ihrem Mann zugehört, denke ich, so hat sie in sich aufgenommen, was von den Töchtern gekommen ist. So stark, so immer präsent, so ohne jeden Anspruch. Dieser Frau konnte er alles zumuten, alles, nur keine Unredlichkeit. Er muß gewußt haben, was ihr bevorstand, wenn er sie nicht mehr schützen konnte: Das Gerede der Leute: „Die Hochburgerin hätt' ihn halt zurückhalten müssen, das versteht doch jede Frau, wie man so was macht!" Das Leben mit der verhärmten Schwiegermutter, die ihr vielleicht auch die Schuld gab. Die Argumente gekränkter Kriegerwitwen und Mütter: „Meiner hat es viel schwerer gehabt, er hat viel mehr gelitten. Er ist in der russischen Kälte erfroren, die Schmerzen, der Hunger …" Und die Flut der Leserbriefe noch Jahrzehnte nachher: „Wir haben unsere Heimat verteidigt – wo war er damals?" – „Den kann nicht einmal der Papst heiligsprechen!" Er muß es gewußt haben, was an Kränkungen, Sticheleien und Feindseligkeit auf sie zukommen wird – wenn auch nicht im Detail. Wer konnte auch ahnen, was alles versucht werden wird, die Frau ohne Schutz ihres Mannes zu benachteiligen und zu betrügen! Wer hatte erwartet, daß sogar das neu erstandene Österreich, so glücklich, der deutschen Knechtschaft entronnen zu sein, sie unter den fadenscheinigsten Begründungen über Jahre hinaus benachteiligen wird! Daß sie, die von den Nazis kein einziges Mal vorgeladen worden war, ausgerechnet von den Beamten des freien, demokratischen Staates verhört und gequält werden mußte, als wäre ihr Mann ein Verbrecher gewesen!

Er muß es gewußt haben damals, sonst hätte er ihr nicht noch zusätzlich eine Last aufgeladen, an der sie jahrzehntelang trug: „Sag aber nichts gegen die, die dich quälen!" Und als ich sie frage, ob es jetzt besser geworden sei mit all den

Feindseligkeiten, sieht sie mich lange an und meint dann ganz leise: „Haben Sie noch eine andere Frage?"

*

Ich muß jetzt immer an Ulli denken und was er zu Franz Jägerstätter gesagt hätte. Ulli, ein Idol meiner Kindheit, ein charismatischer katholischer Jugendführer, einer, der „weder Tod noch Teufel gefürchtet hat", wie man so sagt, auf den alle Modeworte von damals anwendbar waren, schneidig, pfundig, fein. Er hat mit uns Kleinen noch allerlei getrieben, was damals bereits verboten war, und hat dann Theologie studiert. Er wäre Priester geworden, hätte er nicht im Krieg bis zuletzt „seine Pflicht am Granatwerfer" getan, wie der Kompanieführer an die Eltern schrieb, als Ulli tot war. Einer der vielen „in der großen, grauen Armee unserer unsterblichen Helden als ein Opfer, das wir bringen müssen, damit Deutschland leben kann".

Irgendein glücklicher – oder unglücklicher? – Zufall hat mir vor etlichen Jahren ein Manuskript in die Hände gespielt: Ullis Briefe aus dem Krieg und Gedanken, wie andere, wie Freunde ihn gesehen haben. Er war ein eifriger, liebevoller, sich selbst gegenüber harter und immer sich kontrollierender Kämpfer für Christus, sagen sie alle, und wäre bestimmt ein mitreißender Priester geworden – aber er ist ohne Zögern in diesen Krieg gegangen. Er hat, wie Franz Jägerstätter, unter den Kameraden zu missionieren versucht und offenbar mit mehr Erfolg als dieser. Er hat tapfer gekämpft und Orden bekommen, er wollte wohl unter Beweis stellen, daß Christen keine Feiglinge sind. Daß auch sie bereit sind, für ein Vaterland zu kämpfen. Und ich lese und lese in diesen Briefen und frage ihn: Für welches Vaterland hast du da gekämpft? Ich lese: „Der Krieg, der macht mir schon gar keine Freude mehr", und frage ihn: Wann hat der Krieg dir je Freude gemacht? Ich lese, daß man beim Militär wenigstens Gehorsam lernen kann, und frage ihn: Gehorsam wem gegenüber? Ich lese von einer Kesselschlacht im Donezbecken, 100.000 eingeschlossene deutsche Soldaten: „Das Ende ist, Märtyrer sein zu dürfen!" und frage: Für Hitler wolltest du Märtyrer sein? Und je mehr ich lese, desto öfter muß ich ihm sagen: Ich verstehe dich nicht, ich verstehe dich immer weniger, und ich kann dich nicht mehr fragen. Den Franz Jägerstätter muß ich nicht fragen, bei ihm ist alles so klar, so logisch und einfach: Er ist lieber für Christus gestorben, als für dessen Todfeind zu kämpfen. Du aber hast für seinen Todfeind gekämpft, der auch dein Todfeind war, bis zur letzten Sekunde, und ich frage dich noch heute, warum? Hast du so wenig von dem begriffen, was der „einfache Bauer" aus St. Radegund schon so lange gewußt hat? Hast du dich eigentlich nie gefragt, wenn du deine Granate ins Rohr gleiten ließest und „Feuer frei!" riefst, was du da tust und für wen? Und was dann dort drüben geschieht, auf der anderen Seite? Und das alles „immer froh, je heißer es hergeht", wie du noch am Abend vor dem Tag deines Todes geschrieben hast? Hat kein Lehrer dir je gesagt, welch ungeheurer Betrug das sein wird, wenn deine Todfeinde sich des Einsatzes all deiner Leidenschaft und Begeisterungsfähigkeit, deiner blühenden Jugend und deiner Begnadung bis zu diesem 24. Februar 42 bedient haben werden? Damit Deutschland lebe?

*

Franz Jägerstätters glückliche Jahre waren für Schorsch keine sehr glückliche Zeit. 1939 war die Familie in das Protektorat zurückgekehrt, und man hatte für die schwer geprüften Volksgenossen schon vorgesorgt. Eine große Wohnung war „plötzlich frei geworden", ebenso das kleine exquisite Delikatessengeschäft beim Rathaus. Sogar Möbel hatten sich in einem Depot gefunden, und niemand fragte, wie diese Wunder so plötzlich geschehen waren.

149

„Das verdanken wir alles unserem Führer", schluchzte die
Mutter, und Arne dachte wieder einmal, daß die schlechte
Chaplin-Imitation doch zu etwas gut war. Manchmal freilich
dachte er auch an den jungen Primizianten im Goldornat, der
jetzt keine Prunkgewänder mehr trug und kein Weihrauch-
gefäß schwenkte, weil er wegen einer Predigt, die Arne ganz
harmlos erschienen war, im Gefängnis saß. Arne hatte wegen
der schönen Musik und der Bilder noch öfter die Messe
besucht, jetzt war ihm der Gedanke an den jungen Priester
unangenehm, und er versuchte ihn möglichst zu verdrängen.
Ansonsten genoß er den neu erworbenen Wohlstand und
seine Position als Leithammel bei der Hitlerjugend. „Führer-
persönlichkeit" stand rot unterstrichen in seinem Schul-
zeugnis.

Schorschs Zeugnisse waren jämmerlich. „Ein guter Kerl",
erklärte der Klassenvorstand, „aber unbegabt und faul." Da
nutzten alle Nachhilfestunden nichts. Die Mutter weinte und
jammerte, er möge ihr doch nicht die Schande antun, daß sie
ihn in eine Lehre geben mußte. „Schau dir den Arne an!"
wiederholte sie immerfort. Schorsch hätte ihr gern alles zuliebe getan, aber es ging nicht. Sein Kopf wollte nichts von
dem behalten, was sie in ihn hineinzustopfen versuchten, und
er schämte sich bis hin zu Tränen.

Dann begann er heimlich zu rebellieren. Schön, dachte
er, wenn es für die Schule nicht reicht, dann eben nicht! Was
fing man schon mit den vielen Jahreszahlen an, die sie einem
einbleuen wollten, Könige, Kriege, Friedensschlüsse! Was
brauchte man Englisch! Mit England war man ohnehin im
Krieg! War es nicht wichtiger, den blöden Engländern und
Franzosen das Hirn aus den Schädeln zu pusten? Krieg – ein
Glück, daß es den gab! Hoffentlich dauerte er noch recht
lange! Sollen sie ihn nur in eine Lehre stecken! Sobald er alt
genug ist, wird er sich freiwillig melden, und wenn er dann
mit dem Ritterkreuz heimkommt, dann wird seine Mutter
endlich stolz auf ihn sein.

Mich selbst muß in jenen Jahren eine milde Form von Schizophrenie befallen haben. Ich ministrierte brav jeden Morgen vor der Schule, und unsere Ministrantengruppe traf sich zum Wochenende einmal bei der und einmal bei jener Familie und immer wieder bei uns.

Ich weiß heute nicht mehr, ob ich damals überhaupt wußte, daß das verboten war, ich weiß auch nicht, was ich mir dachte, als eine der Mütter zur Gestapo vorgeladen und befragt wurde, was diese Buben am Sonntagnachmittag in ihrer Wohnung taten. Irgendwelche Nachbarn dürften uns angezeigt haben, ich aber hatte weder ein schlechtes Gewissen noch Angst, ich spielte völlig unbefangen Tischtennis und klimperte am Klavier. Ich wußte, daß die Hitlerjungen, die uns manchmal anstänkerten, unsere Feinde waren, aber sie schienen mir nicht gefährlicher zu sein als die Kinder im sozialistischen Gemeindebau, für die wir die „Tabernakelwanzen" oder die „Kerzelschlucker" waren. Wir machten unsere Witze über die Nazis und die zackigen Preußen, und gleichzeitig, so argwöhne ich heute, beeindruckte mich jede Sondermeldung, die einen deutschen Sieg verkündete, und ich fühlte so etwas wie einen leisen Stolz. Franz Jägerstätter hätte oft den Kopf über mich geschüttelt.

Was ich heute noch nicht begreife, ist das Gefühl der Geborgenheit, in dem ich damals lebte – als hätte meine Familie mir gegen die mörderische Außenwelt jeglichen Schutz geben können. Auch den jüdischen Mitschülern, die eines Tages plötzlich verschwunden waren, ich fragte lange nicht, wohin, hatten ihre Familien keinen Schutz geben können – hab ich das nicht gewußt? Ich habe einen „Wahlonkel" gehabt, der hat seinen Beruf verloren und nur sehnsüchtig auf die „Zeit nachher" gewartet. Ich habe zwei ältere Burschen gekannt, die im Gefängnis saßen, und von ihrer Widerstandsbewegung gewußt, ich habe die Klagen ihrer Mutter gehört und die Angst in ihren Augen gesehen. Mein Vater hat von Anfang an gesagt, wehe uns, wenn wir den

Krieg gewinnen, und ich erinnere mich noch genau an die Szene am Familientisch, als meine Schwester, ich habe keine Ahnung, warum, plötzlich weinend ausrief: Da sind mir ja die Kommunisten noch lieber! Und doch habe ich mich sicher gefühlt, als lebten diese Menschen alle in einer Welt, die mich nie erreichen könnte. Noch für den Siebzehnjährigen war sie eher eine Abenteuer-, eine Spielwelt, ein Fernsehersatz mit Einzelszenen ohne ein Vorher und Nachher, auch dann noch, als ich in dieser Welt bereits mitagierte. Letztlich war alles Spiel für mich, ob ich nun, der als Kind Priester werden wollte, an dem vom Vater geschnitzten Altar im Meßgewand und mit allen Geräten versehen „die Messe las", während mein Vater die lateinischen Antworten gab und auf dem Harmonium die Schubert-Messe spielte. Oder ob ich kurzfristig Chemiker werden wollte und allerlei Experimente machte, bis eine zu früh explodierende Pulvermischung mich für kurze Zeit in die Realität stieß. Ergebnis: Ich wich einfach aus und gab das Chemikerspiel auf. Obwohl auch das noch zum Spiel, zum Abenteuer gehörte: drei Tage lang, von der Tante geführt, mit Verbänden über den Augen sich zum Arzt und wieder nach Hause zu tasten. Ich, der von allen bedauerte Blinde. Und als ich später verschiedene Präparate herstellte und sie unter das neue Mikroskop schob, scheint die Geste des großen Forschers, der sich à la Robert Koch über sein Instrument beugt, weit bedeutsamer gewesen zu sein als das real sichtbare Objekt unter dem Okular. Nicht umsonst war der weiße Friseurmantel einer Tante das wichtigste Requisit der ganzen Szene. Und folgerichtig entdeckte ich bald danach meine Liebe zum Theater, die ganze Welt scheint für mich eine Bühne gewesen zu sein, bunt, dramatisch, faszinierend, grausam und schön – trotz Narvik und Scapa Flow, trotz Frankreichfeldzug und erster Fliegeralarmübungen, trotz vormilitärischer Ausbildung schon während der Schulzeit und erfrierender Soldaten im russischen Winter. Oder vielleicht gerade deshalb.

Verständlich also, daß die erste persönliche Begegnung mit so etwas wie Realität eine große Enttäuschung war, weil sie der über die Wochenschau vermittelten Realität so wenig entsprach. Ein Pfingstlager war angesagt, eine der wenigen Veranstaltungen, an denen ich teilnahm. Höhepunkt: Angriff auf einen alten Bunker. Ein Unding, wie sich in der Praxis bald erweisen sollte, und nicht nur dank der Phantasielosigkeit der HJ-Führer. Kein Angreifer schmeißt mit Steinen auf einen Bunker, und seien sie noch so groß, und kein Verteidiger schließt die Geschützluken mit ein paar Holzlatten, zuletzt gab es nur noch eine wüste Rauferei. Die Realität war anders, das wußte ich aus der Wochenschau von der Eroberung eines belgischen Forts. Ich hatte meine Waffen also schon daheim in den Rucksack gepackt und schlich mich, wie in der Wochenschau, an die stählerne Geschützkuppel heran. Dann öffnete ich den Rucksack und holte meine Handgranaten oder Bomben oder wie immer man es bezeichnen soll, hervor, um sie auf die im Bunker hektisch umherlaufenden Verteidiger fallen zu lassen. Ich, der Held, der diesen Bunker vernichten würde, genauso wie der, der noch wochenlang nach seinem Husarenstück in allen Medien zu bewundern gewesen war – und dann war ich es doch nicht. Meine Handgranaten oder Minen waren einfache Tonkugeln mit ihnen unterlegten Kapseln und einem kunstgerecht darübergewickelten Papier gewesen, und sooft ich sie zur Probe von meinem Fenster auf die gemauerten Stufen unter mir hatte fallen lassen, waren sie zum Schrecken meiner Tante auch laut explodiert. Hier aber war der Boden, auf den sie fielen, keine gemauerte Stufe, sondern eine weiche, lockere Schicht aus Papierzeug, Blättern und Schmutz, die sich seit Jahren angesammelt hatte, und da explodierte natürlich nichts. Nicht einmal der Kopf eines Verteidigers war dazu hart genug.

Und diese Realität, die offenbar nur zu meiner Unterhaltung da war – auch wenn unterdessen Zehntausende ihr

Leben verloren –, schien mir so wenig gefährlich, daß ich, wie ich glaubte, mich einmal sogar mutwillig in sie hineinbegeben durfte. Hitler haßte, wie bekannt ist, sein Geburtsland abgrundtief, aber seine Großmannssucht war noch größer. So mußte aus Wien ein Groß-Wien werden mit noch mehr Bezirken als bisher und dem seltsamen Umstand, daß unser Haus, was die Post betraf, im 18. Bezirk zu liegen kam, und was den Magistrat betraf, zum 19. gehörte. Dieser Umstand war mein Glück und meine Gefährdung zugleich, und als ich, zwar widerstrebend, aber doch, es taten ja alle, mich bei einer Hitlerjugendstelle in Währing meldete, fiel ich glücklicherweise einem Dummkopf in die Hände, der nach einem kurzen Blick auf meinen Ausweis streng und unwiderruflich sagte: Du gehörst doch nach Döbling. Ich meldete mich also bei einer entsprechenden Döblinger Stelle, wobei ich diesmal das Gefühl hatte, nachhelfen zu müssen. Ich sagte also, ein wenig schüchtern: „Eigentlich gehör ich ja nach Währing", worauf der Fähnleinführer oder was immer er war, mich noch strenger ansah als der aus Währing und die logische Frage stellte: „Was tust du dann hier?"

Ich ging also nirgends mehr hin, und dieser glückliche Zustand dauerte Jahre. Kam eine Anfrage aus Döbling, dann machte ich eben in Währing meinen „Dienst" und umgekehrt, auf die Idee, das zu kontrollieren, kam offenbar niemand. Bis plötzlich knapp vor der Matura die Anweisung ausgegeben wurde, ohne Mitglied der Hitlerjugend zu sein, dürfe man gar nicht erst antreten. Jetzt wurde es brenzlig. Gottlob aber kannte ich einen strammen Hitlerjugendführer aus der Nachbarschaft, der dementsprechend empfänglich war, als ich ihm heuchlerisch schilderte, wie sehnsüchtig ich ihm und seiner „Gefolgschaft" immer nachblickte, wenn sie, flotte Lieder singend, durch die Straßen marschierten. Er sagte sofort: „Komm zu uns!" – „Hitler pflanzen" hätte Pfarrer Karobath das genannt, und Franz Jägerstätter hätte wieder einmal den Kopf über mich schütteln müssen. Er schwindelte sich nie aus der Realität. – Einige Wochen später hatte ich meine Bestätigung für die Matura – nach der, typisch österreichisch vielleicht, nie mehr gefragt wurde.

Aber das alles war wohl nur die Illusion einer Geborgenheit, eine gefährliche Illusion, in jeder Beziehung. Meine Mutter hätte mir vielleicht einiges erklärt, was ihrer Meinung nach an meiner Haltung nicht richtig war. Aber sie war schon im März 39 gestorben, und der Vater schien eher hilflos. In ihm kämpfte der Offizier aus dem Ersten Weltkrieg mit dem glaubenstreuen Katholiken, dem politisch gefährdeten CVer. In seinem Wunsch, mir die fehlende Mutter einigermaßen zu ersetzen, bestärkte er mich nur in meiner Ichbezogenheit, die mit denen da draußen nichts zu tun haben wollte, und noch heute frage ich mich, ob es nicht seine übergroße Liebe war, die es fertigbrachte, die so unübersehbar häßliche und verbrecherische Welt, die mich umgab, so harmlos erscheinen zu lassen. Ob eine solche Liebe nicht auch etwas Böses war?

Ich erinnere mich noch: Jahre später bekam mein Vater ein größeres Manuskript von mir in die Hand und sagte nach der Lektüre enttäuscht: „Ihr Schriftsteller macht's alles so kompliziert. Und so häßlich. Das Leben ist doch gar nicht so.“ Ich habe das damals für ein typisches Zeichen seiner Oberflächlichkeit gehalten, ganz zu Unrecht, wenn ich bedenke, wie sehr dieser lebenslustige Mann unter dem frühen Tod seiner Frau gelitten hat. Er hat auch nie mehr geheiratet. Aber vielleicht war dieser Ausspruch damals nur die Enttäuschung darüber, daß er jahrelang vergeblich versucht hatte, seinem geliebten Kind wenigstens die Illusion einer schönen Welt mitzugeben.

Die Ehre des deutschen Soldaten?

Stiefel fassen und Tuchhose, Koppel und Stahlhelm, der eine wirft dir die Socken ins Gesicht, „Paßt!", der nächste die Unterhosen, „Paßt!", der dritte – „Fang doch, du Armleuchter!" – „Der Soldat ist verpflichtet, die Bekleidung und Ausrüstung zu schonen und zu pflegen", brüllt der Spieß im Kasernenhof. Unterhemden und Kragenbinde, Feldbluse und Waffenrock, und wehe, wenn etwas zu Boden fällt, und alles im Laufschritt, marsch, marsch! Ganz sinnlos, bei der nächsten Ausgabestelle muß man ohnehin warten! „Die Namen der Anzugarten – Sie!" – „Feld-, Dienst-, Wach-, Parade-, Melde-, Ausgeh-, Sportanzug!" – „Schneller das Ganze!" – „Feld-, Dienst-, Wach-, Parade-, Melde-, Ausgeh-, Sportanzug!" – Zuletzt steht ein Haufen uniformierter Clowns in Dreierreihen im Hof, und nichts paßt. „Es ist Sache der Selbsterziehung, darauf zu achten, daß der vorgeschriebene Sitz der Bekleidungsstücke durchgeführt wird und Mängel sofort behoben werden", schreit der Spieß, er kennt alle Dienstvorschriften, von den Pflichten des deutschen Soldaten bis zu Hindenburgs Wort: „Die Treue ist das Mark der Ehre." – „Also los, rauf, marsch, marsch!"
Und alles wieder von vorn, was mit ein bißchen Vernunft längst erledigt sein könnte, ohne Schliff und Gebrüll und Gerenne – bis endlich 30 Koppelschlösser 30 unterste Knöpfe verdecken, bis endlich die 30 Adler der 30 Koppelschlösser in der Mitte sitzen und 30 Koppelschloßdorne genau mit den 30 Biesen des Waffenrocks abschließen. Bis 30 Menschen endlich einen winzigen Schritt dem Ziel näher-

gekommen sind, Soldaten des Führers zu sein. „Es gibt im Dienst keine Kleinigkeiten, alles ist wichtig, ist Ehrendienst am deutschen Volke." Über den 30 Adlern der Spruch „GOTT MIT UNS". – „Na endlich, Ihr Scheißhaufen!"

Und der Franz fragt sich, warum er seit gestern nachmittag schon mindestens dreißigmal als Scheißkerl, Arschloch, Idiot oder Armleuchter beschimpft wurde, obwohl er meistens schneller gelaufen und weiter gehüpft ist, tiefere Kniebeugen und Liegestütze gemacht hat als die meisten andern, nur um nicht aufzufallen. Schimpfworte, auf die er in St. Radegund mit den Fäusten geantwortet hätte oder anderswo mit einer Anzeige bei der Polizei.

Seit gestern nachmittag war es ihm, als hätte ihn jemand in eine völlig neue Welt gestoßen. Ein weitläufiges Gebäude aus Höfen, Stiegenhäusern und Gängen, aus denen von allen Seiten ein fast hysterischer Lärm zu hören war. Eine chaotische Welt, die dennoch bei genauerem Hinsehen, Hinhören sich als geordnete entpuppte, eine Welt aus brüllenden Vorgesetzten und zurückschreienden Untergebenen, die ihren „freudigen Gehorsam" zu beweisen und zu artikulieren suchten: Jawoll, Herr Feldwebel! Hier, Herr Leutnant! Schütze L. meldet sich zu …, Befehl ausgeführt, Bitte sprechen zu dürfen, austreten zu dürfen, zu dürfen, zu dürfen … und wieder Jawoll und Jawoll … eine Welt, in der letztlich alle dann doch irgendwie Untergebene zu sein schienen. Keiner von denen, die hier an ihm vorbeirannten, vorbeirobbten, Fronten abschritten und Grüße erwiderten, schien noch er selbst zu sein, nur noch von einer höheren Macht gelenkt. Und kaum hatte Franz seinen Einberufungsbescheid vorgezeigt, spürte er selbst diesen entsetzlichen Zwang: Erster Stock links, dann: Fünf Türen weiter, dann: Name, Adresse, dann: Stube 12, dann: Essen fassen, dann: Decken holen, dann: Zehn Uhr ist Zapfenstreich, dann: Die schrille Pfeife und eine brüllende Stimme im Ohr: Was, noch nicht auf? Keine Sekunde, über die man verfügen konnte, außer den

157

Stunden des von Träumen zerquälten Schlafs, kein Gedanke, der nicht schon von einem anderen, fremden vorgeprägt war – und bis jetzt war doch jeder Tag, den Gott ihm geschenkt, vom Morgen bis tief in die Nacht sein Besitz gewesen …!

In letzter Zeit wurde ein Dokument gefunden, und darin steht es genau: Franz Jägerstätter, Eigentümer eines Landgutes in der Größe von 18 Joch in Radegund, wurde am 17. Juni 1940 zum aktiven Wehrdienst nach Braunau am Inn eingezogen. Er wurde auf den Führer und Obersten Befehlshaber der Wehrmacht vereidigt, aber nach einigen Tagen wieder uk-gestellt und entlassen.

Auch ich habe diesen Eid geleistet, verschiedene Einheiten aus ganz Wien wurden im Hof irgendeiner Kaserne zusammengetrommelt, wir aus Strebersdorf hatten den weitesten Anmarschweg. Und ich frage mich, ob das auch zu der Spielwelt gehörte, an der ich nun teilhatte, wie der prüfende Blick des Wissenschaftlers im Friseurmantel durch das Mikroskop, wie die Übergabe meiner Schlachtschiffe an den Oberbefehlshaber der deutschen Kriegsmarine. Ob auch das nur ein Spiel war, unter Stillgestanden und Erheben der rechten Hand mit Hunderten anderen zu sprechen, was einer uns vorsprach: „Ich schwöre bei Gott diesen heiligen Eid, daß ich dem Führer des Deutschen Reiches und Volkes, Adolf Hitler, dem Obersten Befehlshaber der Wehrmacht, unbedingten Gehorsam leisten und als tapferer Soldat bereit sein will, jederzeit für diesen Eid mein Leben einzusetzen."
Ich hätte ohne weiteres nur so tun können als ob, nur die Lippen bewegen, ohne ein einziges Wort laut auszusprechen, da standen genug andere neben mir, die das taten, aber es fiel mir nicht ein. Es fiel mir nicht ein, beim Passus „mein Leben einzusetzen" plötzlich hüsteln zu müssen oder wenigstens das Wort „Gott" auszulassen, das ich so oft am Altar sprach oder daheim im Gebet. Nicht der lächerlichste Betrug an meinem

Führer, dem ich stillschweigend zugestand, unbedingten Gehorsam von mir zu verlangen, fiel mir ein. Ich fragte mich auch kein einziges Mal, ob der Gott, bei dem ich diesen heiligen Eid schwur, jener Gott war, den *sie* meinten, der Gott der „Reichskirche" oder der „Romfreien katholischen Kirche", der Gott der „Deutschen Christen" und „Deutschen Glaubensbewegung" oder der Gott jener Floskeln, die überall als Aufputz verwendet wurden, wenn etwas besonders feierlich klingen sollte: „Gottvertrauen", „So Gott will", „So wahr mir Gott helfe". Oder ob im Augenblick, in dem ich seinen Namen aussprach, es nicht wirklich Gott war, an den ich glaube und dessen Zeugenschaft ich schon etliche Monate später mißbraucht habe, als ich an die Möglichkeit dachte, zu desertieren? Wenn auch nur spielerisch wie so oft und ohne jede Konsequenz.

Am 5. Oktober des gleichen Jahres war Franz erneut eingezogen worden, wie aus dem jüngst aufgefundenen Dokument aus Berlin hervorgeht, wieder zur 4. Kraftfahr-Ersatzabteilung, und diesmal nach Enns. Und schon am ersten Tag nach der Einkleidung exerzierte der „Scheißhaufen", wie der Hauptfeldwebel seine Ausbildungskompanie mit Vorliebe nannte, im Kasernenhof. Einzelausbildung vorerst ohne Gewehr, „Stillgestanden!", „Rührt euch!", „Ohne Tritt – marsch!", „Abteilung – marsch!" – „Linkes Bein wird leicht gekrümmt und mit gestreckter, etwas auswärts zeigender Fußspitze nach vorn geführt. Unterschenkel schnellt leicht vor, ohne daß das Knie gehoben wird. Durchgedrücktes Bein wird in einer Entfernung von etwa 80 cm aufgesetzt … Das Zeitmaß des Exerziermarsches beträgt 114 Schritte in der Minute. Straffe Körperhaltung, gehobene Kopfhaltung, gleich lange Schritte, gleichmäßiges Tempo, Mund zu, Kinn an die Binde!" Und dann „Links um!" und dann „Marsch, marsch!" – und der Mann läuft, so schnell er nur kann, bis zur Erschöpfung, bis der Uffz. ihm ein gnädiges „Halt!" nachruft. Nächste Woche das Gewehr, die „Braut des Soldaten", und wieder von „Stillgestanden!" bis „Marsch, marsch!" und „Hinlegen!" – „Rechtes Knie, linkes Knie, rechte Hand, linker Ellenbogen". Ihr rettet euer Leben, Soldaten, wenn ihr flink genug seid, vor den Kugeln des Feindes wie vor der Antipathie eures Vorgesetzten. „Ohne Achtung und Vertrauen vor ihm ist der soldatische Gehorsam nicht denkbar ..."

Wenn kein Vorgesetzter aufsässig war und ihm einen Sonderdienst aufbrummte, dann durfte Franz am Sonntag die heilige Messe besuchen, und er ging in die Basilika St. Laurenz, wo im Hochaltar die Reliquien christlicher Märtyrer aufbewahrt werden. Zu ihnen hatte auch der heilige Florian gehört, der höchste Zivilbeamte der römischen Randprovinz Ufernoricum zu Ende des 3. Jahrhunderts.

Kaiser Diokletian hatte in einem verzweifelten Kraftakt versucht, den Verfall des Römischen Reiches aufzuhalten, und geglaubt, dies unter anderem durch eine neuerliche Christenverfolgung erreichen zu können. Florian aber war ein eifriger Christ und gehörte zur Gemeinde Lauriacum, der Lagerstadt an der Enns, wo sich die Christen regelmäßig versammelten und die Eucharistie feierten. Kaum aber waren die neuen Erlässe herausgekommen, war es damit vorbei, und Florian wurde von seinem Vorgesetzten, dem Statthalter Aquilinus, entlassen und nach Cetium (St. Pölten) verbannt. Es wäre ein leichtes gewesen, dem Christentum öffentlich abzuschwören, um sein Amt zu behalten und insgeheim weiter Christ zu bleiben, aber das kam für ihn nicht in Frage.

Es wäre auch jetzt noch nicht schwer gewesen, in Cetium unterzutauchen und abzuwarten, kaum zehn Jahre später sollten die Verfolgungen wieder zu Ende sein. Aber er erfuhr von einem Schauprozeß in seiner Heimatstadt, an die vierzig Christen, die sich weigerten, den römischen Göttern zu opfern, wurden grausam gemartert, damit sie sich unterwarfen – und ihnen wollte Florian helfen. Er dürstete beileibe nicht nach dem Martyrium, wie schon so manchem Heiligen vorgeworfen wurde, er wollte weiter für seinen Herrn und seine Familie leben, dennoch ging er nach Lauriacum und warf seine ganze Autorität in die Waagschale. Leider vergeblich, er wurde selber verhaftet, und sein einstiger Vorgesetzter verlangte von ihm, den Göttern zu opfern. Als Florian sich weigerte, ließ Aquilinus ihn mit Knüppeln schlagen, und die Folterknechte brachen ihm dazu noch mit geschärften Eisenstangen die Schulterblätter – wie einst Christus gegeißelt und mit Dornen gekrönt worden war, bevor er nach Golgotha ging. Als Florian sich immer noch zu Christus bekannte, verurteilte ihn der wütende Statthalter zum Tode. Am 4. Mai 304 wurde er, einen schweren Stein um den Hals, von der Brücke in die Enns gestoßen und ertrank.

Franz hatte schon als Kind vom Schicksal des römischen Märtyrers gehört, der den meisten Menschen nur von dem dummen Spruch „Heiliger Florian, verschone unser Haus, zünd andre an“ bekannt war, und es hatte ihn schon damals tief berührt. Da war einer nicht nur für Gott und sein eigenes Seelenheil in den Tod gegangen, sondern auch für seine Mitmenschen – auch wenn der Versuch, sie zu retten, mißlungen war. „Keine Gottesliebe ohne Nächstenliebe!“ hatte Pfarrer Karobath von der Kanzel heruntergedonnert, um seine Gläubigen aufzufordern, einmal nicht nur für die Vergoldung der Holzstatuen in der Kirche zu spenden, sondern auch ein wenig über ihr kleines Dorf hinauszudenken. Leider mit wenig Erfolg, wie er dem Franz nach der Sammlung für ein wichtiges Missionsanliegen gestanden hatte. Auch dem römischen Heiligen war im Grunde nichts gelungen, die vierzig starben einer nach dem andern im Gefängnis dahin, aber er hatte ein Beispiel gegeben. Auch wenn es im Laufe der Jahrhunderte allmählich verblaßt war.

Und jetzt ging Franz auf dem Weg von der Kirche des heiligen Laurentius, eines anderen römischen Märtyrers, zur

Kaserne zurück. Einen Weg, den vielleicht auch dieser Florian gegangen war oder gekreuzt hatte, sicher aber einer der anderen vierzig. Zum ersten Mal seit Rom, daß Franz wieder eine solche Nähe spürte, was waren auch siebzehn Jahrhunderte für einen Stein, wenn Christen über ihm einander begegnen durften! Christen von damals und die von heute, die einen längst tot, eingegangen in das verheißene Paradies. Die andern, die alles noch vor sich hatten, was immer es sein mochte, und jetzt vor dem Kirchenportal herumstanden und lachten oder trübsinnig einander den neuesten Tratsch erzählten. Er fragte sich oft, wenn er Kirchgänger beobachtete, wie sie den heiligen Ort des Abendmahls verließen, warum so viele von ihnen gar so mieselsüchtig dreinsahen. So inbrünstig hatte ihr Gesang „Wie glücklich ist der Christ!" eben noch geklungen, und jetzt … Genügte es ihnen nicht, fragte er sich, daß Gott sich ihrer schon einmal in so außerordentlicher Weise erbarmt hatte, daß sie nur seine Lehren annehmen und danach leben mußten, um ewig glückselig zu werden? Sollte sich Christus noch ein zweites Mal für sie kreuzigen lassen, noch einmal für ihre Sündenschuld büßen? War ihnen der Himmel, anders als den ersten Christen, die oft betend und singend in den Tod gegangen waren, so fern? War Gottes Barmherzigkeit jetzt so viel geringer, daß sie glaubten, nichts mehr erhoffen zu dürfen? Oder war das Wunder der Auferstehung so belanglos für sie, daß sie noch auf andere Wunder warten mußten, um wirklich glauben zu können? Das Wunder des Friedens vielleicht, um den sie in der Kirche beteten und gegen den sie draußen so hartnäckig arbeiteten, opferten, einige von ihnen sogar ihr Leben hingaben, damit dieser Friede noch möglichst lange hinausgezögert werde? Denn wenn sie ihn wirklich wollten, hätten sie längst ihre Waffen niedergelegt, um nicht noch neue Kriegszüge zu unterstützen, um nicht noch in andere Länder einmarschieren, um nicht noch andere Völker zwingen zu müssen, sich unter das nationalsozialistische Joch zu beugen.

Oder spürten sie, daß da schon lange etwas nicht stimmte? Waren ihnen zweieinhalb Jahre Erfahrung mit den Nazis und ein Jahr mit dem Krieg schon zu viel, seit sie ihr Ja abgegeben hatten? Spürten sie, daß dieses Ja, das sicherlich von vielen recht zaghaft gegeben worden war, früher oder später endlich mit einem kräftigen Nein beantwortet werden sollte? Daß sie das nur nicht wagten, weil dann die Möglichkeit bestand, das Schicksal dieser Märtyrer könnte das ihre werden? Wie war es möglich, daß es Christen gab, die jedes noch so kurze, banale, greifbare Glück vorzogen, da sie immer noch dem versprochenen Paradies mißtrauten? Wo doch der Tod längst seinen Stachel verloren hatte, seit Christus am Kreuz gestorben war!

Auch der heilige Laurentius hier in der Ennser Kirche trug den eisernen Rost als Symbol seines Märtyrertums, wie jener daheim auf dem Glasfenster rechts über dem Hochaltar und in Rom in der Basilika San Lorenzo fuori le mura, wo er begraben lag. Franz hatte sich einmal beim Schmieden einen Finger verbrannt und versuchte sich die Qualen eines solchen glühenden Rosts auf dem gesamten Körper vorzustellen. Sicher hatten sich viele auch damals dieser Marter entzogen und lieber irgendwelchen Göttern geopfert. – Aber hätten nicht so viele andere die Qual und den Tod gewählt, wie sonst hätte die Kirche die ersten 300 Jahre Verfolgung überstehen können? Und hatte es nicht auch in jedem späteren Jahrhundert überall in der Welt Gründe genug gegeben, sein Leben für Christus zu opfern?

Die Kameraden in der Kaserne gehörten bestimmt nicht zu denen, die sich viele Gedanken um das Reich Gottes machten, und was mit ihnen hier geschah, war noch weniger dazu angetan. Kaum hatte Franz das Tor durchschritten, sah er sie schon in voller Ausrüstung, Stahlhelm, Gewehr, Tornister und Gasmaske, die Stiege herunterhasten und war auch gleich selbst mittendrin. Strafexerzieren, egal, ob

163

Sonntag oder nicht, ein paar fehlende Socken aus einem Spind waren Grund genug. Kameradendiebstahl, eines der schlimmsten Vergehen: „Soldaten sind Kameraden, Söhne einer großen Familie zum Schutz des Vaterlandes", stand neben dem Eingang zum Speisesaal geschrieben, nur mußte man den Kerl erst kriegen, und bevor der ganze Scheiß-haufen nicht auf wunden Knien über den Kasernenhof kroch ... „Alle für einen, einer für alle!"

Wenn sie wenigstens irgendwelche Interessen gehabt hätten, die das Ganze für sie ein bißchen erträglicher machten! Aber da gab es nur Kino, nur Tanzereien und das Bordell. Vielleicht hätten einige noch am Sonntag die Kirche besucht, wie sie es aus dem Heimatdorf gewohnt waren – aber ein paar spöttische Bemerkungen eines Vorgesetzten, wie Franz sie tagtäglich einstecken mußte, und sie wagten es schon nicht mehr. Da konnte der Mann noch so verhaßt sein und insgeheim verhöhnt werden, wie ein Feldwebel, von dem alle wußten, daß seine Frau ihn betrog – was sein Urteil über die Kirche betraf, galt er plötzlich als Autorität.

„Diese elende Menschenfurcht!", wie er in sein Heft schrieb, das er jetzt immer bei sich zu tragen versuchte. An der er selbst so gelitten hatte! Was waren doch diese Katho-liken für Feiglinge! Gar nicht wert, diesen Namen zu tragen! Da lebten sie dahin, nicht wie Gott ihnen befohlen hatte und wie es für sie am besten gewesen wäre! Nein, sie bemühten sich oft genau um das Gegenteil, nur um irgendwelchen Leuten, denen sie völlig gleichgültig waren, zu imponieren! Was mochte Gott von ihnen denken! Die harmlosesten Burschen führten sich auf wie Lebemänner, nur um nicht verachtet zu werden, und verleugneten ihr wirkliches, ihr religiöses Leben. Arme Menschen, aber auch Franz konnte ihnen nicht helfen.

Seit ich mich mit den sechs Monaten Militärdienst des Franz Jägerstätter beschäftige, frage ich mich, was diesen erklärten Feind des Nationalsozialismus dazu bringen konnte, der Einberufung ohne Widerstand Folge zu leisten. Das erste Mal nach Braunau, von wo er schon nach wenigen Tagen wieder zurück durfte, das zweite Mal nach Enns, wo er gehorsam alles lernte, was ihn dazu befähigen sollte, ein tüchtiger Soldat Adolf Hitlers zu sein.

Was hatte er sich davon erhofft? Ob dazu als Antwort genügt, daß er lieber Militärdienst ableistete, als die Parteibonzen seines Heimatdorfes um Hilfe anzurufen, damit sie ihn davon befreiten? Eine Hilfe, die er dann letztlich doch noch annahm? Ob dazu als Antwort genügt, was in dem schon erwähnten Dokument aus Berlin niedergeschrieben ist, daß er es damals noch als Sünde angesehen habe, den Befehlen des Staates nicht zu gehorchen? Ob das Militär für ihn wie auch für viele andere immer noch als das kleinere Übel galt, das man von der Partei säuberlich trennen konnte? Oder war es damals noch eine solche Selbstverständlichkeit, zu gehorchen, wenn das Militär rief, daß auch er sich dem nicht entzog? Oder gab es für Franz Jägerstätter ganz andere Gründe? Die meisten Bauern aus dieser Gegend hatten zugleich mit ihrem Einberufungsbescheid auch ein Freistellungsgesuch mitgebracht, und wenn sie nachweisen konnten, daß sie auf ihrem Hof dringend gebraucht wurden, durften sie wieder nach Hause – Franz hatte nichts bei sich. Das war schon im Frühjahr so gewesen, und er war damals nur durch einen glücklichen Zufall freigekommen. Jetzt, als Franz wieder kein Gesuch bei sich hatte, wurde er behalten – und das Merkwürdige war, daß er seine Frau bat, ein solches Gesuch erst dann zu besorgen, wenn er den Militärbetrieb kennengelernt hätte, wie er schrieb. Ob das bedeuten könnte, daß er zum Militär *wollte?*

Was aber erwartete er sich davon? Glaubte er, erst am eigenen Leib erfahren zu müssen, was man aus einem Menschen, und sei es der harmloseste, machen muß – und auch jederzeit machen kann –, wenn er von einem Feldherrn gebraucht wird, um Länder zu erobern, Städte zu verwüsten und deren Verteidiger erbarmungslos niederzumachen? Oder wollte er sich beweisen, daß auch eine Armee unter Adolf Hitler nicht schlimmer sein müsse als jede andere auch? Lebte da trotz gegenteiliger Erfahrungen immer noch die irrsinnige Hoffnung in ihm, daß die Welt doch nicht ganz so schlimm war? Eine Welt, in die immerhin drei heißgeliebte Jägerstätter-Kinder hineinwachsen mußten. Und mußte er in seinem Wahrheitsdrang alles das erst selber durchkosten, bevor er sich zu etwas entschließen konnte, das keine Halbheit sein durfte, das bis zur äußersten Konsequenz führen mußte, auch wenn er noch gar nicht wußte, welcher Art diese Konsequenz sein werde?

Er haßte nichts so sehr wie das Exerzieren, den Drill, der aus ihm eine Maschine und ihn jede Sekunde abhängig machen sollte von einem Befehl, der bestimmte, oft ganz unnatürliche Bewegungen auslöste – „Der rechte Fußballen drückt sich, während der rechte Hacken etwas angehoben wird, vom Boden ab" – bis der nächste Befehl kam, der ihm die nächste Bewegung aufzwang: „Daumen hinter dem Lauf oder dem Handschutz, die anderen Finger liegen ..." Er war also glücklich, wenn sie zum Exerzieren in die Au marschieren mußten, das waren natürliche Bewegungen, und dazu wurde gesungen, auch wenn die Texte oft widerlich waren: „Es zittern die morschen Knochen der Welt vor dem großen Krieg." Weitaus lieber ließ er sich irgendwelche Waffen und Geräte erklären, nahm sie auseinander und setzte sie bedächtig wieder zusammen, und der Kraftfahrkurs war für den versierten Motorradfahrer mit seiner technischen Begabung geradezu ein Vergnügen. Nur was das Scharfschießen in Steyr betrifft, könnte ich mir vorstellen, daß es ihn störte, daß nicht auf Ringscheiben geschossen wurde, sondern auf sogenannte Pappkameraden, auch wenn er darüber nichts schrieb. Daß er, wenn er so einen Helm ins Visier nahm, genau die Mitte zwischen den beiden Augen, knapp unter dem stählernen Rand, denken mußte: Das ist einer, der seine Heimat gegen Hitler verteidigt. Und darum soll er sterben?

Es gab auch andere Waffen, bei denen man Ähnliches denken mochte und deren Gebrauch sicher auch er üben mußte: für den Kampf Mann gegen Mann, den man damals leicht versucht war, ins Mittelalter zurückzuverweisen, zumindest in die Zeiten Napoleons. Wozu gab es ein MG 34 oder die 8,8-Flak, mit denen man sich den Feind vom Leibe hielt! Und sicher ist auch dem Franz einmal der Satz untergekommen: „Blanke Waffen oder Nahkampfwaffen wirken durch Stich, Stoß oder Schlag."

Und ich erinnere mich an den ROB-Lehrgang, den ich nach meiner Grundausbildung in Znaim absolvierte, nicht weil ich unbedingt Offizier werden, sondern weil ich noch möglichst lange nicht Frontkämpfer sein wollte, was mir immerhin noch fünf Monate gelang. Da war in unserer Stube ein Obergefreiter, einige Jahre älter als wir alle, und er war auch schon Jahre an der Front gewesen. Jetzt machte er die gleiche Ausbildung wie wir, um Offizier zu werden – oder wollte auch er ein paar Monate im Hinterland sein? Wir haben nie darüber gesprochen. Auf jeden Fall muß er ein tapferer Soldat gewesen sein, und wir waren stolz, daß wir ihn auf unserer Stube hatten. Er trug nicht umsonst das EK 1, das silberne Sturmabzeichen und die silberne Nahkampfspange. Keiner unserer Ausbildner, bis hinauf zum Bataillonskommandeur, war annähernd so hoch dekoriert, und die Hochachtung, die sie ihm entgegenbrachten, färbte sogar auf uns ein wenig ab. Dabei war er ein lieber Mensch, freundlich, ruhig und bescheiden, der nie renommierte und nur auf dringende Anfragen etwas „von draußen" erzählte, und auch dann eher belanglose Dinge. Am liebsten redete er von seiner Familie, er hatte eine nette Frau und drei Kinder, deren Fotos er immer bei sich trug, und wollte nach dem Krieg dort fortsetzen, wo er 1939 aufgehört hatte. Soweit ich mich erinnere, in einer kleinen Fabrik für irgendwelche technischen Geräte. Noch bemerkenswert war an ihm, daß er als einziger in unserer Stube einen kleine Radioapparat besaß und so oft wie möglich die Frontnachrichten hörte. Erbitterte Kämpfe um Aachen damals und die Einnahme von Metz durch General Patton, Beginn der deutschen Ardennenoffensive und ihr klägliches Ende, der Großangriff der Russen an der Weichsel. Mit unbewegtem Gesicht hörte er zu und achtete nicht auf unser Gerede, was das oder jenes bedeuten könnte. Ein vorsichtiges Gerede natürlich, schon die Andeutung, der Krieg könnte für Deutschland verloren sein, war gefährlich.

Ich habe mich bis dahin nie sonderlich für Orden und derlei interessiert, auch wenn man von Kriegsbeginn an dauernd mit Meldungen überschüttet wurde, welcher Jagdflieger oder U-Boot-Kommandant mit dem ersten Ritterkreuz, dem ersten Ritterkreuz mit Schwertern, dem ersten mit Schwertern, Eichenlaub und Diamanten dekoriert worden war. Seit aber der freundliche Obergefreite in unserer Stube lag, erwachte mein Interesse an seinen Ordensstücken denn doch, und ich war nicht der einzige. Und als uns einer erklärte, was es bedeutete, wenn ein Sturmabzeichen oder die Nahkampfspange bronze-, silber- oder goldfarben war, wuchs unsere Neugier noch mehr. Bis endlich sich einer ein Herz nahm, ihn darauf ansprach und mit der geschickten Frage, ob er wirklich dreißig Nahkampftage hinter sich gebracht habe, ihn aus der Reserve lockte. Und noch heute spür ich das Grauen, das mich damals, von Sekunde zu Sekunde mehr, erfaßte, wie diese leise, uns schon so vertraute Stimme zu reden begann – wenn auch nicht über das, wonach er gefragt worden war. Statt dessen vom Winter und dem in den Tanks erstarrten Dieselöl, das in stundenlanger Arbeit aufgetaut werden mußte, bevor die Fahrzeuge wieder in Bewegung kamen. Bis er, scheinbar ganz unvermittelt, bei den „Iwans" angelangt war, die sie – das Bataillon war nach stundenlanger

Artillerievorbereitung 80 oder 100 Meter vorangekommen und dann im gegnerischen Feuer steckengeblieben – in ihren Schneelöchern gefunden hatten. Erfroren, steif, wenn man die Ohren berührte oder die Finger unter den Handschuhen, sprangen sie ab wie Glas. Sie hatten sich des Nachts bis auf wenige Meter an die deutschen Stellungen herangearbeitet, dort eingegraben und, niemand wußte recht, warum, den ganzen Tag über und dann noch die folgende Nacht regungslos gewartet – bis sie im Morgengrauen überraschend auftauchten und sich auf ihre Gegner stürzten. Wenn sie nicht schon vorher erfroren waren, der stillste Tod, den sich einer denken kann, wie er sagte.

Und einer von denen, die übriggeblieben waren, war seiner gewesen. „Meiner", wie er wiederholte, „von der vergangenen Nacht," als wollte er den Höhepunkt seiner Geschichte noch hinauszögern. „Der war nicht erfroren", setzte er hinzu, „der war noch ganz frisch und munter." Und jedesmal, wenn mir die Erinnerung daran kommt, kommt auch das Entsetzen von damals wieder zurück, und ich versuche nachzuvollziehen, was er für einen Weg gegangen sein muß von dem zärtlichen Liebhaber, den ich einmal insgeheim beobachtet habe, wie er das abgegriffene Foto seiner Frau küßte, bis zu dem Soldaten, der seinem sich über ihn stürzenden Feind das Seitengewehr in den Bauch rammte – „Nahkampfwaffen wirken durch Stich, Stoß oder Schlag" –, Stich um Stich, so daß mit dem Schreien des Sterbenden das Blut ruckartig hervorquoll und über ihn strömte, über sein Gesicht, über den Mantel, die Hände. Der liebevolle, zärtliche Vater, der mitten in unser betroffenes Schweigen hinein – zynisch oder innerlich längst gestorben, ich weiß es bis heute nicht – sagte: „Es war ekelhaft, klebrig, aber es war angenehm warm. Bei 35 Grad minus!"

Jetzt glaubten wir zu wissen, warum er im Schlaf so oft schrie und die ganze Stube weckte, unartikuliert, man verstand kein Wort, als wäre er ängstlich darauf bedacht, nichts von dem zu verraten, was er wirklich empfand. Bis einer ihn endlich wachrüttelte, worauf er um Entschuldigung bat, daß er uns gestört hatte.

*

Die Stubenkameraden waren im Kino oder in einem Wirtshaus, Franz Jägerstätter saß vor seinem Stockbett und schrieb. Er merkte sich besser, was er einmal niedergeschrieben hatte, und jeder Soldat sollte es auswendig können.

„Die Pflichten des deutschen Soldaten",

schrieb er und unterstrich es zweimal.

„1. Die Wehrmacht ist der Waffenträger des deutschen Volkes. Sie schützt das Deutsche Reich und Vaterland, das im Nationalsozialismus geeinte Volk und seinen Lebensraum. Die Wurzeln ihrer Kraft liegen in einer ruhmreichen Vergangenheit, im deutschen Volkstum, deutscher Erde ..."

Er wollte es einfach abschreiben, Satz für Satz, wie ein Schüler seine Strafarbeit, aber es gelang ihm nicht. Immer kamen ihm die eigenen Gedanken dazwischen. „Das ist doch alles Quatsch", hatte gestern einer gesagt und das Heft mit dem Text wütend in eine Ecke gepfeffert. Eine gefährliche Bemerkung, aber als Antwort war nicht mehr gekommen als ein bißchen Hohn: „Weil er sich's halt nicht merken kann!" Auch der Franz war auf der Seite des Mannes gewesen, lauter schöne Worte, kreuz und quer durcheinandergewürfelt, Vaterland, Volkstum und Lebensraum, Erde und Tugend, Treue und natürlich deutsch, deutsch, deutsch, in allen Versionen und Zusammensetzungen. Dann die Phrasen von der Soldatenehre, der Ritterlichkeit, dem unantastbaren Verhalten des deutschen Soldaten, auch seinem Gegner gegenüber. Es mochte ein Wunschtraum sein, die Männer zu so einem Ideal zu erziehen, „selbstbewußt und doch bescheiden, auf-

170

recht und treu, gottesfürchtig und wahrhaft, verschwiegen und unbestechlich". Aber wie war das in der Realität? Was würde Hitler mit solchen Idealgestalten, gegen die nicht einmal die Kirche etwas einzuwenden gehabt hätte, überhaupt anfangen? Hatte er nicht etwas ganz anderes im Sinn, so wie er seinen Krieg führte? Erst knapp vor der Einberufung hatte Franz wieder das haßerfüllte Gebrüll aus dem Radioapparat hören müssen. Umjubelt von Tausenden Jasagern hatte er seine Pläne enthüllt: die englische Wirtschaft total zu zerschlagen, die englischen Städte „auszuradieren", die gesamte Bevölkerung so zu demoralisieren, daß sie und ihre Regierung endlich nachgaben und sich seinem Diktat unterwarfen. Wenige Tage später hatten die massivsten Luftangriffe dieses Krieges auf London und seine Umgebung begonnen, und vor zwei Wochen war die Stadt Coventry des Nachts von Bombenteppichen zugedeckt worden, so brutal, daß das Wort „Coventrieren" für Vernichten rasch zum geflügelten Wort wurde.

Aber was wäre geschehen, wenn so ideale, „aufrechte, gottesfürchtige und unbestechliche" Piloten, statt ihre Bomben auf Wohnhäuser, Schulen und Kindergärten abzuladen, versucht hätten, zu verwirklichen, was dem Franz da eben in den „Pflichten des deutschen Soldaten" untergekommen war: „Er darf niemals vergessen, daß der Krieg nicht gegen die friedliche Zivilbevölkerung geführt wird." Nein, solche Soldaten konnte der Führer nicht brauchen, die gehörten eher an die Wand gestellt!

> *„2. Die Ehre des Soldaten liegt im bedingungslosen*
> *Einsatz seiner Person für Volk und Vaterland bis zur*
> *Opferung seines Lebens ..."*

Und überall das Vaterland, das man verteidigen sollte, und er fand kein Vaterland, das seines Schutzes bedurft hätte – abgesehen von Österreich, aber das hatte ja niemand verteidigt. Immer waren nur andere Vaterländer angegriffen

worden, vor einem Jahr Polen und in diesem Frühjahr Däne-
mark und Norwegen, wegen der Erzlieferungen und des
Schweren Wassers, von dem alle redeten und niemand
wußte, was das eigentlich war und wozu man es brauchte. Die
nächsten Vaterländer waren Holland gewesen und Belgien
und Luxemburg, und wenn das mit Mussolinis dummer
Aggressionspolitik in Albanien und Griechenland so weitergehen sollte, dann mußte Hitler eingreifen, und es kämen
zwei weitere Vaterländer dazu, die zu verteidigen waren.
Und daheim in St. Radegund gab es welche, die allen Ernstes
behaupteten, sie müßten in den Krieg gehen, um ihr Vaterland zu verteidigen! Und wenn Franz sie fragte: Wer hat die
Deutschen angegriffen? Wer? – dann zuckten sie nur die
Achseln oder sagten höchstens: Wart ab! Sie werden noch
alle über uns herfallen. Es war zum Verrücktwerden!

Und je mehr er in diesem Heft las und niederschrieb, um
es sich endlich zu merken, desto klarer wurde ihm, daß all die
schönen Worte, die nichts waren als Verkleidungen eines
einzigen Begriffs, der das Allerwichtigste im Leben des
Soldaten bezeichnete: Gehorsam, blinder, gedankenloser,
unkritischer Gehorsam. Treue war gleich Gehorsam, Ehre
war gleich Gehorsam, wer anständig war, der war gehorsam,
wer tugendhaft war, war gehorsam, wer gottesfürchtig war,
der gehorchte, wer pflichtbewußt war, der gehorchte, wer
heimattreu war, der gehorchte, wer seinem Führer vertraute,
gehorchte, wer sein Vaterland liebte, gehorchte. Die edelsten
Tugenden, die man einem Menschen zuschreiben kann,
wurden herangezogen, um den durch körperlichen Drill zu
Kampfmaschinen reduzierten Menschen auch die Gehirne
zu benebeln, und sie gipfelten in diesem alleredelsten Begriff.
Das war der Sinn dieser Erziehung, daß der Mann in jeder
Situation gehorchte, auch dort, wo es ihm widersinnig, gefährlich, ja zum Schaden des gemeinsamen Unternehmens
erscheinen mochte. Bis er zu jenem Punkt gelangte, an dem
die Unterscheidung von sinnvoll oder sinnlos, positiv oder

negativ, von gut oder böse keine Bedeutung mehr hatte, ja gar nicht mehr möglich war. Sinnvoll, positiv oder gut war für den deutschen nationalsozialistischen Soldaten nur noch, was befohlen wurde, der Befehl bekam damit eine Qualität, weit über jedes logische Denken hinaus: Du gehorchst nicht, weil dir der Inhalt des Befehls einsichtig ist, sondern weil es ein Befehl ist, der aus dem Mund eines Befehlenden kommt, über ein bestimmtes Handzeichen oder die Schrift eines Morseapparats. Ein solcher Befehl hat den Charakter einer göttlichen Macht, die Angst und Schauder erweckt und zugleich Vertrauen, da du ja in ihrem Dienst stehst.

Und wenn einer dich fragen sollte: Welches Vaterland hast du angegriffen? oder: Welches Vaterland hast du verteidigt? – dann wirst du schweigen. Nicht weil du ein schlechtes Gewissen haben müßtest, so etwas gibt es für deinesgleichen nicht mehr, sondern weil du weißt, daß einer, der so fragt, noch nicht reif ist, um zu verstehen, daß es da im Grunde keinen Unterschied gibt. Da gibt es nur zweierlei: einem Befehl gehorchen oder ihn verweigern. Dem Befehl zu gehorchen aber, „mit freudigem, kämpferischem Mut", das hebt dich himmelweit über solche Spitzfindigkeiten hinaus. Und da ist es auch völlig gleichgültig, ob dieser Befehl von einem Feldwebel kommt, der dich schikaniert, wie du glaubst, obwohl seine „Schikanen" letztlich auch nur im Dienst eines Systems stehen, das dich dorthin gebracht hat, wo du jetzt bist oder bald sein wirst. Da ist es gleichgültig, ob dieser Befehl von einem kommt, den du vielleicht haßt oder dessen Partei du ablehnst. Ihr alle, vom Oberbefehlshaber der Wehrmacht bis hinunter zu dir, seid der Polarität von Befehl und Gehorsam unterworfen: Du gehorchst dem Befehl, und sie gehorchen, indem sie befehlen. In Treue, in Ehre, in Vaterlandsliebe, im Vertrauen auf Gott und mit bestem Gewissen, eingebunden wie unschuldige Kinder in ihre Windeln.

Und dieses System funktionierte deshalb so perfekt, weil

es sich in raffinierter Weise jener „Menschenfurcht" bediente, der fast jeder unterworfen ist und die Franz Jägerstätter seit seiner Jugend zu bekämpfen suchte. Dieser psychische Defekt, diese Ansammlung von Unsicherheiten und Ängsten allem gegenüber, was als anders, als fremd und gefährlich empfunden wird, auch in der unbedeutendsten Person, wird hier zur Tugend erhoben. Zwar sagt der Vorgesetzte: Hab Furcht vor mir! – aber das ist dann nicht deine Schwäche, sondern dein höchster Wert, denn deine Furcht ist ja nicht die vor der bösen Zunge oder der spöttisch hochgezogenen Braue irgendwelcher Idioten, die dein Anderssein, deinen Glauben, deine fremdartigen Gewohnheiten ablehnen und dich unsicher machen. Deine Furcht vor mir entspringt einzig dem Eifer, den Befehl auszuführen, dessen Überbringer ich bin, und das verdient nur allerhöchstes Lob. Mir gegenüber wirst du deine Furcht nie als Schmach oder als Feigheit empfinden, und sogar den Katalog von Strafen für ein Nichtbefolgen eines Befehls wirst du als Akt der Gerechtigkeit akzeptieren. Und so wird der deutsche Soldat, je besser er als Soldat ist, seinem Vorgesetzten, dem personifizierten Befehl gegenüber „im Bewußtsein freudig erfüllter Pflicht" alles, was er sonst tun möchte oder tun sollte, was in ihm an Vorlieben, an Wünschen, an Sehnsüchten lebt, was er glaubt, tun zu müssen, weil es seiner Persönlichkeit entspricht, weil er es als Willen Gottes in sich erkannt und akzeptiert hat, gerade nicht tun – alles *was er ist, wird er nicht mehr sein.* Er wird nur noch das Geschöpf seines Vorgesetzten sein, einer ganzen Hierarchie von Vorgesetzten bis hinauf zum Obersten Befehlshaber, denen er sich gläubig und ohne Furcht anvertrauen wird wie der Wassertropfen dem Meer.

„3. Höchste Soldatentugend ist der kämpferische
Mut. Er fordert Härte und Entschlossenheit.
Feigheit ist schimpflich, Zaudern unsoldatisch ..."

„Stimmt!" – hörte er eine Stimme an seinem Ohr, es war
der Mann, der unlängst das Heft in die Ecke gefeuert hatte.
„Ganz unsoldatisch. Sonst wärst du mit uns gegangen.
Kampfgemeinschaft erfordert Kameradschaft. Oder wie
heißt der Stuß?"

Allgemeines Gelächter. Die Stubenbelegschaft war heimgekommen, weder so nüchtern, wie das Heeresverordnungs-
blatt es forderte, noch in entsprechender Zucht und Sitte.
Franz schob schweigend die Blätter zusammen und ging zu
seinem Bett.

„Dabei is' die Resi so scharf auf dich. Du gfallst ihr."

„Ja, ganz narrisch war's, wie's dein Bild gsehn hat."

Franz fuhr auf und hätte sich beinahe an der oberen
Kante des Stockbetts den Kopf angeschlagen. Aber der Übel-
täter war rasch bei ihm und drückte ihm das Soldbuch in die
Hand. „Is' scho gut. War a Blödsinn von mir", flüsterte er
ihm zu.

„Is' aber nix passiert, dem Franzi. War'n alle Damen sehr
nett zu ihm", spöttelte noch einer, dann gaben sie Ruhe und
verzogen sich. Vielleicht fürchteten sie auch Jägerstätters
Fäuste. Aber er hielt sich zurück, obwohl es ihm nicht leichtfiel. Er klappte das Soldbuch auf, es war tatsächlich seines,
und sah auf das Foto. Kein besonderes Foto, aber für den
Barras genügte es.

Unwillkürlich hörte er Franziskas Stimme: „Schön!" Aber
damals war es um ein ganz anderes Foto gegangen. Vor zwei
Jahren, als Hitler die Kirchensteuer eingeführt hatte, eine der
Maßnahmen, um die Kirche Österreichs zu ruinieren, hatte
Franz sich sofort zur Verfügung gestellt, die Beiträge einzu-
sammeln. Aber dazu brauchte er einen Ausweis mit Bild –
und da hatte Fanny dieses „Schön!" ausgerufen, als er vom

175

Fotografen heimgekommen war, und gleich eine Kopie an sich genommen. „Da gfallst mir wirklich." Und wenn er sich vorstellte, daß dieses Foto unter den Damen herumgereicht worden wäre, vielleicht zur gleichen Zeit, da Fanny das ihre daheim zur Hand genommen hatte – er blickte zu seinem Nachbarn hinüber, der ihm Verzeihung heischend zublinzelte. Ein unangenehmer Kerl, und doch nicht so ganz. Immer wieder machte er Bemerkungen, als wollte er Franz etwas Bestimmtes signalisieren. Aber was?

*

Am 6. Dezember war die Grundausbildung des Kraftfahrers Franz Jägerstätter in Enns abgeschlossen, wie aus dem jüngst aufgefundenen Dokument hervorgeht, das mit der Floskel „Im Namen des Deutschen Volkes" überschrieben ist. Er wurde zur 100. Infanteriedivision nach Obernberg am Inn versetzt.

Das war wenigstens eine Abwechslung, Obernberg lag nicht allzuweit von St. Radegund entfernt, und zu Weihnachten gab es sogar einen kurzen Urlaub. Dafür hieß es wieder Rekrut sein, denn trotz der Motorrad- und Kraftfahrausbildung war Franz plötzlich einer bespannten Abteilung zugewiesen worden und hatte einen Wagen und ein Paar Pferde zu übernehmen. Der Grund war jedem Einsichtigen unklar, und etliche, die das gleiche Schicksal ereilt hatte, trösteten sich mit dem gebräuchlichen Spruch: „Nicht ärgern, nur wundern."

Franz allerdings hatte den Verdacht, daß das, zumindest was ihn betraf, nichts als eine Schikane des neuen Hauptfeldwebels war. Ein Mann wie Franz Jägerstätter, der jede Möglichkeit wahrnahm, in eine Kirche zu gehen, und im Gegensatz zu den andern offen und stolz seinen Glauben bekannte, war diesem Kerl offenbar nicht wert, bequem im Lkw oder auf der Beiwagenmaschine durch die Gegend zu fahren. Noch dazu einer, der die enervierende Eigenschaft besaß, so sehr man ihn auch ärgerte, nicht zu zeigen, wie es ihn traf. Im Gegenteil, er nahm es als Übung in christlicher Demut, was den Spieß, der das natürlich nicht begriff, erst recht in Wut brachte. Dazu kam, daß Franz, auch wenn es am Leherbauerhof als Zugtiere bestenfalls Ochsen gab, dennoch eine ganze Menge von Pferden und Wagen verstand und damit trotz aller Bescheidenheit nicht immer hinter dem Berg hielt. Er sprang sogar manchmal mit Ratschlägen ein, wenn die Kenntnisse und die pädagogischen Fähigkeiten der Herren Reit- und Fahrlehrer zu wünschen übrigließen. Und daß der Kompaniechef nichts dagegen einzuwenden hatte, da es ja um die Sache ging, wie er betonte, ärgerte Jägerstätters Gegner ganz besonders. So gab es bald einen dauernden Kleinkrieg um Fragen der Pferdepflege oder der „deutschen Fahrlehre", der natürlich dem Höhepunkt zutrieb, wenn der Sonntag näherkam, an dem Franz und unter seinem Einfluß hin und wieder auch ein zweiter oder dritter zur heiligen Messe wollten. Ein Kleinkrieg, den er aber nur selten gewann.

Die beiden ihm anvertrauten Tiere trösteten ihn ein wenig darüber, auch wenn das Leben mit ihnen um einiges anstrengender verlief als mit einem Motorfahrzeug. Er liebte die Nächte mit ihnen im warmen Stall, die ihn an daheim erinnerten – was für ihn selbstverständliche Fürsorge war, mußte allerdings auf seine Gegner wie blanker Hohn wirken, als eines Tages mit der Reichspost ein Sack Hafer geliefert wurde, der für die vom Futtermeister sträflich vernachlässigten Tiere bestimmt war. Absender: Franziska Jägerstätter aus St. Radegund.

Die Sendung war noch zur rechten Zeit angekommen, am nächsten Tag ging es los, als wäre Alarm. Aufpacken, anspannen und dann Richtung Osten ins Waldviertel. Eine Marschübung? War das Infanteriegerät auf den Wagen nur Trainingsballast, oder sollte es tatsächlich irgendwo abge-

177

liefert werden? Es waren harte Tage und Wochen, durch Schnee und eisige Kälte, dann wieder über schlammige Straßen, daß die Soldaten abspringen und in die Speichenräder greifen mußten. 30, 40, 45 Kilometer pro Tag in Richtung Niederösterreich, und dann, oft schon tief in der Nacht, abspannen und die Pferde versorgen, rasch etwas essen und ins feuchte Heu.

Ob das ein Härtetest für einen bevorstehenden Ernstfall sein sollte? Ob das, was sie geladen hatten, für ihre eigene Bewaffnung bestimmt war? Am schlechtesten bestanden die Pferde den Test, sie waren schon nach wenigen Tagen in einem erbärmlichen Zustand, und Franz war wütend, wie sie behandelt wurden.

Er selbst war kräftig genug, durchzuhalten, auch wenn er erst vor kurzer Zeit eine schwere Darminfektion überstanden hatte, es machte ihm sogar Freude, sich körperlich fordern zu lassen. Nur den leidigen Kampf um die eine Stunde für die Messe am Sonntag, den gab es noch immer. Da wollten sie einem einreden, es gäbe Religionsfreiheit in ihrem Reich und jeder dürfe seiner Gewissenspflicht ohne Einschränkung nachkommen! Aber kaum kamen die Herrschaften mit den Silberlitzen an den Schulterklappen in die Nähe einer Kirche, kaum war der Sonntag im Anzug, benahmen sie sich wie die Teufel. Wo war die Instanz, an die man sich wenden konnte, um sein Recht zu erhalten? Der man sagen konnte: Ich habe Beweise dafür, daß dieser Hauptfeldwebel mich schon drei Sonntage hintereinander zum Stalldienst eingeteilt hat, nur um zu verhindern, daß ich zur Messe gehe! Ich kann beweisen, daß die und die noch kein einziges Mal dran waren, obwohl sie nichts zu tun hatten an diesen Sonntagen als Karten zu spielen oder zu schlafen. Warum greift nicht einmal der Herr Oberleutnant ein, statt sich darauf auszureden, daß das nicht in seine Kompetenz fällt? Waren die Kreaturen also stärker als der Kompaniechef! Denn hinter ihnen stand die Partei, und wenn sie sich auch sonst keinen

Deut um diese Partei scherten, sobald es gegen die Kirche ging, waren sie Verbündete. Was für die Bonzen der Haß gegen das artfeindliche Christentum, gegen Jesus, den Juden, den Feigling, war, der sich ans Kreuz hatte schlagen lassen, statt um sein Leben zu kämpfen wie ein germanischer Held, das war für sie der Haß auf den, der ihnen demonstrierte, daß es noch etwas anderes gab als Fressen und Saufen und Herumhuren. Der ihnen prophezeit hatte, daß es auch für sie ein Gericht geben werde, wenn sie nicht ihr Leben von Grund auf änderten. Wie viele Gründe es doch gab, Christus hassen zu müssen!

Und zu diesen Kreaturen, die ihrer Bosheit freien Lauf ließen, stieß noch die Masse der Teilnahmslosen, der Abgestumpften, die an nichts glaubten und also durch all diese ihnen vorgekauten dummen Phrasen leicht zu verführen waren. Sie alle fügten sich ganz natürlich in den umfassenden teuflischen Plan ein, mit dem Endziel, die Kirche zu vernichten. Und dazu gehörte auch das winzige Geschehnis, daß ein Franz Jägerstätter am Sonntag nicht zur heiligen Messe gehen durfte und daran leiden mußte wie ein Hund, ebenso wie das Faktum, daß im vergangenen Januar das Augustiner-Chorherrenstift St. Florian von der Gauleitung Oberdonau besetzt worden war. Da paßte alles wunderbar zusammen!

„Und als nächstes kommen die dran", hörte er plötzlich ganz nah neben sich, und das war der, der damals das Heft mit den „Pflichten des deutschen Soldaten" in die Ecke geschleudert hatte. Er marschierte schon eine ganze Weile neben ihm, aber was er jetzt gesagt hatte, erschreckte den Franz. Konnte der Kerl Gedanken lesen? Er deutete mit einer Kopfbewegung auf das langgestreckte Gebäude über dem Ort, durch den sie gerade marschierten. Die Benediktinerabtei Kremsmünster. „Kann eine schöne Ordensburg werden."

„Ordensburg?" fragte Franz zurückhaltend. Immer wieder machte der Kerl sich an ihn heran und ließ seine Bemerkungen fallen, und die waren nicht ungefährlich. Erst gestern hatte er erzählt, daß er aus Mauthausen komme und daß dort allerlei Neues gebaut werde, und der lauernden Art nach, wie er es sagte, konnte sich das doch nur auf das Lager beziehen, von dem Franz schon vor einem Jahr gehört hatte.

„Ja, Ordensburg", wiederholte der Kerl. „Für edelrassige junge Männer. Denen sie die Schädel vermessen. Ob sie würdig sind, an der Beherrschung der Welt teilzuhaben."

Er sprach auch ganz anders, wenn er mit Franz allein beisammen war, richtiges Hochdeutsch.

„Ich weiß nichts davon", sagte Franz abweisend. Er war bestimmt kein Feigling und haßte es, sich zu verstellen. Wenn er etwas wußte, gab er es zu. Aber mit dem Mann war irgend etwas nicht in Ordnung. Knapp vor seiner Einberufung war Franz noch einmal mit Pfarrer Karobath in Wolfern zusammengetroffen, wo dieser nach seiner Haft in der Verbannung lebte. Durch ihn hatte er erfahren, daß jetzt viele Priester vor Lockspitzeln der Gestapo Angst hätten. Die kamen zu ihnen in die Kanzlei oder gleich in den Beichtstuhl, scheinbar ganz harmlos, um irgendeine Glaubensfrage zu erörtern, wie sie sagten. Und dann war plötzlich etwas Politisches darunter, und wenn der arme Priester offen sagte, was er darüber dachte, und das paßte den Nazis nicht in den Kram, dann hieß es gleich Verhetzung, Anstiftung zum Aufruhr, zum Hochverrat, und ein paar Monate Gefängnis waren das mindeste.

Plötzlich schreckte er aus dem Schlaf hoch und wußte erst gar nicht, wo er war, bis er das kratzende Heu im Nacken spürte. Er hörte das Stampfen von Pferdehufen und das Klirren einer Kette, er hörte aber vor allem den Satz: „Warum bin ich eigentlich hier?" Es war, als hinge der Satz schon lange im Raum – konnte man so laut denken?

„Warum bin ich eigentlich hier?" Ein Gedanke, der alles beherrschte, dennoch tauchte die Erinnerung an den vergangenen Abend wieder auf: Der Bauer, bei dem sie einquartiert waren, und die Geschichten, die er erzählt hatte, froh, eine Ansprache zu haben, wie er sagte. Die Herren vom Militär, die halt ganz etwas anderes seien als die Parteibonzen im Dorf, die nur auf ihren fetten Ärschen an der Heimatfront saßen, Lebensmittelkarten verteilten und was übrigblieb, selber einsteckten. Und dann plötzlich das grinsende Gesicht hinter der Futterraufe, der Kerl aus Mauthausen, der schon die ganze Zeit zugehört haben mußte, und Franz, der den Bauern nicht rechtzeitig vor ihm warnen konnte. Nicht einmal zuzwinkern konnte er ihm, als dieser auch noch von Ybbs zu reden begann und alles für ihn nur noch schlimmer werden mußte, wenn der Mann ein Spitzel war. Dort drüben in Ybbs, wo es diese Irrenanstalt gab, wie der Bauer erzählte, deren Insassen die Nazis beiseite schafften. Ganz systematisch.

„Beiseite schaffen?" fragte Franz entsetzt, und vom Moment des Begreifens an konnte er sich nur noch an Bruchstücke erinnern – auch wenn sie leicht zu ergänzen waren. „Ausmerzung unwerten Lebens" – ein Satz, den er noch nie gehört hatte, aber der Bauer nickte, als der aus Mauthausen ihn sagte. „Kinder – Erwachsene – Geisteskranke, mehrere tausend schon – und im ganzen Reich – für die Angehörigen eine Urne mit Begleitbrief – Beileid – Lungenentzündung. Kostet doch Geld, sie leben zu lassen!" Und wie sich die beiden gegenseitig ergänzten! Ob sie einander kannten? Von früher? „Perfekte Maschinerie – und das Allerneueste: Zyklon B – Schädlingsbekämpfung ..." Ob das der Jägerstätter daheim noch nie verwendet hatte?

Jetzt waren die beiden fort, und der aus Mauthausen war gar keine Gefahr für ihn gewesen, kein Lockspitzel für Karobath und die andern. Sie waren noch lange im Heu beisammengesessen und hatten Erfahrungen ausgetauscht, grauenvolle Erfahrungen, die der Franz nicht mehr aus dem Kopf bekam. „Arbeit macht frei", hatte er noch in den Schlaf mitgenommen, das stand über dem Eingang des Lagers geschrieben, aus dem die Gefangenen jeden Morgen zur Arbeit im Steinbruch marschierten in ihren gestreiften Schlafanzügen. „Ja, die Morgenfrühe, das ist unsere Zeit", mußten sie dazu singen. Und am Abend schleppten sie sich wieder zurück, und wenn einer nicht mehr weiterkonnte, dann knallte es aus einer Pistole, und dann roch es manchmal ganz seltsam aus einem der Öfen. Vielleicht waren es auch hier schon einige tausend, und der Krieg war noch lange nicht zu Ende.

Und jetzt lag er mit schmerzendem Schädel allein, und da war immer noch die bohrende Frage: „Warum bin ich eigentlich hier?" Und morgen hieß es weitermarschieren und Körper und Geist und Tapferkeit und Moral und Gottesfurcht bis zur Aufgabe des Lebens einsetzen. „Laßt's euch halt ausbilden, ist ja gesund", hatten sie daheim tröstend gesagt. „Inzwischen ist der Krieg längst vorüber." Ja, Schmarrn, der fing jetzt erst richtig an! Seit ein paar Tagen gab es ein „Deutsches Afrikakorps" mit einem General Rommel, weil die Italiener nichts taugten, und ob der Hitler zulassen würde, daß sich die Engländer in Griechenland und auf Kreta festgesetzt hatten, um Deutschland vom Süden her anzugreifen? „Warum bin ich eigentlich immer noch hier?" Weil Hitler Soldaten braucht und von Jahr zu Jahr mehr? Und weil auch der Jägerstätter einer von ihnen ist? Ein bestens geschulter Mann, auf dem Krad und im Lkw, und wenn es sein muß, kann er, wie in Steyr auf die Pappkameraden, auch auf lebendige Menschen schießen, er hat auch das Töten gründlich gelernt.

Und immer noch dröhnte es in seinem Schädel, und immer noch hörte er „Euthanasie" und „Arbeit macht frei", immer noch spürte er bis tief in die Lungen den ekligsüßlichen Geruch aus dem Ofen. Er versuchte zu beten, er sagte: Herr, wenn ich von den 60 Jahren, die ein Mann heut im Durchschnitt zu leben hat, diese sechs Monate auch weggeworfen haben sollte, dann mach, daß sie mir am Ende bei der großen Abrechnung nicht fehlen! Aber wenn du mich fragst, wie der Mann, der in die Fremde wollte: Was hast du mit deinem Talent getan, beim Morgensport, beim Geräte-reinigen, beim stumpfsinnigen Dahintrotten auf der Land-straße? – dann darf ich dir wenigstens sagen: Ich weiß jetzt, weshalb ich hier war – und ich weiß, weshalb ich nie wieder hier sein werde, keinen Tag meines Lebens mehr. Es ist ein ganz einfacher Gedanke, aber ein einfacher Mensch wie ich braucht eben so lange dazu: Man kann diese beiden nicht trennen, sie gehören zusammen, die Mörder und jene, die die Mörder mit ihren Waffen schützen, damit sie weiter ihr Geschäft treiben können. Das weiß ich jetzt, auch wenn der Autor, der ein Buch über mich schreiben wird, erst viele Jahre später einen Satz zu Gesicht bekommt: Der deutsche Soldat von heute ist nicht irgendein Soldat wie der jedes andern Landes. Er braucht seine Waffe und die nationalsozialistische Weltanschauung, um zu siegen, so wie seine Vorgänger mit der Losung „Schwert und Bibel" gekämpft haben. Das habe ich in diesen langen sechs Monaten erfahren, und ich weiß jetzt auch, daß ich nicht Soldat Christi sein kann, der für den Sieg seiner Kirche kämpft und zur gleichen Zeit als Soldat des Nationalsozialismus für dessen Sieg sein Leben einsetzt. Und das ist so einfach, daß ich nie verstehen werde, daß es Menschen gibt, die das nicht begreifen können. Vielleicht wird es später einmal solche geben, und vielleicht werden einige den Mut haben, dafür auch einzustehen.

Nein, das stimmt nicht, es gibt sie bereits. Es gibt die da oben, und sie begreifen es besser als alle. Sie werden in ihr Urteil hineinschreiben, Franz Jägerstätter habe gesagt, „es gäbe Dinge, wo man Gott mehr gehorchen müsse als den Menschen". Und sie werden ihn dafür töten.

Sechshundertneunzig Tage
Einsamkeit

Wieder eine Nacht, die Franz Jägerstätter im eigenen Bett verbringen durfte, sicher vor den brüllenden Stimmen, die ihn jederzeit aus dem Schlaf reißen konnten, sicher vor dem Hohn, der seinem Glauben galt und seiner Weigerung, mit ins Bordell zu gehen. Sicher vor der Angst, doch noch ein willenloses Werkzeug seines Todfeindes zu werden. Neben ihm atmete seine Frau, und er spürte noch die weichen, runden Arme der Kinder vom abendlichen Abschied. Er wußte draußen den Wald und die Felder.

Jeder, der lange fort war, im Krieg oder auch nur in einem Spital, empfindet das Wiedereintauchen ins Vertraute als paradiesischen Zustand. Aber ganz so gelöst wird Franz Jägerstätter nicht gewesen, die Spannungen der letzten Wochen werden wohl nicht so ganz von ihm abgefallen sein. Er war als ein anderer zurückgekommen als der, der der Einberufung gefolgt war, und auch in St. Radegund hatte sich manches verändert. Pfarrer Karobath war schon lang nicht mehr da, und wenn man eine Frage an ihn richten wollte, mußte man viele Kilometer weit fahren. An den neuen Pfarrer, Vikar Ferdinand Fürthauer, mußte er sich erst gewöhnen, und viele Radegunder waren schon beim Militär oder gar an der Front.

Drei Tage vor seiner vorläufigen Entlassung in die Heimat – er wurde auf dem Hof dringend gebraucht – hatten die Deutschen Jugoslawien angegriffen, Ende April hatte Griechenland kapituliert, das Großdeutsche Reich wurde immer größer. Nur 18 Tage hatte die Eroberung der beiden Länder gedauert und nur 250 Gefallene gekostet – was für ein glänzender Beweis für den Ausbildungsstand des deutschen Heeres, wie in einer Zeitung zu lesen war, für die Rücksicht, mit der der deutsche Soldat eingesetzt wurde, auch in den heißesten Kämpfen! Was für ein glänzender Beweis für die überlegene Strategie des Oberkommandos der Wehrmacht und die deutsche Waffentechnik, wie einer dem Franz vorjubelte, als sie einander zufällig trafen. Der nickte, gegen die heulenden Stukas über Belgrad und Athen war vom technischen Standpunkt aus nichts zu sagen, er starrte nur stumm auf das Parteiabzeichen, das vor einem halben Jahr an diesem Rockaufschlag noch nicht gesteckt war. So glänzende Erfolge auf dem Schlachtfeld konnten einen Mann leicht verwirren. Was galten da schon die Tränen der Familie Auer um den jungen Alois, den ersten Helden von St. Radegund, wie der Vikar ihn beim Trauergottesdienst genannt hatte!

Franz löschte das Licht, einmal mußte er schlafen. Und er hatte vor lauter Grübeln seine täglichen zwölf Vaterunser immer noch nicht gebetet. „Vater unser", versuchte er es wieder und dachte an den Auer Alois, der jetzt in Frankreich lag, „der du bist in dem Himmel ..." Ob sie jetzt auch den griechischen Popen verboten, ihre feierlichen Prozessionen abzuhalten? Und den Muezzins, von den Minaretten zum Gebet zu rufen? Ein Glück hatten sie ja, die da unten, keiner verlangte von ihnen, für Adolf Hitler zu kämpfen, ebensowenig wie von den Tschechen, den Dänen, den Norwegern, den Holländern – glückliche Völker, auch wenn sie besetzt und unterdrückt waren! Er dachte an seinen Eid, die Formel ging ihm nicht aus dem Kopf. Ein erzwungener Eid gilt nicht, hatte jemand gesagt, aber wen kann man zwingen, etwas zu tun, das er ablehnt?

Draußen war Frühjahrswetter, und die Krokusse blühten, die Kinder zählten sie jeden Morgen. Und heute war wieder kein Brief gekommen, und morgen war Sonntag, eine Chance auf noch mindestens einen Tag Leben.

Aber der Keim wuchs, und er mußte wachsen mit jedem Tag, der Keim eines gefährlichen Gedankens. Eines ungeheuerlichen Gedankens, den er sofort hätte ersticken müssen, schon in der ersten Nacht. Es war ihm nicht gegeben, mit Möglichkeiten zu spielen, sie aufzunehmen und wieder zu verwerfen. Für ihn gab es nur zwei Möglichkeiten, richtig oder falsch, gerecht oder ungerecht, ja oder nein, und wenn er mit seinen Überlegungen zu Ende kam, zu einem Punkt, der jeder Argumentation standhielt, dann war der Schluß zwingend, ohne Rücksicht auf Konsequenzen. Sein Nein bei der Volksabstimmung vor drei Jahren, seine Weigerung, sich durch eine WHW-Spende zum Führer zu bekennen, seine Weigerung, von diesem Staat das Kindergeld anzunehmen, das alles hätte ihm schon etliche Unannehmlichkeiten eintragen können – aber da hatten die braven Radegunder geholfen, sie hatten die Köpfe geschüttelt, aber geschwiegen, weil er zu ihnen gehörte. Wenn aber das geschah, an das er nun jede Stunde des Wachseins denken mußte, dann würde kein Mundhalten und kein Unterschlagen eines Stimmzettels etwas nützen, dann würde das ganz anderswo offenbar werden als im kleinen St. Radegund oder im Kreis Braunau oder in der Gauleitung Oberdonau in Linz …

Er dachte unwillkürlich an den Weg, den die kurze Meldung „Der Kraftfahrer Franz Jägerstätter aus St. Radegund hat erklärt …" nehmen würde, über die Schreibmaschine einer Sekretärin und das nächstliegende Postamt zum Divisionskommando, über die nächste Schreibmaschine der nächsten Sekretärin zum nächsten Postamt oder die Tasten eines Fernschreibers, manchmal hatten sie es eilig, als käme es auf jede Minute an. In die Hand eines Generals oder eines Kriegsgerichtsrats oder wie er genannt wurde, und immer größer wurde die Beklemmung bei dieser Vorstellung. Irgendwo war dann Endstation, ganz oben vielleicht, auch wenn er sich gar nicht anmaßen wollte, daß man sich besonders hoch oben um den kleinen Bauern und Kraftfahrer kümmern würde. Er hatte sich sicher nicht vorstellen können, daß Adolf Hitler persönlich seinetwegen einmal brüllen würde: „Sofort umbringen, und dann verscharren wie einen Hund!" Aber das, was er sich vorstellte, genügte, um diese Beklemmung hervorzurufen.

„Er hat erklärt, daß er aufgrund seiner religiösen Einstellung als gläubiger Katholik ..." Und da fiel die Beklemmung plötzlich wieder von ihm ab, wie eine häßliche Kruste, Symptom einer schweren Krankheit, fiel sie von ihm ab, „aufgrund des Gebotes ‚Du sollst deinen Nächsten lieben ...'" Und er dachte an Pfarrer Karobaths Worte, er sei dazu da, für den Leherbauerhof zu sorgen, ein braves Mädchen zu heiraten und Kinder zu bekommen, und mußte herzlich lachen: Jetzt bin ich doch noch ein Ordensmann geworden, Hochwürden. Wenn auch nur im Dritten Orden wie die Großmutter von der Fanny. Und er schloß die Augen in Erinnerung an den 8. Dezember des vergangenen Jahres, Fest der Unbefleckten Empfängnis. Inmitten des chaotischen Aufbruchs der Rekruten, am Ende ihrer Grundausbildung, einen Tag vor dem Abmarsch nach Obernberg dieses herrliche Fest! Schon lange hatte er in seinem Fremdsein innerhalb der Dorfgemeinschaft von St. Radegund eine Bindung an Gleichgesinnte und auch eine feste Regel ersehnt, und nun standen zwei Soldaten in der festlich geschmückten Franziskanerkirche und gaben ihr Jawort zur Nachfolge Christi in den Spuren des heiligen Franziskus, gelobten die Umkehr von Gleichgültigkeit und Eigenliebe zur absoluten Hingabe an Gott. Ein Rudolf Mayer aus Peuerbach und Franz Jägerstätter. Gerade die selbstgewählte Schlichtheit des umbrischen Heiligen stand Franz besonders nahe, das Bemühen, im Geist der Seligpreisungen das Herz von aller Neigung und Begierde nach Besitz und Macht zu

187

befreien, wie es in einer der Ordensregeln hieß. Und wenn er auch jetzt wieder allein war in dieser absolut materialistisch ausgerichteten Welt, so fühlte er sich dennoch immer verbunden mit seinen Brüdern und Schwestern in der gemeinsamen Aufgabe, Künder und Werkzeug von Christi Sendung unter den Menschen zu sein.

Ob er wußte, daß es den Mitgliedern des Dritten Ordens im Mittelalter verboten gewesen war, Waffen zu tragen und in den Krieg zu ziehen? Und daß sie darum auch blutig verfolgt worden waren? Und wenn er es erfahren hätte, hätte er nicht sofort gefragt, wer die Verfolger gewesen waren? Die Kirche vielleicht oder ihre hohen und höchsten Vertreter, weil ihnen ein solches Verbot, aus welchem Grund immer, nicht ins Konzept paßte? Nun, heute mußte sie Menschen, die sich weigerten, ihre Mitbrüder zu töten, auch wenn diese hochoffiziell zu Feinden erklärt worden waren, nicht mehr selber verfolgen, dieses Geschäft besorgten schon die Schergen des Adolf Hitler. Heute brauchten die Kirchenmänner nur zu schweigen, und wenn sie, wie in diesem Sommer, wieder einen gemeinsamen Hirtenbrief verlesen ließen mit einer Fülle von Klagen über neuerliche Maßnahmen gegen die Arbeit der Kirche, dann beeilten sie sich im selben Atemzug, ihre Gläubigen zu „treuer Pflichterfüllung, tapferem Ausharren, opferwilligem Arbeiten und Kämpfen im Dienste unseres Volkes" zu ermahnen.

Franz hatte den Hirtenbrief nach seiner Verlesung durch Vikar Fürthauer in der Sakristei noch mehrmals durchgelesen und war danach in die Pfarrkanzlei hinaufgegangen.

„Ich hab nicht alles verstanden", sagte er, wie damals nach dem Hirtenbrief von Bischof Gföllner, nur war es diesmal eher Bitterkeit.

Vikar Fürthauer war ein gutwilliger Mann, eifrig bemüht, den Radegundern seinen Vorgänger halbwegs zu ersetzen. Es schien ihm klar zu sein, daß das nicht leicht, wenn nicht unmöglich war, und das machte ihn unsicher. Auch der

Leherbauer war einer, der ihn unsicher machte, und Franz nahm sich vor, das in Zukunft nicht allzuoft auszunützen. Der Mann brauchte eher seine Hilfe. Nur die Frage konnte er ihm jetzt nicht ersparen: „Wozu erzählen sie uns das alles, was die Nazis uns antun? Was können wir dagegen machen? Warum sagen sie das nicht den Gauleitern? Dem Kirchenminister? Dem Rosenberg?"

Der junge Vikar war überfragt, und das rundliche Gesicht errötete vom Kinn bis in die Haarwurzeln hinein. Er stammelte etwas von den vielen Meriten dieses Briefes, von den Gewissenspflichten, von denen niemand, auch Hitler nicht, die Christen entbinden könne und die sie erfüllen müßten, koste es selbst das Leben: nicht Gott zu lästern, keinen Unschuldigen zu töten ...

„Außer im Krieg natürlich", unterbrach ihn der Franz.

„Ja, ja – natürlich ..." Der Vikar faßte sich rasch wieder, er mußte weiter aufzählen: keine Verleugnung des Glaubens, keine Lüge, kein Ehebruch – und da hätte ihn Franz beinahe wieder unterbrochen. Ehebruch – koste es selbst das Leben! Wen im ganzen Dritten Reich hatte ein Seitensprung schon das Leben gekostet!?

Und von den vielen Übergriffen der Nationalsozialisten sollte man halt doch wissen, redete der Vikar eifrig weiter. Einfach, um bereit zu sein. Um im ganz kleinen, persönlichen Bereich vielleicht doch etwas tun zu können. Und irgendwann entrutschte ihm plötzlich das Wort „Widerstand leisten", das er sicher nicht hatte sagen wollen. Er brach auch gleich danach ab, und Franz war nahe daran, laut aufzulachen. Aber er hielt sich zurück und sagte, so sanft es ihm möglich war: „Herr Vikar – Widerstand wogegen? Gegen eine verschobene Seelsorgestunde? Gegen einen aufgehobenen Feiertag? Dagegen, daß ein Buch nicht gedruckt werden darf? Oder Widerstand dagegen, daß man für dieses Regime tapfer ausharren muß? Opferwillig arbeiten? Kämpfen? Und töten?"

189

Jetzt hatte er den armen Vikar doch noch in Verlegenheit gebracht. Was sollte der jetzt sagen? Hatte er doch selbst diesen unbegreiflichen Appell an die Christen, ihrem Todfeind zum Sieg zu verhelfen, von der Kanzel verlesen!

„Wozu haben die das nur geschrieben?" setzte Franz leise fort. „Wer hat das von ihnen verlangt? Wozu diese Fleißaufgabe?"

Und wieder kam keine Antwort. Sie saßen einander gegenüber, einer hilfloser als der andere, bis Franz auf eine Idee kam: Ob die Bischöfe vielleicht befürchtet hätten, ohne einen solchen Appell könnte der oder jener unter den Zuhörern in Wut geraten, wenn er von den neuesten Schikanen hörte? Und doch noch auf den Gedanken kommen, sich zu weigern, für ein solches Regime etwas zu tun? Und die Schuld hätten dann die Bischöfe zu tragen.

Diesmal kam die Antwort prompt: „Nein, das glaub ich nicht." Und dazu schüttelte der Vikar auch noch heftig den Kopf. Dann schien er zu zögern, und es sah aus, als ließe er die Mitglieder seiner Gemeinde einen nach dem andern in Gedanken an sich vorüberziehen. „Nein", sagte er schließlich. „Wer sollte das tun?"

Ein vernichtendes Urteil! Ob dem Vikar bewußt war, was er damit gesagt hatte? Und daß er damit sicher nicht nur seine Radegunder meinte? Was für ein erschütterndes Eingeständnis, daß zweitausend Jahre Christentum nicht vermochten, wenigstens ein paar hundert, ein paar tausend seiner Anhänger dazu zu bringen, die Unsterblichkeit im Angesicht Gottes der Armseligkeit einiger Jahre irdischen Lebens vorzuziehen! Was sollten die Nazis von solchen Christen halten, denen doch einmal aufgetragen war, hinauszugehen und alle Völker zu lehren? Müssen wir uns nicht schämen vor den illegalen Nazis damals in Österreich? – dachte er. Die haben für ihre Ideale gekämpft, trotz aller Verbote, die haben Gefängnis und Tod nicht gescheut, obwohl ihre Ziele doch so armselig waren im Vergleich zu den

Verheißungen Christi! Nie wäre Hitler an die Macht gekommen, wenn seine Anhänger so feige gewesen wären wie wir Katholiken heute. Und wir wagen es noch, um einen Sieg für unseren Glauben zu bitten, während wir selbst für den Sieg der andern kämpfen? Hat die Welt je so etwas Verrücktes erlebt?

„Grüß Gott, Herr Vikar!" Franz verließ den Raum, er mußte frische Luft schöpfen, er brauchte ein Stück Wald, ein einsames Feld ohne Menschen. Er wollte nicht, daß irgend jemand sah, welche Kraft es ihn kostete, die Tränen zurückzuhalten. Er konnte es nicht mehr ertragen, mit welcher Selbstverständlichkeit dieser Priester seinen Mitchristen alles absprach, was sie befähigte, ein Leben in der Nachfolge Christi zu leben. Was war geschehen mit seiner geliebten Kirche, in der Menschen seit zweitausend Jahren ihr Zeugnis für Christus abgelegt hatten, immer von Feinden verfolgt und gequält, aber mutig und froh, angefangen von Rom bis zur Französischen Revolution, von den Ketzergerichten der Mauren bis zu den Christenverfolgungen in der Türkei oder in Mexiko. War sie jetzt schon so tot, diese Kirche? Waren ihre Anhänger schon so abgestumpft gegenüber allem jenseits des dumpfen behaglichen Dahinlebens, daß es völlig außerhalb ihres Vorstellungsvermögens lag, man sollte für dieses ungeheure Geschenk Gottes, den Erlösungstod seines Sohnes, doch auch etwas zurückgeben? Daß kein einziger mehr auf den Gedanken kam, Christi Worte, sich täglich hinmorden zu lassen gleich Opferschafen, könnten auch ihn persönlich betreffen? Im ganzen Land, an den Straßen, auf Plätzen, in Kirchen und Kapellen standen die heiligen Bekenner ihres Glaubens herum, von hübschen Legenden umrankte und blumengeschmückte Dekorationsstücke aus Stein, Holz oder Metall, Erinnerungen aus längst vergangenen Zeiten, nicht mehr. Wann würde auch das Kreuz Christi nicht mehr sein?

Ich habe Briefe gelesen von ratlosen, an ihrem Glauben irregewordenen Parteigenossen, aktiv in der Bewegung stehend und mit gottgläubig erzogenen Kindern, die sich in ihrer Verzweiflung an Alfred Rosenberg gewandt hatten. Etwas Unerhörtes war geschehen damals im November 38, wie sogar im „Völkischen Beobachter" stand: Generalfeldmarschall Göring hatte sein eben geborenes Töchterlein zwar nordisch Edda genannt, wie es sich gehörte, aber er hatte es in Anwesenheit nationalsozialistischer Prominenz vom Reichsbischof Müller regelrecht taufen lassen. Und Höhepunkt dieses unwürdigen Schauspiels war Adolf Hitler als Pate! Die Folge: ein Aufschrei der Empörung derer, die sich für die Treuesten hielten. Da war man nach langer entsprechender Schulung aus der Kirche, katholisch oder evangelisch, ausgetreten, hatte die eigenen Kinder als „deutsch gottgläubig" erzogen, oft gegen Widerstand in der eigenen Familie, getreu der Maxime, daß ein wahrer Nationalsozialist niemals Christ sein konnte. Da hatte man im Glauben an das ewige Deutschland die beglückendsten Morgenfeiern der HJ und SA mitgemacht (ohne Pfarrer!) und in mühsamer Arbeit Proselyten für diese Weltanschauung gewonnen – und jetzt das! Das Weltbild der allzeit Getreuen war ins Wanken geraten.

Und ich habe unwillkürlich das kindliche Bedürfnis, Franz Jägerstätter diese Briefe vorzulesen, vielleicht hätte er einmal etwas zu lachen gehabt. Oder hätte er ganz anders reagiert? Mitleid empfunden mit diesen armen Verführten, die sich plötzlich im Stich gelassen sahen? Oder auch Hochachtung für einen solchen Glauben, auch wenn er völlig in die Irre ging?

*

Die Tage und Wochen vergingen wie früher, Frühjahr, Sommer, das Aufblühen der Bäume und das reifende Korn. Der Leherbauer mit der Mistgabel auf dem Leiterwagen, wie er den Dünger über die Wiesen verstreut, mit der Heugabel das gemähte Gras zum Trocknen wendet, bis es als Winterfutter in die Scheune gefahren werden kann. Wenn man kein Radio aufdrehte und keine Zeitung zur Hand nahm, war es ein Leben, kaum anders als vor hundert Jahren. Wenn man nicht auf die Uhr sah, mußte es keinen Grund zur Sorge geben, weil am Vormittag ein Briefträger zum Hof kam.

Aber Franz blickte auf die Uhr, öfter als früher, und es gab keine gedruckte Zeile, die er nicht zumindest überflog. Pfarrer Karobath hatte eine Brandpredigt gehalten und war bald darauf verhaftet worden, niemand wußte, wo er jetzt war, und Franz dachte unwillkürlich an Dachau und Mauthausen. Niemand wußte, wer den Priester verraten hatte, und die braven Radegunder suchten fieberhaft nach dem Schuldigen. Soviel sie gegen ihren Pfarrer auch einzuwenden hatten, wenn es Schwierigkeiten mit den Nazis gab, waren sie einmütig auf seiner Seite, und plötzlich hatten sie auch den Denunzianten, den Josef Wengler, und so ein Judas mußte entsprechend bestraft werden. Kein Radegunder, der noch ein Wort mit ihm sprach, und daß die Isolierung der ganzen Familie sich irgendwann katastrophal auswirken konnte, war abzusehen. Aber der Wengler hatte Glück, daß es den Franz gab, der, als er davon hörte, nur den Kopf schüttelte. „Kann ich mir nicht vorstellen. Habt ihr Beweise?"

Natürlich glaubten sie, Beweise zu haben, der Wengler hatte sich erst vor kurzem über die Nationalsozialisten sehr positiv geäußert – und jetzt konnten die Radegunder ihren Leherbauer Franz schon wieder einmal nicht verstehen. Ausgerechnet er, der größte Nazifresser aus St. Radegund und Umgebung, trat nach der Sonntagsmesse auf den Verfemten zu, grüßte ihn freundlich, gab ihm die Hand und ging mit ihm den steilen Weg zur Schule hinauf. Die verblüfften Kirchgänger bildeten förmlich ein Spalier für die beiden, aber das genierte den Franz nicht, und schon eine halbe Stunde später gab es eine Erklärung für Wenglers angebliche

Nazibegeisterung. Der Bauer hatte neun Kinder, und da war die von den Nazis eingeführte Kinderbeihilfe natürlich ein großer Segen gewesen. Er hätte halt seiner Freude darüber nicht so offenherzig Ausdruck geben sollen, wie er jetzt bedauerte – er hatte allerdings als Ausgleich einen neuen Freund bekommen, der ihn und die Familie zum Grimm der Nachbarn unterstützte, wo es nur ging.

Erst als sich herausstellte, daß der wirkliche Judas der Oberlehrer und Zellenleiter Bandzauner gewesen war, der damit seine Position im Ort festigen wollte, legte sich die Aufregung allmählich. Nur das Kopfschütteln der Radegunder über ihren unbegreiflichen Franz hörte nicht auf – was würden die erst sagen, wenn sie wüßten, welche Gedanken er noch mit sich herumtrug? Immer noch mit sich allein, weil er es immer noch nicht wagte, seiner Franziska offen zu sagen: Wenn du wüßtest, was Soldatsein für einen Menschen bedeutet! Der Drill, diese Demütigungen, wie sie ihm nach und nach das eigene Denken auslöschen! Und dann die Wehrmacht, nicht nur, daß sie einen ungerechten Krieg führt, daß sie ein Land nach dem andern verwüstet – sie spielt noch eine andere, vielleicht noch viel schrecklichere Rolle, glaub ja nicht, daß sie sich so sehr von der Partei unterscheidet! Mag sein, daß es ein paar Idealisten gibt, die sich etwas vormachen, Offiziere, die sich einbilden, erst gewinnen wir den Krieg, und dann kommt der Hitler dran. Ganz im Gegenteil, wenn der, Gott bewahre, siegen sollte, dann geht es erst richtig los – und bis dahin ist diese Wehrmacht der beste Schutzschild für die Partei und jedes ihrer Verbrechen. Und darum, Franziska … Du weißt doch, was ich dir von Ybbs geschrieben hab, wo sie die armen Kranken umbringen, und von Mauthausen, du weißt doch, wie sie unsere Kirche hassen und vernichten wollen, und darum … – es gab immer noch Augenblicke, da wagte er nicht, die eigenen Gedanken weiterzudenken.

Einen Monat nach der ersten für die Deutschen sehr

verlustreichen Eroberung, der Landung auf der Insel Kreta, überfiel Hitlers Wehrmacht die Sowjetunion. Das riesige Rußland, das schon für Napoleon der Anfang vom Ende gewesen war. Und wenn man in St. Radegund auch nicht allzuviel davon spürte, eines machte sich schmerzhaft bemerkbar, und fast in jedem Haus: Immer mehr junge und allmählich auch ältere Männer bekamen ihren Einberufungsbescheid, und die von allen möglichen Ämtern bestätigten Freistellungsgesuche zeigten immer weniger Wirkung. Jetzt müßten eben die Frauen einspringen, hieß es, und alle gehorchten. Die Katastrophe, die sich anbahnte, ahnten die wenigsten.

Auch Franz Jägerstätter bangte von einem zum andern Tag vor seinem Brief, aber die Post, die vorläufig den Hof erreichte, kam von ganz anderen Absendern als von einem Wehrmachtskommando. So sehr die Radegunder daheim immer noch den Spinner und Außenseiter in ihm sahen, der immer anderer Meinung sein mußte als sie – die an der Front wußten ihn zu schätzen. Sie vertrauten ihm ihre Nöte an, und er versuchte ihnen zu helfen, so gut er konnte. Er ermahnte sie, nicht von ihrem Glauben abzulassen und ihn ohne Angst zu bekennen. Er mahnte zum Gebet, um nicht der schrecklichen Schwäche zu erliegen, sich vor den Menschen mehr zu fürchten als vor Gott. „Sie können Dir Deinen Leib töten", schrieb er, „aber nicht Deine Seele."

Auch sein Patensohn Franz Huber schrieb von der Front, und Franz schrieb zurück, und die beiden schrieben mit einer Offenheit über das Militär und die politischen Zustände, daß Franziska es mit der Angst zu tun bekam. „Warum könnt ihr nicht vorsichtiger sein!" beschwor sie ihren Mann. Ausdrücke wie „Nazi-Bandit" konnte auch der gutmütigste Zensurbeamte nicht durchgehen lassen. Aber dem Franz Huber waren nun einmal nach einem Streit mit so einem die Nerven durchgegangen. Hatte dieser doch glatt gedroht, jetzt würde man Leute wie den Huber noch schonen, weil man sie

195

brauchte. Nach dem Krieg aber würde man ihnen schon beibringen, was die Idee des Nationalsozialismus sei. Und wenn das im guten nicht möglich war, dann eben mit Feuer und Schwert. So hatte sich der Kerl ausgedrückt, und mit so etwas sollte der Huber in den nächsten Tagen wieder in den Kampf ziehen?

Franz sah den geliebten Buben vor sich, den er vor so vielen Jahren zur Firmung gebracht hatte, und er fragte ihn in Gedanken: Wer zwingt dich denn, Franzl, mit diesem Kerl in den Kampf zu ziehen? Wenn du das glaubst, was er sagt – ich glaub es ihm auch, so viele drohen uns das an –, warum kämpfst du dann für diese Leute? Setzt alles ein, was du hast und was du bist, damit die totale Naziherrschaft Wirklichkeit wird? Warum, Franzl? Warum???

Er schrieb es ihm nicht, er ging nie so weit, direkten Widerstand zu fordern, weder von seinem Patenkind noch von den andern. Wenn sie nicht von selber die Absurdität ihrer Situation erkannten, er wollte sie nicht in etwas hineinreißen, für das sie noch nicht reif waren.

Nur seinem Cousin Hans, dem Zeugen Jehovas, der so eifrig versucht hatte, ihn zu seiner Glaubensgemeinschaft hinüberzuziehen, deutete er einmal an, daß zu dessen Credo doch auch die absolute Verweigerung des Kriegsdienstes gehörte. Er hatte nicht allzuviel erwartet, dennoch spürte er eine gewisse Enttäuschung, als die Antwort kam, Hans könne dem Wunsch seines Freundes nicht entsprechen. Er müsse nach seinem Gewissen handeln.

Von ganz anderer Art war der Briefwechsel zwischen Franz und dem von missionarischem Eifer erfüllten Drittordensbruder aus der Zeit von Enns. Das Apostolat des Rudolf Mayer in der Nachfolge des verehrten Vaters Franziskus nahm manchmal aber auch recht merkwürdige Formen an. Auch er hatte sich ohne größere Bedenken zur Wehrmacht einziehen lassen, er beurteilte allerdings seinen Fronteinsatz eher danach, wie und in welchem Ausmaß er seinem religiösen Leben und seinem Apostolat obliegen konnte. Welch eine Gnadenzeit, wie er schrieb, in Ländern wie Belgien, Holland und Frankreich das blühende religiöse Leben bewundern zu dürfen! Und diese Kirchen und Kathedralen! Ganz anders als später in Rußland, wo auch immer weniger Zeit blieb, sich um die Seelen seiner Mitbrüder zu kümmern. Merkwürdig auch, wie es Franz erschien, daß er lieber in einsamen Nächten auf Posten stand, wo er in Ruhe beten und sich Gott nahe fühlen durfte, als etwa im Küchendienst unter den Kameraden zu sein, die ihm keine Minute Zeit ließen, einen vernünftigen Gedanken zu fassen. Auch wenn hier draußen jeden Augenblick ein Feuergefecht zu erwarten war, in dem er seine Pflicht tun und auf Menschen schießen mußte.

Sie schrieben einander viel über ihre Erfahrungen, wie sie ihren Glauben weiterzugeben suchten. Sie machten einander auf Bücher aufmerksam, zumeist über Menschen, die ein heiliges Leben geführt hatten, und die deutsche Feldpost hatte neben Briefen und den Lebensmittelpaketen vom Leherbauerhof in Richtung Rußland oft genug auch Biographien über Franziskus, Bruder Konrad, über die kleine heilige Theresia oder Thomas Morus hin und her zu transportieren.

Je mehr aber die deutschen Heeresgruppen sich Moskau, Leningrad und dem Donezbecken im Süden näherten, desto verbissener wurden die Kämpfe. Desto öfter hörte Franz von den Ängsten der Soldaten unter russischen Granaten, Bomben und Bordkanonen, von den morastigen Straßen, in denen nur noch Kettenfahrzeuge und Pferdefuhrwerke einigermaßen weiterkamen, vom entsetzlichen russischen Winter, gegen den sie alle nicht gerüstet waren. Rudolf schrieb, wie er sich in seiner Angst, von MG-Salven durchsiebt zu werden, zu Boden preßte und seine Litanei vom Heiligsten Herzen Jesu stammelte. Wie nur noch die Verheißungen der heiligen Margareta Maria Alacoque, im Herzen Jesu ein unendliches

197

Meer der Barmherzigkeit zu finden, ihn vor der Verzweiflung bewahrten. Da bestand, wie ihm ein anderer schrieb, eine Kompanie nur noch aus 15 Mann, und die fast völlig aufgeriebene österreichische 100. Division mußte völlig neu zusammengestellt werden. Und jeden zweiten Monat im Durchschnitt kam eine Nachricht nach St. Radegund, daß wieder einer für Führer, Volk und Vaterland sein Leben gelassen hatte, und Franz sah wieder, wie schon als Schulkind im anderen Krieg, die kohlrabenschwarz gekleideten Frauen den steilen Weg zur Kirche hinuntergehen, Mütter und Schwestern und Ehefrauen mit erstarrten Gesichtern. Und er heftete, damals schon Mesner, die schwarz umrandeten Todesnachrichten an das Kirchentor, Altenbucher, Wurm, Starka, Blüml, Eichelseder, keiner, den er nicht kannte, und mancher von ihnen ein Freund.

Aber nicht nur Gebete stiegen zum Himmel, wenn die Erde unter den Einschlägen der Granaten bebte, da gingen unter den Soldaten, unter Christen wie auch unter anderen, neuerdings allerlei seltsame Geschichten um, von Erscheinungen, Visionen und Prophezeiungen. An der Grenze zu Holland war die Jungfrau Maria Kindern erschienen und hatte ihnen ein Geheimnis anvertraut, das sie dem Papst weitergeben sollten. Andere wieder hatten ein riesiges Kreuz am Himmel gesehen, darunter das Hakenkreuz, das jedoch unter der Macht des Christuszeichens verblaßt und verschwunden war. Eine Schwester Benigna aus dem Allgäu prophezeite, sie werde mit einer kleinen Schar von getreuen Mitkämpfern die Welt, die dem Abgrund zusteure, zuletzt doch noch retten, und für die Kirche werde eine neue Blütezeit anbrechen. Irgend jemand bekam einen Brief, daß die Gnadenquelle von Lourdes ausgetrocknet sei, und das war drei Monate vor Ende des Weltkriegs ebenfalls geschehen. Ein Hinweis darauf, daß auch dieser Krieg bald zu Ende sein könnte? Und je grausamer der Krieg wurde, desto abstruser die angeblichen Zeichen und Wunder, an die sich die Menschen klammerten, desto wirrer die Spekulationen, wann dieser schreckliche Krieg endlich ein Ende haben könnte. Im Winter 41/42? Im Sommer 42? Im Herbst 42? 1943 endlich, wie der Johann Eckinger verzweifelt hoffte?

Franz ließ sich von alldem nicht beeindrucken, dazu war er viel zu nüchtern, und auch Pfarrer Karobath bestätigte ihm, daß die Prophezeiungen keineswegs göttlichen Ursprungs seien. Was aber sollte er zu den verzweifelten Fragen nach dem Ende des Krieges sagen, das doch nur Gott kennen konnte? Er konnte dazu nur eines antworten, und das hatte er schon viele Male getan: Je tapferer ihr kämpft, desto länger wird der Krieg dauern, denn Hitler wird nie aufgeben, bis er nicht ganz Europa oder die halbe Welt unter seiner Gewalt hat. Oder bis die Welt seine Divisionen bis an die deutschen Grenzen zurückgejagt haben wird. Oder noch tiefer hinein. Bis er selbst tot ist. Aber ihr Wahnsinnigen tut ja alles dazu, dieses Ende möglichst lange hinauszuzögern, und dann fragt ihr noch, wie der arme Manglberger Josef, für was und für wen man den Krieg mitmachen muß? Preisfrage: Für was? Und für wen? Dabei hat er selbst meiner Mutter geschrieben, was doch nur eine einzige Konsequenz zuließe: Durch den Krieg werden die Menschen schlecht, je länger er dauert, umso schlimmer wird es.

Warum tut ihr dann alle mit? Soll es immer noch schlimmer werden?

*

„Wohlauf, Kameraden, aufs Pferd, aufs Pferd!
Ins Feld, in die Freiheit gezogen",
sang Arne und zerhackte dazu im Takt die letzten Holzscheite für das Feuer in der Hütte.

„Im Felde, da ist der Mann noch was wert,
Da wird das Herz noch gewogen …"
Er hatte Urlaub bekommen und in jeder freien Minute Gedichte geschrieben. Sogar ein Drama in fünffüßigen Jam-

ben mit seiner Lieblingsfigur, einem Narren, der immer die Wahrheit sagen durfte, sogar seinem König. Die Heldin hieß Rotraut, und das Ganze war Shakespeare nachempfunden, das wußte er selbst, vielleicht war auch ein bißchen Schiller dabei. Friedrich Schiller, dessen Reiterlied er so gerne sang:

„Der dem Tod ins Angesicht schauen kann,
Der Soldat allein, ist der freie Mann."

Aber er fand sein Stück nicht schlecht, auf einige Szenen war er sogar stolz, und er träumte davon, wie es im Stadttheater aufgeführt wurde. Und seine Lotte saß in der Loge neben der Mutter und strahlte ihn an.

Shakespeare! „Wie konnten die Landsleute dieses großen Dramatikers uns, dem Volk der Dichter und Denker, den Krieg erklären?" stand in seinem Tagebuch. „Und die Franzosen Voltaires? Sie haben doch gewußt, daß wir unseren Landsleuten gegen die Polen beistehen mußten! Aber sie waren ja schon immer gegen uns. Der Schandfriede! Beinahe wären wir verhungert …!"

So hatte er es gelernt, so hatte es sich ihm eingeprägt für immer, und seine Lotte gab ihm recht, wenn er ihr diese Zeilen vorlas. Sie war BdM-Führerin, nicht aus ideologischen Gründen, nein, sie war die beste Turnerin, die beste Organisatorin, und sie organisierte die besten Gruppenspiele – Grund genug, eine Führerin in Hitlers Anhängerschar zu sein. Arne erinnerte sich noch genau, wie er sie zum erstenmal gesehen hatte: Ein hübsches Holzhaus am Waldrand, und er war von einer Wanderung gekommen und hatte zufällig durchs Fenster geschaut. Und gesehen, wie dieses blonde Mädchen mit den großen grauen Augen für eine ganze Kinderhorde unzählige Butterbrote strich. Wie bekannt ihm die Szene vorkam, und sie war es ja auch, natürlich, Werthers Lotte von Goethe! Deutsche Geistigkeit! Deutsche Romantik! Und daß das Mädchen auch noch Lotte hieß! Wenn das kein Wink des Schicksals war!

Jetzt saßen sie zusammen in der Hütte am Waldrand, Arne in Feldgrau und sie in BdM-Uniform mit Halstuch und Knoten, ein prachtvolles deutsches Mädel! Er summte die letzten Zeilen des Liedes aus „Wallensteins Lager":

„Und setzet ihr nicht das Leben ein,
Nie wird euch das Leben gewonnen sein" –
und brachte den Eisenofen zum Glühen.

„Lotte – willst du mich heiraten?" hatte er vor einer Stunde noch draußen im Wald gefragt, und sie hatte leicht errötend genickt. Ein Soldat, der demnächst wieder an der Front stand, durfte so etwas sehr schnell fragen, und ein Nein wäre unpatriotisch gewesen, also wurde sehr viel geheiratet in diesen Tagen. Arne aber wollte noch warten bis nach dem Krieg, eine Verlobung würden die skeptischen Eltern gerade noch schlucken, und das genügte auch Lotte und ihm. Arne wollte studieren, und er stellte es sich wunderbar vor, noch zu warten, zu träumen, seine ganze Sehnsucht und Zärtlichkeit in Feldpostbriefe hineinzuschreiben, im Unterstand, im Schützenloch, den Bleistiftstummel in der Hand, und drüben der Feind, der demnächst angreifen und ihn fordern wird. Später, bald nach dem Sieg, konnte geheiratet werden, sie hatten doch noch so viel Zeit!

Freilich verbarg sich dahinter viel Lebensangst, er wußte ja nicht einmal, was er werden sollte. Er hatte gleich nach der Matura an der Universität in Wien Germanistik inskribiert, zusammen mit der Verlobung gab das seinem Leben einen gewissen Rahmen. Nur unterrichten wollte er nicht, wie die Mutter sich das vorstellte, er wollte schreiben, vielleicht Dramaturg sein, vielleicht auch Musiker, Geige spielen und komponieren. Dazu der Sport, er sah sich schon bei der ersten Olympiade nach dem Krieg auf der Aschenbahn für Deutschland laufen und siegen, vielleicht schon im Sommer 1944 – und hatte entsetzliche Angst, nichts von alledem zu erreichen.

Nur der Krieg vermochte alle Schwächen und Ängste und

Unsicherheiten zu überdecken. Ein Soldat hatte seine Uniform und seine Pflichten und seine Befehle, da gab es kein Wenn und kein Aber, und jetzt hatte Arne auch noch eine Verlobte, die auf ihn warten wollte.

„Norbert ist gefallen." Lottes Stimme drang durch seine Gedanken, hell und schneidend erreichte sie sein Bewußtsein.

„Norbert? Der lange Forstadjunkt?"

„Ja, der." Lotte biß gleichmütig in ihren Apfel. „Auf den mußt du jetzt nicht mehr eifersüchtig sein."

Arne wurde tiefrot und versuchte rasch abzulenken. „Willst du meine letzten Gedichte hören?"

„Wenn du Lust hast ..." Sie konnte mit Gedichten nichts anfangen, das kam ihr alles so geschraubt und geschwollen vor, und reimen mußte es sich auch noch – aber wenn dem Burschen so viel daran lag! Wenn es zu lang wurde, konnte man ja an etwas anderes denken: „Der Wind hat mir ein Lied erzählt ..."

„Glaubst du an Gott?" begann er zu lesen, und diesmal klang es an Fausts Religionsgespräch an.

„Ist das nicht schrecklich altmodisch?" unterbrach sie ihn nach einigen Zeilen. „Ich meine, eine Vorsehung wird es schon geben, so sagt's ja der Führer auch – aber muß man da so viel fragen? Man wird's schon merken ..."

Arne mußte lachen, sie brachte ihn oft zum Lachen. „Ist es denn nicht wichtig, daß es einen Schöpfer gibt, der in der Schöpfung lebt, der mein und dein Atem ist und uns am Leben erhält?"

„Man atmet mit der Lunge", gab sie zur Antwort. „Und ich denk nicht daran, bei jedem Atemzug Gott um Erlaubnis zu fragen."

„Was ist Leben?"

„Ach, Arne, du Holzkopf! Du lebst, ich lebe, wir leben – genügt das nicht?"

Er war nahe daran, sich über Lottes oberflächliches

Gerede zu ärgern, da fiel ihm ein, daß sie der Erkenntnis des Faust, das Glück liege im Handeln und im Erfolg, vielleicht näher war als er, Arne, mit seinem ewigen Grübeln.

Er hatte allerdings nicht verstanden, daß zuletzt nur eine Macht von oben Faust aus dem Pakt mit dem Teufel befreien konnte. Und ebensowenig wußte er, daß die „Macher", die sich auf ihre eigene Tatkraft verlassen, ohne Gnade verloren sind.

Franz Jägerstätter wußte das, für ihn zählte nur sie.

*

Seit dem Krieg gegen Rußland hatten auch jene, die der Franz manchmal unsicher machte, ihren Standpunkt, und der war unschlagbar. Sicher, Hitler hatte Rußland zuerst angegriffen, aber das war nun einmal geschehen, jetzt hieß es, sich gegen die gottlosen Russen zu verteidigen, gegen die Untermenschen und ihren Bolschewismus. Gegen sie zu kämpfen war auch für die Christen heilige Pflicht. Da wurden ja auch „Mitteilungen des österreichischen Episkopates zur Frage: Krieg und Bolschewismus" von den Kanzeln verlesen, in denen es hieß, daß das verderbliche Wesen des Bolschewismus in der Gottlosigkeit liege, die er der ganzen Menschheit aufzwingen wolle. Also ein neuer Kreuzzug sozusagen, zu denen sie aufgerufen waren, wie die christlichen Ritter gegen die Mohammedaner.

Manche aber begriffen sehr rasch, daß mit dem religions-feindlichen totalitären System, das hier angeprangert wurde, der Nationalsozialismus ebenso gemeint sein konnte und sicher auch gemeint war – und Franz Jägerstätter war einer von ihnen. Schließlich gab es diesmal auch keinen Aufruf zum Kämpfen im Dienste des deutschen Volkes wie im gesamtdeutschen Hirtenbrief vom vergangenen Sommer, da hieß es ganz deutlich, daß die *geistigen* Verwirrungen des Kommunismus nur mit *geistigen* Waffen bekämpft werden

203

könnten. Und Franz hatte zusätzlich das Vergnügen, daß sich der ostmärkische Episkopat plötzlich wieder der „österreichische" nannte. Ein Druckfehler? Oder ein Vorgriff auf bessere Zeiten?

Aber während die meisten anderen sich beruhigt fühlten, daß ihre Angehörigen für eine so gute Sache kämpften, Franz sah nur Menschen, die ausgerottet wurden. Er las die Zahlen der Kriegsgefangenen, über 300.000 bei Bialystok und Minsk, 348.000 bei Smolensk, 662.000 bei Wjasma, und betrachtete die Fotos der zusammengetriebenen Opfer, er sah Haufen von Toten, die für ihr gottloses Regime im Kampf gegen ein ebenso gottloses gestorben waren. Da hieß es immer, die bösen Russen! Franz aber überlegte, wenn sie so böse waren, wie schlimm mußte es für einen Christen sein, so einen, der keine Chance mehr hatte, sich noch zu ändern und der Verdammnis zu entkommen, zu erschießen oder zu erschlagen! Wenn es für solche armen Teufel, die bestimmt nicht freiwillig den deutschen Panzern entgegengelaufen waren, überhaupt eine Verdammnis gab. War das nicht viel schlimmer, als einen guten Menschen zu töten, der für eine wirklich gerechte Sache kämpfte?

Im Grunde plapperten sie alle doch nur die Nazipropaganda nach, die von der Ausrottung des gefürchteten Bolschewismus sprach, um die Leute bei der Stange zu halten. Der Franz ging ihnen nicht auf den Leim. Hatten die Nazis nicht schon vor Jahren vom „Lebensraum" für die Deutschen gefaselt, den sie sich im Osten erobern wollten? Ging es ihnen nicht hauptsächlich um die Getreideböden in der Ukraine, um Erze und das Öl des Kaukasus für ihre Panzer und Flugzeuge? Also ein Raubkrieg wie jeder andere, nur noch weitaus brutaler! Und Franz dachte noch weiter. Sooft die Feinde des Christentums versucht hatten, dieses mit Gewalt auszurotten, immer war das vergossene Blut zu neuem Samen geworden. War es nicht möglich, angenommen, Hitler verlor seinen Krieg, daß auch aus dem

Bolschewistenblut ein neuer Same werden konnte, der in ganz Europa aufblühte? Was geschah dann mit dem Christentum, zu dessen Verteidigung die Christen jetzt Städte verwüsteten, ganze Landstriche verheerten und Menschen zu Hunderttausenden töteten?

Einmal mußte es endlich geschehen, er hatte es schon so lange hinausgezögert, und wenn morgen oder nächste Woche der Brief kommen sollte, mußte er doch zu allem bereit sein. Er hatte am Tag seiner Rückkehr vom Militärdienst gesagt: Noch einmal rück ich nicht ein, und Franziska hatte dazu geschwiegen. Hatte sie es in der Freude des Wiedersehens gar nicht gehört, oder gehört und nur später wieder vergessen? Hatte sie es dauernd in stummer Angst mit sich herumgetragen oder einfach nicht ernst genommen? In seinem Groll sagt man viel. Jetzt aber mußte es endlich geschehen.

Ich weiß nicht, wann das war, und habe Frau Jägerstätter auch nicht danach gefragt. Ich will keine Szene erfinden, auch wenn es verlockend wäre, ich will ihn nicht sagen lassen: „Wenn die Einberufung kommt, dann geh ich nicht hin", oder anders, behutsamer: „Fanny, ich muß dir was sagen, auch wenn es dir sehr weh tun wird ..." Ich will ihn nicht brutal aussprechen lassen: „Und wenn sie mich umbringen" – oder die Schlußfolgerung ihr überlassen. Ich sehe den alten Leherbauerhof vor mir, der jetzt so schön restauriert worden ist, aber ich suche mir keinen bestimmten Raum aus als Schauplatz. Ich will keine Dialoge schreiben, die ausdrücken könnten, was Franziska damals empfunden haben mag. Oder auch er. Ich versuche mir nur den Augenblick vorzustellen, in dem sie begreift, was es für sie beide bedeutet, wenn das, was sie eben gehört hat, auch andere hören werden. Ich versuche mir vorzustellen, was es heißt, ihn Tage, Wochen, vielleicht Monate noch ansehen zu müssen, ansehen zu dürfen, und immer zu wissen: sie werden ihn umbringen. Und das wird so

205

gewiß sein, wie nichts für alle die andern gewiß ist, die an die Front gehen werden oder schon dort sind. Kugeln treffen nicht immer ihr Ziel, Granatsplitter können abgelenkt werden, Verletzungen kann man als Glücksfall empfinden – das Mordinstrument im Gefängnishof verfehlt keines seiner Opfer. Ich versuche mir vorzustellen, was ein Leben ohne ihn für sie heißt, auch ohne zu wissen, wie viele Jahre es sein werden. Mir vorzustellen, wie sie sich wehrt, nachdem sie begriffen hat, wie sie bettelt und weint oder schreit, alles ist möglich, wie sie ihm widerspricht und nach Argumenten sucht: Es mußte ja sein, es gingen doch alle, und sicher nicht die Schlechtesten. Selbst Priester waren eingerückt und Seminaristen. Kein Gesetz verbot es dem Christen, Hitlers Soldat zu sein. Zehntausende waren schon draußen, gingen zur Messe, zur Kommunion, und keiner mußte zuvor zur Beichte gehen. Es wird sicher noch andere Gedanken geben, die ihr dazu in den Sinn kommen, heute und später, nur eines wird sie nicht sagen: „Ich mag dich nicht mehr", das nie mehr zu sagen hat sie geschworen.

Ganz anders Mutter Rosalia. Kaum hatte sie von ihrem Sohn erfahren, was er vorhatte, lief sie schon im Dorf herum, um Unterstützung zu suchen. Zum Vikar und zum Bürgermeister, zu allen möglichen Leuten, von denen sie sich einen Einfluß auf ihren Franz erhoffte. Die halbe Verwandtschaft bot sie auf, und bald sprach es sich herum, daß der Leherbauer wieder etwas Verrücktes im Kopf hatte, und diesmal wohl das Verrückteste. Und viele kamen zu ihm, auf den Hof, aufs Feld, und redeten auf ihn ein, diese Verrücktheit doch sein zu lassen. Sie sagten: Denk an Franziska, sie sagten: Die Kinder brauchen doch ihren Vater, sie sagten: Du bist noch so jung, und: Erst kommt der Hof, um das andere brauchst du dich nicht zu kümmern.

Und ihnen sollte gelingen, was dem Franz vielleicht nie gelungen wäre, trotz aller Gespräche und Argumente: Franziskas Bitten allmählich verstummen zu lassen. Sie sah den ganzen Trubel rund um ihn und hörte die quälenden Debatten, die sich immerzu im Kreis bewegten, sie hörte, wie gehässig sie auf ihn losgingen. „Glaubst du, du bist was Besseres?" – „Willst ein Heiliger sein?" Und sie sah, wie er litt, weil er sich mit keinem von ihnen verständigen konnte – gehörte auch sie dazu? Sie sah, wie entsetzlich einsam er war, und erkannte, daß es nur eines gab, um ihm zu helfen, auch wenn sich alles in ihr dagegen auflehnte, auch wenn sie noch oft auf ihn einredete, wenn sie allein waren: Tu's nicht, Franz! Tu's nicht! Nein, irgendeinmal durfte sie sich nicht mehr gegen seinen Entschluß stellen, er mußte glauben können, daß sie an seiner Seite stand, wie bisher. Vielleicht durfte sie sich, um sich die Qualen ein wenig zu erleichtern, einen winzigen Funken Hoffnung erlauben. Vielleicht durfte sie fragen: Mein Gott, verlangst du das wirklich? Und vielleicht würde Gott darin ein erstes Anzeichen von Einverständnis mit seinem Willen entdecken.

„Waren Sie mit seiner Handlungsweise einverstanden?" ist sie einmal gefragt worden und hat kurz zur Antwort gegeben: „Soweit ich halt konnte."

Und je heftiger die andern auf ihn einredeten, desto stiller wurde sie, nur aus ihren Augen waren Angst und Ratlosigkeit zu lesen. Und je klarer ihm wurde, was er ihr antat, ihr antun mußte, wie er doch überzeugt war, desto öfter kamen die Zweifel, ob es auch richtig war. Er suchte nach Antworten, aber auch die Priester, zu denen er ging, wußten nicht viel mehr zu entgegnen als die Verwandten und Nachbarn. Auch Priester waren nur Menschen und zutiefst betroffen über sein Vorhaben, und wer hatte schon das Herz, einem lebensfrohen jungen Mann zu sagen: Geh nur hin und stirb! Der Grundtenor all ihrer Ratschläge war: Vertrau auf Gott und mach es wie die andern!

Franz vertraute auf Gott, aber gerade deshalb konnte er es nicht machen wie sie. Zu seinem Vertrauen gehörte auch der Glaube, das *Er* es war, der ihm alle die Gedanken eingegeben hatte, die ihn von seinen Landsleuten trennten. Er mußte selber Klarheit gewinnen.

Er ging zum Eichelseder und verlangte ein Schulheft. „Nein, gib mir gleich zwei! Und liniert."

„Willst wieder in die Schul?" versuchte der Kaufmann zu scherzen.

Franz legte das Geld auf den Tisch, eine Reichsmark mit Adler und Hakenkreuz. „Ja, ich muß noch viel lernen. Nur nicht beim Bandzauner, der hätt keine Freud mit mir."

Auf der Wiese vor dem Geschäft stand immer noch das mächtige Passionsspielhaus, unbenützt, schon ein bißchen schäbig, wenn der Wind über die Anhöhe strich, klapperten einige Holzlatten.

Franz Jägerstätter ging heim, drehte das Licht an und begann zu schreiben.

*

Der alte Mesner von St. Radegund war gestorben, und da Franz Jägerstätter seit seiner Rückkehr vom Militär jeden Morgen mit Franziska zur Messe ging, fragte ihn der Vikar eines Tages, ob er nicht auch den Mesnerdienst übernehmen wolle.

Franz zögerte erst, da er sich nicht für würdig hielt, dann aber sagte er begeistert zu, und der Vikar konnte nur staunen, wie rasch die ein wenig vernachlässigte Kirche wieder blitzsauber wurde, mit welchem Eifer der Mann die lateinischen Meßtexte auswendig lernte, die der Mesner respondieren mußte, wenn kein Ministrant kam. Auch die Radegunder waren einverstanden mit ihm, sie fanden es recht vernünftig, wenn einer, der so viele Stunden in der Kirche zubrachte, gleich auch die Bänke abstaubte, Blumen goß und sonst alles tat, was zu tun war – und sogar die böswilligen Gerüchte, daß er vor lauter Beten seinen Hof vernachlässige, verstummten nach einiger Zeit. Auch Franziska half ihm dabei, und sie fuhren öfter gemeinsam nach Salzburg, um Kerzen, Blumen und anderes für die Kirche zu beschaffen, das es in der Umgebung von St. Radegund nicht mehr gab. Manchmal nahmen sie auch Eier, Butter und Geselchtes zum Eintauschen mit und versteckten es unter ihren Kleidern.

Nur jene, die sich gern in der Sakristei auf einen kleinen Plausch zusammenfanden, hatten keine Freude an ihm. Der auf die Würde des Gotteshauses bedachte Mesner wies sie einfach hinaus und versperrte hinter ihnen die Tür.

Vikar Fürthauer hatte wohl kaum geahnt, wie glücklich er den Franz Jägerstätter machte. Dienst in der Kirche, so nahe dem Allerheiligsten, Kerzen anzünden und die Gewänder zurechtlegen, durch praktische Handgriffe das heilige Ereignis vorbereiten. Die silbernen Prunkleuchter vom Wachs säubern und den Kelch reinigen, in dem sich das Wunder der Gottwerdung täglich vollzog.

Manchmal, wenn niemand zur Messe kam, stieg er auf die Empore zum Organisten hinauf, und die beiden Männer sangen die Lieder „Wohin soll ich mich wenden?", „Ehre sei Gott in der Höhe", „Nun ist das Lamm geschlachtet". Er war kein großer Sänger, der Franz, wie die Witwe lächelnd erzählte, aber er tat es mit großer Begeisterung.

Wenn er glaubte, für diesmal genug getan zu haben, ging er manchmal noch durch die Kirche, seine Kirche, wie er glaubte sagen zu dürfen, und betrachtete den Raum mit dem Rippengewölbe, die silbernen Wolken und das Bild der Namenspatronin über dem Altar. Die Statuen an den Wänden und Säulen, darunter den traurigen, ausgemergelten Erlöser. Von der Kanzel hoch über dem rechten Seitenaltar, knapp unter der Decke wie ein Schwalbennest, hatte Pfarrer Karobath die Botschaft des Linzer Bischofs verlesen: Es ist unmöglich, gleichzeitig ein guter Katholik und ein wirklicher Nationalsozialist zu sein. Von dort oben hatte Franz die Enzyklika „Mit brennender Sorge" gehört, die eindringliche Warnung des Papstes vor der Todfeindschaft der Nationalsozialisten gegen Christus und seine Kirche, und zuletzt die

Warnung der Bischöfe vor dem Bolschewismus, mit dem auch die Nazis gemeint waren. Alles war von dort oben aus dem Schwalbennest gekommen, aber vielleicht war es zu hoch gegangen für seine Zuhörer, und sie hatten die Botschaft nicht verstanden. Die ungelesene Botschaft der Bischöfe vom März 38, die Christen sollten für den Führer stimmen, die allerdings hatten sie gehorsam befolgt. Zu beinahe 100 Prozent.

Aber das Leben von draußen verfolgte ihn bis hierher, er nahm es ja selber mit in die Stille hinein. Da stand auf der Frauenseite links hinten neben der letzten Säule die Bank, in der Franziska immer saß, und ich bin überzeugt, daß er öfter dorthin sah, auch wenn sie nicht anwesend war. Ich selbst hätte mich vielleicht auf ihren Platz gesetzt, um das Metallschild „Leherbauer" zu berühren, um ihr auf diese Weise nahe zu sein. Sie hatte jetzt mehr zu tun als früher und kam nicht jeden Tag in die Kirche, auch für Gespräche und Bibellesungen blieb ihr weniger Zeit. Aber sie betete mit ihrem ganzen Wesen, mit ihrer Arbeit, ihrer Liebe, mit ihrem Leben – und er ließ sie im Stich, sagten die Leute, und sie hatten ja recht. Er verließ seine Frau, schon jetzt, in allen Gedanken an die nächsten Wochen und Monate verließ er sie schon, nichts Schändlicheres als ein Mann, der so etwas tat. Aber hatte nicht Jesus Christus gesagt: „Wer Vater oder Mutter mehr liebt als mich, ist meiner nicht wert. Und wer Sohn oder Tochter mehr liebt als mich ist meiner nicht wert"?

Er mußte weiterschreiben, er hatte eines der Hefte immer bei sich, er mußte sich rechtfertigen, vor ihr und vor Gott, auch vor sich selbst. Immer wieder mußte er jetzt an die Menschen in Rußland denken, man hörte ja jeden Tag von ihnen. Die keinen Glauben hatten, haben durften, so wie es hier sein würde, wenn Hitler siegte. Irgend jemand, vermutlich einer der Priester, hatte gesagt: Erst schaffen wir den

Kommunismus aus der Welt, dann wird uns Gott schon vom Hitler befreien. Und wie? – dachte Franz. Wenn der Hitler erst recht im Sattel sitzt? Gott hatte die Russen so viele Jahre nicht vom Kommunismus befreit, er überließ es den Menschen, die Lüge zu durchschauen, die Unmenschlichkeit, er hatte ihnen ja den freien Willen gegeben, sich zu wehren. Und was würden wir ihnen statt ihres Kommunismus bringen? – fragte er. Die Freiheit? Wir? Wir würden ein unmenschliches System durch ein anderes ebenso unmenschliches ersetzen. Und wo steht geschrieben, daß wir siegen werden? Und wenn sie uns überrennen, dann werden wir ihren Kommunismus annehmen, genauso wie 1938 den Nationalsozialismus. Wenn wir schon jetzt keinen geistigen Widerstand leisten, was erst dann? Der Materialismus hat uns schon so lange in seinen Klauen, und es wird immer schlimmer werden, gleichgültig, von welcher Seite er kommt. Der aus dem Westen, aus England, aus Amerika, hat nur ein anderes Gesicht, ein zivilisierteres, weniger brutales, aber er ist der gleiche Feind des Christentums. Ob da noch Raum ist für uns?

Immer wieder betete Vikar Fürthauer um Frieden, und die andern stimmten mit ein. Auch Franz betete mit, aber seine Gedanken gingen andere Wege: Was für ein Hohn, dachte er, Gott um Frieden zu bitten – wollen wir ihn denn überhaupt? Dann müßten wir doch endlich die Waffen wegwerfen. Wir dürften höchstens den Herrgott bitten, daß er uns zur Vernunft kommen läßt. Daß wir wenigstens das Unrecht erkennen, das wir im Dienste Hitlers begangen haben und weiter begehen. Andere Völker haben das Recht, um Frieden zu bitten, zu bitten, daß Gott den Deutschen endlich die Waffen aus der Hand schlägt.

Aber auch der Herr Vikar schien das nicht zu begreifen. Beim nächsten Gottesdienst zum Gedächtnis eines Gefallenen redete er wie die andern vom Heldentum und vom Ruhm des Toten, der für das Vaterland gestorben war. „Für welches Vaterland, Herr Vikar?" fragte ihn Franz, während er dem Priester beim Ausziehen half. „Für Österreich? Und was für einen Ruhm hat er sich erworben? Der arme Teufel ist elend krepiert! Das ist kein Held, Herr Vikar. Der hat nur versucht, irgendwie davonzukommen, wie alle. Nur ihm ist es halt nicht gelungen. Wenn Sie wollen, Herr Vikar, les ich Ihnen meine Feldpostbriefe vor. Ich hab schon ein ganzes Packerl zu Haus."

Der Vikar wollte etwas antworten, aber Franz war noch nicht fertig. „Und was Sie da von den Tugenden des Soldatenlebens geredet haben – da kann ich Ihnen ganz andere Sachen erzählen."

Er war selber erschrocken über den ungehörigen Ton, aber er hatte erst gestern einen Brief von seinem Patenkind bekommen. Gottlob aus einem Lazarett in Oberschlesien, der Franzl hatte einen Durchschuß im rechten Arm und konnte nur hoffen, daß es recht lange dauern möge. Zu schrecklich waren die letzten Tage gewesen, das saß ihm noch in allen Gliedern, „unsere Kompanie aufgerieben, alles tot und verwundet ...". Franz hatte die Sätze so oft gelesen, daß er sie schon auswendig hersagen konnte. „So hat es sie weggerissen, einer rechts, einer links, scheußlich zum Mitmachen."

Stalingrad hieß die Stadt, wo es so furchtbar gewesen war, und der Franzl betete zu Gott und Jägerstätter mit ihm, daß er noch möglichst lange nicht wieder dorthin geschickt werde. Oh, wie er diese Phrasen vom Heldentum und Opfertod verabscheute, die einem grausamen Hingeschlachtetwerden noch im nachhinein einen Sinn geben sollten! Billiger Trost für die Hinterbliebenen! Und am meisten verabscheute er die dumme Floskel von der „stolzen Trauer" der verzweifelten Mütter.

Und wieder hatte er das Heft aufgeschlagen und füllte Zeile um Zeile mit seiner schmalen, leicht nach rechts geneigten Kurrentschrift. Sie sagten, er müsse der Obrigkeit gehorchen, wie es die Kirche forderte, und Soldat werden. Wer aber konnte ihm garantieren, daß er Mensch blieb, wenn er sich denen so lange auslieferte, bis er nur noch ein willenloses Stück Fleisch war, müde, zermürbt, unfähig zu denken? Sich nur noch ans Überleben klammernd, auch wenn der Preis dafür die größte Scheußlichkeit war.

Jetzt konnte er noch denken, jetzt mußte er denken, bevor es zu spät war. Und er warf sich vor die Stufen des Altars und betete um eine Eingebung. Er schnitt Futter für die Tiere und betete. Er läutete die Glocke zur Morgenmesse und abends zum Segen und betete. Er spürte die Hostie auf der Zunge und dachte: Hilf mir bei meiner Entscheidung!

Da hieß es, man solle nur schön gehorchen, dann dürfe man alles mögliche tun, die Verantwortung trugen ohnehin die da oben. Aber war das christlich gedacht? Vergrößerte man damit nicht die Schuld der ohnehin schon Schuldigen ins Unermeßliche? Wie durfte man sie auch noch mit den eigenen Verbrechen beladen? Wird nicht Gott, dachte er, jeden von uns nach seinem Verstand beurteilen und nicht nur nach seiner Stellung, die er innegehabt hat? Wenn der da oben ehrlich glaubt, das Richtige zu tun, und wir, die überzeugt sind, das ist falsch, tun brav mit, nur um keinen Schaden zu haben – wer trägt dann die größere Schuld? Ist nicht jeder von uns für Hitler verantwortlich und damit für die ganze Welt? – fragte er sich. Wo stünde der mächtigste Mann Europas, wenn wir uns von Anfang an geweigert hätten, für ihn nach Warschau, Paris und Moskau zu marschieren?

Und er schrieb und schrieb, Seite um Seite, er fragte sich und die Priester, ob man als Christ überhaupt bei der Partei sein und für sie arbeiten durfte. Ob man die Kinder zur Hitlerjugend schicken durfte, die sie doch konsequent gegen die Kirche aufhetzte. Er konnte nur den Kopf schütteln, wenn er Menschen, die das Parteiabzeichen trugen, seelenruhig zur Kommunionbank gehen sah. Was für ein falsches, verlogenes Spiel, und das alles um irgendwelcher läppischer Vorteile willen! Was ist dir wichtiger, hätte er einem von ihnen am liebsten entgegengerufen, dein Glaube, die ewige Seligkeit oder deine Fleischhauerei? Aber er hielt sich zurück, darüber zu urteilen stand allein Gott zu.

Aber wenn man ihnen auch nur andeutete, wie man darüber dachte, hatten sie schon allerlei Argumente zur Hand, und das wirkungsvollste begann mit den Worten: „Der Herr Pfarrer ..." oder „Der Herr Vikar hat gesagt ..." Nie hatten sie auf ihre Priester hören wollen, jetzt auf einmal beriefen sie sich auf sie, und dann hieß es, Rom hat darüber noch gar nicht entschieden. Und wenn die Bischöfe selbst sagten: Tut eure Pflicht, kämpft opferwillig für euer Volk – dann sollte der Franz doch lieber den Mund halten! Auf keinen Fall hatten sie etwas dagegen gesagt – und da mußte sogar Franz Jägerstätter resignieren. Vielleicht war es am besten, wenn die Kirchenmänner darüber schwiegen. Wer würde ihnen auch schon gehorchen, wenn sie sagen würden: Leistet Widerstand, geht nicht in den Krieg!

Nur der Jägerstätter Franz mußte anders handeln. „Wir sollten nicht bloß Katholiken des Gebetes, sondern auch der Tat sein", schrieb er in sein Heft. „Freilich kann an dem ganzen Weltgeschehen nicht mehr viel geändert werden", schrieb er, „da hätte schon hundert oder noch mehr Jahre früher begonnen werden müssen." Die Menschen wollten Christen sehen, die nicht nur schöne Worte machten, sondern ein Beispiel gaben. An wem aber konnte man sich heute noch orientieren, wenn die Wegzeichen derart lose in der Erde steckten, daß jeder Windhauch sie umdrehen konnte?

Aber wenn einer aus Überzeugung zu wissen glaubt, was richtig ist, fragte er sich dann, und das immer öfter, ist er dann nicht verpflichtet, selber zum Wegzeichen für andere zu werden? Ihnen zu zeigen: Schau, es ist möglich! Ich kann es doch auch. Aber war er denn schon soweit? Warum lief er von einem Priester zum andern, nur um endlich zu hören: Ja, du hast recht! Wenigstens das, auch wenn dann der übliche Nachsatz kam: Aber deine Familie, dein Hof, dein Leben ... Und er brauchte sie doch, die Stellvertreter Christi. Wer war schon der kleine Leherbauer, daß er allein gegen eine ganze Welt aufstehen konnte! War das nicht grenzenloser Hochmut?

Ich versuche mir diese Monate des Franz Jägerstätter vorzustellen, wie endlos, wie ins Unerträgliche die Zeit sich zu dehnen scheint, wenn man wartet. Wie erschreckend kurz sie wird, wenn man denkt: Morgen schon kommt der Brief, und dann ist alles zu Ende. Um ihn herum das Lachen der ahnungslosen Mädchen, das so glücklich und unglücklich zugleich macht, die Freude an ihnen und zugleich der Gedanke: Was wird mit euch morgen sein? Was werdet ihr reden und tun, wenn der Vater fort ist und nicht mehr zurückkommt? Ihr und die Mutter?

Seltsam, zu denken, daß Franz Jägerstätter Tag für Tag an der Kirchenmauer vorbeigeht, dort, wo wenige Jahre später seine Urne beigesetzt werden soll, dort, wo seine Franziska, wo Freunde und Fremde unzählige Kerzen anzünden werden. Zu denken, wie viele Priester erst von der kleinen Kanzel und später vom Ambo an ihn erinnern werden, Priester und Bischöfe. Zu denken, daß an den Tischen, an denen er so oft gesessen ist, ein amerikanischer Historiker sitzen und die Dorfbewohner ausfragen wird, und später eine junge Studentin, um seinem Leben möglichst bis in den letzten Winkel nachzuspüren. Historikern ist es nicht erlaubt zu träumen, ihnen rechnet man jedes Wort und jede Jahreszahl nach, ich aber nehme mir das Träumen heraus. Im Tagtraum sehe ich, wie einer im Gasthof Hofbauer am Fenster steht, und ich höre, wie er sagt: „Der Leherbauer geht wieder vorbei." Und die Wirtin schüttelt den Kopf: „Ganz anders ist er geworden." Und vielleicht sagt sie auch: „Schlecht schaut er aus. So schmal." Und eine Stimme aus der Tiefe der Wirtsstube meint: „Dem haben sie beim Barras den Rest gegeben." Und einer, dessen Sohn in Rußland ist, sagt trotzig: „Dem geht's doch noch gut. Andere müssen viel mehr aushalten." Und ein Fronturlauber denkt: Wie gut, daß der Alte nicht weiß, was sie alles aushalten müssen! Und noch einer murmelt in sein Bierglas hinein: „Da hilft auch der Herrgott nicht."

„Aber der Bürgermeister könnt ihm doch helfen", sagt der am Fenster. „Und der Pühringer" – das war der Dorfgendarm – „hat doch vorgeschlagen, er macht für ihn ein Gesuch. Wegen Dienst ohne Waffe."

„Glaubst du, der Maulesel geht bitten?" ist die Antwort. Und der Vater dessen, der an der Front ist, denkt: Was tät ich dem Teufel alles zuliebe, um meinen Buben zurückzubekommen! Jetzt waren schon 14 Radegunder gefallen.

Und im Tagtraum sehe ich Franz Jägerstätter draußen herumirren, vom Hof hinunter zur Kirche und auf die Felder hinaus, denen der Schnee bald jede Farbe nehmen wird. Er denkt an die Briefe und Feldpostkarten der alten Freunde, sie müssen spüren, wie gut er sich in ihre Lage hineindenken kann – was sie aber nicht wissen können, auch sein Patensohn nicht, das ist, daß sie ihm die Antwort gegeben haben, die ihm die Priester schuldig geblieben sind. Wie Schafe hat man sie vorwärts getrieben, und sie mußten töten, verletzen und wurden verletzt, sie mußten zerstören, was nicht ihnen gehörte. Und begrüßten jede noch so schmerzende Wunde wie ein Geschenk. Und die unzähligen Einzelstimmen aus jener Zeit verschmelzen in meiner Vorstellung zu gigantischen Chören. Der Chor der Verletzten: „Herr Doktor, es geht mir nicht gut, ich hab noch so Schmerzen", und der Chor der kampfbegeisterten Hitlerjungen: „Wenn ich nur endlich so alt wäre!" Der Chor der Verzagten: „Wir werden doch alle gezwungen, was sollen wir tun?" Und hinter verschlossenen Türen das Geflüster von Berufsoffizieren und Intellektuellen, von Studenten und Arbeitern: „Wir müssen doch etwas tun, das geht nicht so weiter." Und die Stimmen gläubiger,

von ihrem Gewissen gequälter Christen mit der entscheiden-
den Frage: „Darf man den töten, der alles Unglück gebracht
hat mit seinen unseligen Ideen und seiner Hybris? Darf man
mit einem Mord das große Morden beenden?" Da wurden
Priester befragt, sagten nein, andere sagten ja, und jede Seite
hatte ihre Kirchenmänner, auf die sie sich berief.

Und wie stand es mit den Spionen und Saboteuren und
Widerstandskämpfern? Wie legitim war es, „dem Feind" zu
helfen und „die eigenen Leute" zu opfern? Erstaunlich, wie
viele Gegner Hitlers vom „Feind" sprachen und von „uns",
wenn sie die Nazis meinten! Es gab Eltern, die in diesen
Spionen, Saboteuren und Widerstandskämpfern die Mörder
ihrer Kinder sahen – die Aktivitäten dieser Leute haben ja
auch viele Menschenleben gekostet. Oh, diese Verwirrung!

Ich erinnere mich an einen Kaplan, über dessen mangeln-
des Interesse wir Jungen uns oft beklagten, er kümmerte sich
kaum um uns, keiner von uns kam an ihn heran. Daß er im
Widerstand war, haben wir erst erfahren, als er verhaftet und
später hingerichtet wurde. Er hatte die Standorte kriegs-
wichtiger Ziele für Bomber weitergegeben – dem „Feind",
der doch alles dazu tat, um uns dem Frieden näher zu bringen. Er wurde später bewundert, aber die Angehörigen der
Toten in den bombardierten Rüstungsbetrieben dachten
anders darüber.

Auch Graf Stauffenberg und seine Freunde quälten sich
lange mit dem Gedanken: Was tun? Und in Berlin arbeitete
der evangelische Pfarrer Bonhoeffer mit Admiral Canaris
gegen Hitler. Er wäre gern Militärgeistlicher geworden, man
hatte es ihm verwehrt, und als Soldat kämpfen und töten, das
wollte und konnte auch er nicht.

Franz Jägerstätter hörte nichts von diesem vielstimmigen
Chor, er kannte nur Menschen, die sich mit diesem mör-
derischen Wahnsinn bereitwillig abfanden, er muß sich
grenzenlos einsam gefühlt haben. Er konnte einfach nicht
begreifen, daß ein Christ für die Feinde seines Glaubens in

den Krieg zog. Zündet einer sein Haus an, weil man ihm droht, er wird sonst bestraft? Wer brächte es fertig, seine Familie, die er liebt, umzubringen, nur um das eigene Leben zu retten? Und wie heilig können schon Haus und Familie sein im Vergleich zum Glauben an Christus und die ewige Seligkeit? Oder hatten sie den Glauben daran schon so lange verloren?

*

Zweimal Sommer, zweimal Herbst, ein Winter und ein Frühling waren Franz und Franziska bisher geschenkt worden. Jetzt brach der zweite Winter an, und Franz glaubte fast körperlich zu spüren, wie das Unheil näher kam. Das Unheil, das zum Heil werden sollte. Aber alle Hoffnung auf dieses Heil konnte die Angst vor der Trennung von Fanny und von den Kindern nicht hinwegfegen. Jede Liebe zu einem Menschen drängt auf Dauer, jede Körperzelle will leben und lehnt sich gegen die Vernichtung auf. Das spürte er nicht nur selbst, das las er auch aus den vielen Soldatenbriefen. Davon hatte ihm der kleine Franzl, der wieder gesund war und dem neuen Fronteinsatz entgegenbangte, schon oft geschrieben, dazu die erschreckende Drohung jenes überzeugten Nazis: „Wir werden es euch nach dem Krieg schon noch beibringen – und wenn es im guten nicht geht, so geht es mit Feuer und Schwert." Da war sie ganz offen ausgesprochen, die Kriegserklärung an alle, die sich noch erlaubten, an Gott zu glauben. Es gab welche, die hofften, nach dem Krieg werde das Christentum aufblühen wie ein Baum im Frühling, aber Franz hatte seine Zweifel daran, sie grenzten schon an Gewißheit. So viel Elend hatte der Krieg schon über die Welt gebracht und so viel gekostet – was wird da für die Armen in dieser Welt noch übrigbleiben? – fragte er. „Wir haben es nach dem Krieg genau nicht besser", hatte der Manglberger geschrieben, „wir sind und bleiben die armen Menschen, die sich nicht helfen können!"

218

Und der Franz gab ihm in Gedanken zur Antwort: Es wird noch viel schlimmer werden, als es je war, selbst reiche Länder werden verarmen. Übrigbleiben werden Hunger und Chaos, und daraus wird eine grenzenlose Gier wachsen. Wer wird arm bleiben wollen und mit den Armen teilen? Wer wird noch bereit sein, zu leiden und zu verzichten? Wofür leiden? – werden sie fragen. Für wen verzichten? Der Glaube wird zur Maske werden, die man abwirft, wenn selbst der Schein lästig wird. Sie reden jetzt dauernd von schrecklichen Waffen, die die Menschen erfunden haben und noch erfinden werden. Aber selbst wenn es eine Waffe gäbe, die die ganze Welt in Trümmer schlagen könnte, sie wäre nicht so entsetzlich wie die Gottlosigkeit, mit der man die Menschen zerstört. Wieviel wird man dann den Kindern noch von Christus erzählen? Sie sollen es ja gut haben, wird es heißen, und Christus ist unbequem. Wie viele werden die Gebote abschütteln wie eine überflüssige Last. Und wann wird die Welt vergessen haben, daß sie erlöst ist?

*

Das Deutsche Reich schien am Gipfel seiner Macht zu sein, vom Nordkap bis Nordafrika, von der Kanalküste bis zur Halbinsel Kertsch standen seine Soldaten, Wehrmacht, SA, SS und Parteiorganisationen hielten das riesige Gebiet mit eiserner Faust zusammen. Zwar hatte Deutschland jetzt auch den Vereinigten Staaten den Krieg erklärt, dafür aber stand Japan an seiner Seite, dessen Streitkräfte schon nach wenigen Monaten das Gebiet von Hongkong, Singapur, Niederländisch-Indien und den Philippinen bis zu den Pazifikinseln Guam und Wake erobert hatten. Es sah also eher aus, als könnten die Deutschen und ihre Verbündeten den Krieg doch gewinnen, und Franz fürchtete, für seine Kinder könnte es in der Schule bald keinen Religionsunterricht mehr geben. Er mußte also selber einspringen, seine drei Mädchen sollten eine Glaubenslehre in die Hand bekommen, wie ihr Vater sie sich vorstellte. Kurz entschlossen nahm er ein Blatt Papier aus dem Schrank und begann eine Liste der Themen aufzuschreiben, die ihm am wichtigsten erschienen:

Vom Glauben
Von der Demut
Vom Beten
Von der Sünde
Von den Vier Letzten Dingen
Vom Leiden
Von der Menschenfurcht ...

Er wußte nicht, wieviel Zeit ihm noch blieb, er mußte jeden Tag nützen.

Manchmal dachte er an Flucht, nicht ins Ausland, solche Möglichkeiten gab es für ihn nicht. In den Wäldern finden sie mich nie, dachte er. Im Weilhartforst, den er jetzt öfter durchstreifte, kannte er jeden hohlen Baum, und da war auch das Unterholz kaum zu durchdringen. Rudolf, der Drittordensbruder, war auf Heimaturlaub gewesen und hatte mit seiner Frau auch die Jägerstätters besucht. Die beiden Männer hatten den Forst lange durchstreift, aber Rudolf war trotz seiner Güte und Frömmigkeit ein eher unsicherer Patron, auf den man sich im Ernstfall wenig verlassen konnte. Als sein Urlaub zu Ende war, ging er auch brav wieder zu seiner Einheit zurück.

Franz aber dachte in erster Linie an Franziska, sie würde die Hauptlast zu tragen haben, und niemand würde ihr glauben, daß sie nicht wußte, wo ihr Mann sich versteckt hielt. Sie würde ihm das Essen bringen müssen und beobachtet werden, und eines Tages würden sie ihn ja doch erwischen und Franziska mit ihm. Er gab den Gedanken wieder auf, nahm die Feder zur Hand und begann weiterzuschreiben. „Wer gibt uns die Garantie, daß es nicht im geringsten mehr sündhaft ist, einer Partei beizutreten, deren Bestreben es ist, das Christentum auszurotten?" schrieb er. Vor ein paar Jahren noch hatten sie gesagt, jeder Nationalsozialist müsse exkommuniziert werden – was hatte sich inzwischen geändert? Er dachte an den Bischof in Linz, Gföllner war gestorben, und sein Nachfolger hieß Fließer, er sollte ein recht umgänglicher Mensch sein. Ob Franz ihn danach fragen konnte?

*

Auch ich bin an einem Tisch gesessen und habe geschrieben. Mein erstes Theaterstück. Ich hatte meinen Helden gefunden, keinen Heiligen, keinen Märtyrer, nicht einmal einen Aufrührer um der Freiheit willen wie Spartakus – ein großer Eroberer mußte es sein, Hannibal, der unversöhnliche Gegner Roms. Ob es als Entschuldigung gelten kann, daß ich mir einen ausgesucht habe, der trotz seiner Eroberungen letztlich gescheitert ist? Von allen verlassen, von den Römern gejagt, bis er selbst seinem Leben ein Ende machte. Sicher war das die Uridee, die Darstellung des scharfsinnigen Strategen, der seine Soldaten begeistern und selbst über die verschneiten Alpen jagen kann. Angeblich grausam, skrupellos, barbarisch, angeblich milde und ritterlich, ein hochgebildeter Edelmann, der legendäre Siege erfocht. Der die Römer in Angst und Schrecken versetzte und dennoch, schon als Sieger, ruhelos wie ein Ausgestoßener mit seinem kleinen Heer von Ausgestoßenen in Italien umherirrte. Bis er wieder nach Afrika zurückmußte.

Sein Gegner das Römische Reich, dessen unübertroffenes Herrschaftssystem aus Gewalt, Rechtsempfinden und Duldsamkeit im Begriff war, sich fast die ganze damals bekannte Welt zu unterwerfen. Rom, das unbesiegt auch noch bei Cannae blieb, wie Franz Grillparzer seinen Scipio vor der letzten Schlacht zu Hannibal sagen läßt, und das kulturelle

Erbe Ägyptens, Griechenlands und des Orients in sich aufnahm und an Europa weitergab.

Allmählich aber vollzog sich in dem Jungautor ein seltsamer und dauernder Positionswechsel. Hier die schreckliche Faszination durch den vom Haß gegen Rom getriebenen Karthager – dort die Bewunderung für das Idealbild einer noch humanistisch erzogenen Generation. Für einen Ordnungsstaat nach außen und innen, irdischer Abglanz einer größeren Ordnung. Ob *mein* Hannibal im Grunde Adolf Hitler war oder allmählich zu Hitler wurde? Ob meine Bewunderung für den Karthager, mit Abscheu verbunden, auch dem ruhelosen, vom Haß gegen alles Nicht-Arische besessenen Innviertler galt? Ob *mein* Rom im Grunde das so lang ersehnte Vaterland aller Deutschnationalen war, eben dabei, sich das ganze Abendland einzuverleiben? Das insgeheim auch manchmal von mir bewunderte Reich? Ob ich damals überhaupt begriffen habe, wie meine Konstellation – unversöhnliche Feindschaft zwischen Rom und dem Karthager – sich zu meiner Zeit, wenn auch in ganz anderer Form, wiederholte? Was man auch tagtäglich zu spüren bekam: In dem absurden Verlangen so vieler, das große Deutschland werde siegen und Hitler verschwinden? Im Haß der hohen Militärs, weil ihre glorreiche deutsch-preußische Armee nach so vielen Dürrejahrzehnten ausgerechnet unter diesem verachteten Emporkömmling seine größten Erfolge erzielen durfte? Jedenfalls war ich damals nicht sehr immun gegen den Zauber der Macht, in welcher Form immer sie auftrat, auch wenn ich es nicht wahrhaben wollte, nicht mir selbst gegenüber und nicht gegenüber meinem Vater und meinen Freunden.

Und wenn nach allem, was ich damals wußte, schon ich so anfällig dafür war – wie muß es erst in anderen jungen Leuten ausgesehen haben, in deren Elternhaus Hitler als Halbgott verehrt und jede Eroberung zum neuen Heiligenschein für Volk und Vaterland wurde?

Ich habe Franziska Jägerstätter gefragt, wie das gewesen ist, als der Brief mit der Einberufung kam. Ich habe sie gefragt, ob so ein Brief eine bestimmte Farbe hat, an der man ihn sofort erkennt. Ich wollte mir eine dramatische Szene ausdenken und hab sie gefragt, ob es in der Diele ein Tischchen oder eine Truhe gegeben hat, wo der Brief gelegen sein könnte, den man auf den ersten Blick erkennt, wenn man eintritt, der Franz oder die Frau oder beide. Ich stellte mir vor, wie sie einander an den Händen festhielten, fest, ich weiß nicht, wie lange. Sie aber hat nur den Kopf geschüttelt und leise gesagt: „Ich hab den Brief gar nicht gesehen. Ich war nicht dabei. Er hat es mir später gesagt. Er hat gesagt: ‚Jetzt hab ich mein Todesurteil unterschrieben.‘"

Ihr Gesicht war schmal geworden in den letzten Wochen, es schien nur noch aus Augen zu bestehen. Sie wußte, wie er jeden Tag den Briefträger erwartete, und wartete selber auf ihn, sie sah, wie er aufatmete, wenn der Brief nicht gekommen war, und atmete auf wie er. Noch 24 Stunden, noch eine Frist. Er konnte ihr Zittern spüren, ihre Angst, ihre Hoffnung, und manchmal schrie es in ihm auf: Ich will leben! Manchmal schrie es in ihr auf: Warum willst du denn nicht? Warum kannst du nicht? Warum darfst du nicht leben?

Aber sie wußte es längst, immer wird dieser große Schmerz zwischen ihnen sein, dieses sein quälendes Mitleid mit ihr, das sie spürte, und ihr Mitleid mit ihm, das ihrer Liebe zu ihm entsprang. Ihrem Wissen, daß sie ihn nicht halten durfte, weil sie ihn so sein lassen mußte, wie er war. Daß sie nichts tun durfte und nichts tun wird, um ihm seine Ängste, seine Zweifel, seine Gewissensqualen, die zugleich die ihrigen waren, zu nehmen. Was für eine Liebe, deren höchster Ausdruck es ist, widerstandslos zuzusehen, wie der Geliebte die banale, begehrenswerte Leichtigkeit eines Lebens aufgibt und seinem Verderben entgegengeht, wie alle sagen, um das andere Leben zu gewinnen, das dem Menschen zugedacht ist! Was für eine Liebe, wissen zu müssen: Mit allem, was ich bin, werde ich dir täglich und stündlich Schmerzen zufügen! Denn nur dann, wenn ich der bin, der ich sein muß, weil Gott es so will, bin ich der, den du lieben kannst. Den du von allem Anfang an gewollt hast, weil du spürtest, daß du nur dann die sein kannst, die du bist. Darum auch wirst du dem Schreiber dieser Zeilen auf seine naive Frage, wie wir zusammengekommen sind, ich, der Gast, und du, die Küchenhilfe, einmal sagen: „Ich hab schon gewußt, was ich tun muß, damit er mich findet."

*

Seine Exzellenz war verärgert. Da saß dieser fremde Mensch nun schon eine ganze Weile ihm gegenüber, und sie waren einander noch keinen Schritt nähergekommen. Und das ihm, dem geborenen Diplomaten, dem man nachsagte, beim starrsinnigsten Kontrahenten nach kürzester Zeit zum angepeilten Ziel zu kommen. Sogar der Gauleiter hatte schon eine diesbezügliche Bemerkung gemacht – auch wenn darin offensichtlich ein Seitenhieb auf den hochverehrten Vorgänger verpackt war.

Aber gegen den Bauern da war Bischof Gföllner geradezu ein Ausbund an Konzilianz gewesen. Den er natürlich gleich hatte zitieren müssen, aus dem berühmten Hirtenbrief von 33, sein Credo offenbar. Und dann sofort sein Hauptanliegen: Keinen Dienst mit der Waffe für dieses Regime. Ein kompletter Wahnsinn, der sichere Tod. Erwartete er, daß der Bischof ihm dabei assistierte? Selbstmord mit dem Segen der Kirche? Woher kam er überhaupt? Aus St. Radegund an der Salzach? War dort nicht auch der Pfarrer Karobath gewesen, der diese Brandpredigt gehalten hatte und jetzt irgendwo in der Verbannung saß? Die Weisung des Ordinariats, wohlgemerkt noch aus der Zeit Gföllners, jede abfäl-

224

lige Kritik an staatlichen Maßnahmen zu unterlassen, hatte er wohl erst gar nicht gelesen. Und das war nun ein wahrhaftiger Schüler dieses Herrn, dunkle, brennende Augen, einer dieser Fanatiker halt, Sektierer, wie sie jetzt überall herumliefen, verwirrt von dieser schrecklichen Zeit. Brach da einfach herein, ohne Anmeldung, ohne Empfehlungsschreiben, setzte sich hin und – der wäre noch morgen im Vorzimmer gesessen! Und kaum hatte man sich seiner erbarmt, legte er auch schon los: Ungerechter Krieg, Christ kann nicht zugleich Nazi sein, nicht unter einem Tyrannen dienen …

Aber was wußte der Kerl, was auf so einem Bischof lastete! Wie viele Priester sie ihm schon verhaftet hatten, eingesperrt, ins KZ gesteckt, wie sie versuchten, ihm die Jugend zu nehmen! Um jeden Quadratmeter Klosterboden mußte man kämpfen, und die Sorge um die vielen Männer an der Front, die Alumnen, die katholischen Familienväter! Sie alle hatten begriffen, was zu tun war – nur der da wollte gescheiter sein. Besser sein, ein „reicher Jüngling", der dem Herrn erklärt, daß er heiliger sein will als das gewöhnliche Kirchenvolk. Könnte ein Zeuge Jehovas sein, die führten ja auch dauernd Bibelzitate im Mund – oder ein Agent provocateur? Das eher nicht, dazu sprach sich der Gauleiter Eigruber zu gut mit dem Fließer, als daß er sich auf das Risiko eines unbekannten Nachfolgers einließ. Außerdem, einen Bischof hatte es noch nie erwischt, das warf man ihnen ja auch oft genug vor. Ins Gefängnis kamen nur Sekretäre und andere subalterne Kollarträger, die Bischöfe blieben verschont. – Ob er eigentlich ein Feigling war? Er erinnerte sich noch an das Herzklopfen, als Monsignore Weinbacher von dem Überfall der HJ-Horden auf das Erzbischöfliche Palais in Wien erzählt hatte. Die zerfetzten Bilder an den Wänden, das in die Rotenturmstraße hinabstürzende Mobiliar – wenn Eminenz nicht in letzter Minute durch den Geheimgang entkommen wäre – aber der da war bestimmt kein Feigling, der dürstete förmlich nach dem Martyrium …

Bischof Fließer seufzte tief auf und blickte auf die Uhr, indes der junge Mann aus St. Radegund sicher schon zum dritten Mal seine Motive darlegte, warum er nicht in den Krieg gehen konnte. Nicht konnte, sagte er, irgendwie schon eindrucksvoll, dieser Mann! Wie hieß er noch? Exzellenz hatte es schon wieder vergessen, auf keinen Fall ein Dutzendname, kein Müller, kein Huber – aber in 20 Minuten war der nächste Termin, und ein äußerst unangenehmer. Der SS-Standartenführer Peterseil hatte sich eine neue Attacke auf den oberösterreichischen Kirchenbesitz ausgedacht, ein gefährlicher Mann, der ihn haßte, weil er es einer Fließerschen Intrige zuschrieb, daß Partei und SS in Linz auf einmal nicht mehr so harmonierten wie früher. Ob sein Gegenüber wirklich glaubte, es sei dem Bischof gleichgültig, wie dieser Antichrist seine Schäflein in den Krieg jagen, zu Krüppeln schießen und umbringen ließ? Was wußte er schon von dem Kampf, den sein Bischof um jeden einzelnen Priester führen mußte? Von den Tricks, immer wieder selbständige Seelsorgeposten aus dem Boden zu stampfen, immer in Sorge, die Nazis könnten einmal dahinterkommen, wie der Fließer eine winzige Lücke in ihrer eigenen Verordnung ausnutzte: Priester auf solchen Seelsorgeposten mußten nämlich nicht einrücken, die „Exponierten Lokalkapläne", die „Kirchenrektoren", die „Expositi" und wie er sie sonst noch benannte. Er hatte damit schon etliche Dutzend den Klauen der Wehrmacht entrissen und vielleicht auch dem Tod. Bischof Gföllner hatte solche krummen Touren, wie er das nannte, immer abgelehnt – aber wo hätte er nach dem Krieg seine Priester hergenommen?

Exzellenz mußte plötzlich seinen Gedankenfluß stoppen. Merkwürdig, dachte er, gegen wen verteidige ich mich da dauernd? Hab ich eine Rechtfertigung nötig? Er musterte mißtrauisch den Besucher jenseits des Schreibtisches, der seinem Blick standzuhalten versuchte, als wäre das ein Sport mit Siegern und Besiegten.

226

Franz hatte seinen Fall vorgetragen und Zwischenfragen beantwortet, alles in der irrsinnigen Hoffnung, der Bischof könnte ihm einen Ausweg zeigen, etwas, das ihn einfach zwang, das Richtige zu tun. Draußen auf der Straße wartete seine Frau, hinausgehen und ihr sagen dürfen, Fanny, ich darf am Leben bleiben, vorläufig, der Bischof hat es gesagt! Der Bischof ist eine Autorität, ein heiliger Mann, und er wird auch nicht sagen: Das vierte Gebot, wie die andern. Nicht: Ihr Hof, Ihre Frau, Ihre Kinder! Nicht: Was verstehst du schon, kleiner Bauer, von den Grundsätzen der katholischen Moral? Er weiß auch, schon 15 Männer aus St. Radegund sind gefallen, und das bedeutet mehr als drei Dutzend Witwen und Waisen. Und nichts hat ihnen ihr Gehorsam genutzt, nichts die heroische Pflichterfüllung nach Gottes Willen, wie sie das nennen.

Nein – Franz hatte längst gewußt, daß es keinen Ausweg gab, er hatte nur wenigstens Verständnis, Zustimmung, einen Zuspruch erhofft. Aber da saß der massige Mann mit dem runden Gesicht und dem Doppelkinn und betrachtete seine dicken Finger und hatte nicht mehr zu sagen als alle andern auch. Wer mußte sich da nicht die verzweifelte Frage stellen, ob die geistlichen Herren bis hinauf zum Herrn Bischof noch glaubten, was geschrieben stand? Hatten sie Christi Forderung, ihm nachzufolgen, ihn mehr zu lieben als Vater und Mutter, als Sohn und Tochter, schon aus ihren Perikopenbüchern gestrichen? Waren alle die Märtyrer Narren gewesen? Hatten die nicht auch Menschen gehabt, die sie verlassen mußten, geliebte Menschen, die um sie weinten? Hatte nicht auch Jesus seine Mutter allein lassen müssen in ihrem entsetzlichen Schmerz? Wie konnte für einen Bischof der Tod so schlimm sein und das Erdenleben so kostbar, daß man es um jeden Preis noch ein Stückchen verlängern mußte? Selbst um den Preis einer Todsünde? Gab es denn keine Ewigkeit? Wer sein Leben rettet und dabei seine Seele verliert – galt dieses Wort überhaupt nichts mehr?

Der Zeiger der Uhr rückte unerbittlich weiter, unten im Hof fuhr ein Auto vor. Schon fast eine Stunde rang der Bischof mit dem Innviertler Dickschädel um dessen Leben. Und immer diese Augen, er konnte sich nicht losreißen von ihnen, er hatte plötzlich den Wunsch, für den Mann noch ein bißchen Zeit zu haben. Ihm noch sagen zu können: Sehen Sie, mit der Kirche ist es wie mit dem Schachspiel, oder so ähnlich. Man muß so viele Züge vorausdenken und kann doch nie wissen, welcher einmal der falsche sein wird, und das macht einem angst, entsetzliche Angst. Wer weiß denn, mit welchem Gegner man spielt? Der Eigruber? Der Hitler? Das sind doch kleine Leute, die werden die Kirche nicht über- leben, auch wenn sie jetzt noch so gefährlich sind. Unser wirklicher Gegner ist die Zukunft, und wer kann die ein- schätzen! Er verspürte plötzlich den Drang, dem Mann da noch etwas sagen zu dürfen. Einmal, mitten in der Nacht, war ihm der kalte Angstschweiß ausgebrochen bei dem Ge- danken, es könnte einmal einer kommen und ihn fragen: Warum haben Sie uns denn nie klar gesagt, wofür wir da kämpfen – und sterben? Sie haben es doch immer gewußt! Müssen es gewußt haben.

Lächerlich! Er war der Bischof, er hatte eine Entschei- dung zu fällen, und die Zeit war nur noch kurz. „Ich sehe, Sie müssen diesen Weg gehen“, sagte er, es fiel ihm nicht leicht, es zu sagen. „Aber Sie dürfen ihn nur gehen, wenn Sie ganz sicher sind, daß diese – Berufung nicht aus Ihnen selbst kommt, sondern nur durch eine außerordentliche Einspre- chung von oben.“

Franz Jägerstätter nickte. Mehrmals. Er spürte, daß das keine echte Zustimmung war, aber er war froh, daß der Bischof es ausgesprochen hatte. „Ja“, sagte er. „Ja, das weiß ich.“

Eine klare Antwort, Bischof Fließer fühlte Erleichterung. Ob der Mann die Wahrheit sagte oder nicht, das war jetzt eine Sache zwischen ihm und Gott. Er war außer Obligo. Er erhob sich, und sein Besucher sprang auf. Rührend, mit welcher Ehrfurcht er den Bischofsring küßte! Hätte man nicht doch noch ein bißchen nachdenken sollen, wie dem Menschen zu helfen war? Aber man konnte es nachholen. Er drückte auf die Klingel, und die Tür öffnete sich. Sie blieb noch einige Sekunden offen, und der Bischof sah, wie der Mann mit hängenden Schultern den Gang entlangging. Dann schloß sich die Tür.

Ob er nicht zu beneiden war – trotz allem? Er ging in die Freiheit einer Entscheidung hinein, die dem Bischof wohl immer verwehrt bleiben würde. Der mußte Diplomat sein, mußte abwägen, taktieren, Rücksichten nehmen, er mußte grübeln, immerfort grübeln, jede kleinste Entscheidung war von Zweifeln belastet.

„Wie heißt der Mann?" fragte er den Sekretär, der jetzt eintrat und den SS-Standartenführer meldete.

„Jägerstätter, Exzellenz. Franz."

„Ach ja, Jägerstätter …"

„Und was hat Ihr Mann gesagt, als er aus dem Palais herausgekommen ist?" fragte ich, als ich Frau Jägerstätter das letzte Mal besuchte. „Er war sehr traurig", gab sie zur Antwort. „Er hat gesagt: ‚Sie trauen sich selber nicht, sonst kommen sie selber dran.'"

*

Orje feierte den fröhlichsten Karneval seines Lebens. So sollte jeder Karneval sein! Diesmal war es ein Maskenfest im Kreis der Kameraden mit dem Totenkopf, und er kam, wie auch anders bei seiner Statur und seiner Schwärmerei für Wagnermusik, als Jung Siegfried mit dem gehörnten Helm. Eines der Filmmädchen aus Babelsberg, die zum Gefolge der hünenhaften Totenkopfträger gehörten, hatte sich als Zigeunerin verkleidet und sagte die Zukunft voraus. Sie schnappte sich auch Orjes Hand und faselte von Heldentaten, Auszeichnungen und einem schwindelnden Aufstieg im großen Reich.

Hätte die Hübsche tatsächlich in die Zukunft geschaut, sie hätte ihm ganz andere Dinge erzählen müssen. „Nach Stalingrad", hätte sie begonnen, „wird es mit Deutschland bergab gehen, und leider auch mit dir. Noch ein Jahr, und sie werden dich zur Waffen-SS abstellen und an die Front schik-ken. Die Reichskanzlei braucht keine Langen Kerls mehr, der Führer wird ab nun nur noch in Bunkern leben. Aber da wird ein Unterscharführer sein, dein verehrter Uscha, ein ganz gefinkelter Hund, da werden noch vier andere Kamera-den sein, denen der Heldentod genauso stinkt wie dir. Und eines Tages wird euch der Uscha beschwatzen, gemeinsam mit ihm zu desertieren. Marschbefehle kann man fälschen, wird er erklären, Stempel kann man klauen oder sich anders beschaffen, und ihr werdet umherirren durch das immer kleiner werdende Reich. Aber nie an der Front! Ihr werdet euch eine Zeitlang bei deiner Mutter verkriechen, diesmal mit gefälschten Urlaubsscheinen, und der Iwan wird immer näher kommen. Bald wird es nur noch eine Frage des Glücks sein, wer euch zuerst schnappt, der Iwan oder die Ketten-hunde einer Straßenstreife."

„Und dann hör ich Geschützfeuer", würde das Mädchen sagen, wenn es die Zukunft wirklich voraussehen könnte, „ich seh einen Wald, und deine vier Kameraden sind alle schon tot. Eine Fliegerbombe hat sie getroffen, und der Uscha liegt schwer verwundet auf dem Boden. Du bist als einziger übriggeblieben und weißt jetzt nicht, was du tun sollst. Und auf einmal kommt ein junger kahlgeschorener Russe auf euch zu, mit rundem Schädel, rundem Gesicht und verlauster Uniform. Er bleibt erschrocken stehen und glotzt euch an, und du glotzt zurück. ‚Schieß doch, du Trottel!' schreit der Uscha, er selbst kann sich nicht rühren. Du hast die Pistole gezogen, entsichert und auf den Russen gerichtet – aber du kannst nicht abdrücken. ‚Schieß, schieß!' schreit der

Uscha, aber du kannst nicht schießen, auch wenn du's gelernt hast. Du bist kein Held, du kannst kein Leben auslöschen, du spürst, das ist ein Mensch wie du, und er hat Angst wie du und hat vielleicht eine Mutter wie du, die auf ihn wartet. Vielleicht ist er ein Mörder, eine Bestie, aber er lebt, er hat nur das eine Leben. ‚Schieß, Orje, schieß!' Du wärst ihm nie begegnet, wenn der Hitler nicht diesen Krieg begonnen hätte. Seine Wangen sind rot, du kannst kein Loch in sie hineinschießen, aus dem das Blut rinnt, das er zum Leben braucht ..."

„Und dann sehe ich dich gefangen", würde das Mädchen sagen, „du hast statt zu schießen die Arme gehoben, und dem Russen hat deine Uhr gefallen, das hat dir das Leben gerettet. Zwei Jahre in einem sibirischen Bergwerk, eine schreckliche Zeit. Aber irgendwann wirst du doch endlich heimkommen, zu deiner Mutter, ihr werdet arm sein, und du wirst dein Leben lang ein Arbeiter bleiben. Aber einmal wirst du vielleicht doch zu fragen beginnen, was hinter den Kirchenmauern, hinter dem Tor, hinter dem deine Mutter jeden Sonntag verschwindet, wirklich geschieht. Und wirst fragen, ob da vielleicht doch etwas dran ist. Du hast ja auch den jungen Russen leben lassen."

„So ein Quatsch!" hätte Orje protestiert und seine Pranke aus den Händen des Mädchens gerissen. „Natürlich hätt ich geschossen! Lauter Blödsinn, was du da redest! Ich bin doch kein Feigling! Und was du da von Stalingrad sagst – natürlich werden wir siegen. Weil wir siegen müssen!"

Und da es die Siege bald nicht mehr geben wird, an denen er vielleicht noch teilnehmen könnte, nur noch „Frontbegradigungen", taktische Rückzüge und regelrechte Flucht bis Wien, Berlin und zur „Alpenfestung", bis sein oberster Kriegsherr von blindem Haß erfüllt dekretieren wird, ein Volk, das nicht siegen könne, sei seiner nicht wert und solle nur untergehen, wird Orje träumen. Von alldem träumen, was nicht mehr Realität sein darf, es sei denn, er hat am

Abend vorher zu viel getrunken und schläft wie ein Stein. Und das wird gut sein, denn er wird viel Kraft brauchen für den nächsten Tag.

*

Ich war wieder in St. Radegund, im Februar dieses Jahres, und dann auch drüben in Altötting. Eine kurze Fahrt mit dem Wagen, ein langer Weg für das Ehepaar Jägerstätter auf der Suche nach Hilfe und Trost. Ich habe den von Kirchen umdrängten Platz mit der kleinen Gnadenkapelle und den von unzähligen Votivbildern geschmückten Außengang des winzigen Gotteshauses durchwandert. Eine alte Frau hatte sich eines der Holzkreuze, die hier aufgestapelt lehnen, auf die Schulter geladen und trug es andächtig betend rund um das Heiligtum. Einmal, zweimal, ich weiß nicht, wie oft, dann drängten mich schon die anderen Pilger in die Kapelle hinein.

Vor 49 Jahren, im Winter, waren auch Franz und Franziska hier gewesen. Wie noch vor gar nicht so langer Zeit als strahlendes Brautpaar in St. Peter zu Rom knieten sie jetzt in der winzigen Kapelle mit dem Gnadenbild und der silbernen Statue des seligen Bruders Konrad. Mag sein, daß sie Glück hatten wie meine Frau und ich, und eine Pilgergruppe hatte eine Messe bestellt, und so kann es sein, daß der Weg zur Kommunionbank Franziska wieder einmal an eine Episode in St. Radegund erinnerte. Wieder hatten sie unter der Woche die Messe besucht, wieder war der Augenblick der heiligen Kommunion gekommen, und Franziska stand auf, um zum Altar zu gehen. Franz aber blieb knien. Sie sah ihn an und erschrak über seinen Gesichtsausdruck, sie sah, daß er nach dem Sakrament hungerte, auch diesmal, aber er stand nicht auf, er ging nicht nach vorn, irgend etwas mußte geschehen sein. Sie sah, daß der Priester wartete, den Kelch in der Hand, und hatte Mühe, auf ihn zuzugehen. Was war geschehen?

Als sie heimgingen, redeten sie lange kein Wort, er war schon seit gestern sehr verändert gewesen, aber jetzt fiel ihr das erst richtig auf. Wie ein Geschlagener ging er neben ihr her.

„Was hast du, Franz?" fragte sie endlich, aber er gab keine Antwort, er schien es nicht fertigzubringen.

Franziska gab nicht auf. Sanft und beharrlich fragte sie wieder, der Hof kam näher, und dort waren die Kinder – da brach es plötzlich aus ihm heraus. Es hatte eine schreckliche Szene gegeben mit dem Vikar, wieder einmal hatten sie darüber debattiert, daß Franz nicht zum Militär wollte und warum, und es waren harte Worte gefallen. Und dann das härteste Wort: „Das ist Selbstmord. Glatter Selbstmord."

„Selbstmord, Fanny", wiederholte er Fürthauers Verdikt, ein Glück, daß sie dem Hof noch nicht allzu nahe waren, laut stieß er es hinaus. „Er hält mich für einen Selbstmörder, stell dir das vor! Wie kann ich da zur Kommunion gehen? Mit so einer Sünde auf dem Gewissen! Mit so einer Sünde!" –

Schwarz und silbern sind die Farben der Gnadenkapelle von Altötting, von der kleinen, unter der Last des Prunkgewandes beinahe erdrückten Figur der Madonna scheint etwas von der Liebe des Mädchens aus Nazaret, vom Schmerz der leidenden Mutter auf die Betenden herabzuströmen. „Dein Sohn, Maria, ist für uns gestorben, für uns hast du ihn geboren, für uns hast du ihn sterben gesehen. Bitte für uns!" –

Auch damals auf dem Heimweg von der Kirche hatte sie gebetet: „Lieber Gott, gib mir die richtigen Worte! Wie komm ich sonst gegen den Fürthauer an! Mein Franz und ein Selbstmörder! Heilige Mutter Gottes, bitte für mich, daß es mir gelingt!" Und es war ihr gelungen, sie mußte ihn ja nur an das erinnern, was er selber wußte, was er ihr und den Verwandten und den Nachbarn immer wieder gesagt hatte, was nur unter der Anklage des Priesters plötzlich verschüttet war: Wenn es Selbstmord war, daß Franz sich weigerte, den

Todfeind seiner Kirche zu unterstützen und notfalls für ihn zu sterben, dann waren schon die römischen Christen, die sich geweigert hatten, für ihren heidnischen Kaiser zu kämpfen, Selbstmörder gewesen. Dann war jeder Märtyrer, der lieber den Tod auf sich nahm, als seinen Gott zu verleugnen, ein Selbstmörder. Dann war jeder Missionar, der sich im Dienste Christi in Todesgefahr begab, ein Selbstmörder. Dann bestand die ganze Kirchengeschichte aus Millionen von Selbstmördern, von den Aposteln bis heute. Am nächsten Tag waren sie wieder zur Messe gegangen – und gemeinsam zum Tisch des Herrn.

Und jetzt betete Franziska, wie schon seit vielen Monaten jeden Tag, auch vor dem Gnadenbild, der Krieg möge zu Ende gehen, bevor ihr Franz vor die schreckliche letzte Entscheidung gestellt werden sollte. Sie betete aber auch, daß er, wenn es anders nicht möglich war, nicht allzusehr leiden müsse. „Befreie ihn von seiner Gewissensnot und laß ihn den Frieden finden, den er sucht", betete sie. Ich könnte mir aber auch denken, daß sie vor dem Palais des Bischofs noch alle ihre Hoffnung auf den Kirchenmann geworfen und der Versuchung nachgegeben hat, darum zu bitten: Laß ihn stärker sein als den Franz!

Aber sie wußte längst, daß sie ihn gehen lassen mußte, so schlimm sein Weg auch sein würde. Sie wußte zwar, daß es ihr gelingen könnte, ihm ihren Willen doch noch aufzuzwingen, dazu bedurfte es keiner klugen Nachbarinnen, die von „weiblichen Waffen" und dergleichen redeten, um den Franz „rumzukriegen". Der doch auch nur ein Mann war, und auch noch immer verliebt. Aber sie war keine Besitzergreifende, auch wenn sie Gründe genug gehabt hätte, ihn zu halten, mehr als viele andere. Sie war wie die kleine Madonna da oben, die ihren Sohn an sich drückt, immer wissend, daß der Tag kommen wird, an dem sie ihn loslassen muß, damit er seinen Auftrag erfüllt. Auch sie wußte um den Auftrag des Franz Jägerstätter, wußte, daß es in dieser absurden Welt Zeiten gibt, in denen einer, der kompromißlos seinem Gewissen folgt, dies mit dem Leben bezahlt.

Ob es ihr lieber gewesen wäre, mit einem zusammenzuleben, den sie dazu gebracht hätte, „seine Pflicht" zu tun und damit alles zu verraten, was seine Aufgabe war? Falls er aus diesem schrecklichen Krieg überhaupt noch heimgekommen wäre. Ein banales Durchschnittsleben zu führen, belastet von dem dauernden Gefühl einer unauslöschlichen Schuld? Oder hat sie vielleicht schon damals zu ahnen begonnen, daß trotz allen Schmerzes dieses von ihrem Mann verlassene Leben so unendlich reicher sein wird?

*

Sie ließen ihm keine Ruhe. Er ging zwar nicht mehr ins Wirtshaus, aber es war nicht zu vermeiden, daß er anderswo jemanden traf, und dann kam es sehr rasch zu einer Debatte oder gar einem Streit. 16 Radegunder waren jetzt schon gefallen, und die Schlacht um Stalingrad, der der kleine Franzl gottlob entkommen war, tobte noch immer. Aber statt daß sie ihm sagten: Sei froh, Franz, daß du nicht dort bist, warfen sie ihm eher vor, daß er noch nicht dort war und seinen Beitrag zum Kampf für die Heimat leistete. Es war absurd, aber die gleichen Leute, die sich so um sein leibliches Wohl und um das seiner Familie sorgten, wollten ihn auf dem Schlachtfeld haben, und das am liebsten schon morgen. Die gleichen Leute, die um ihre Toten weinten und um das Ende des Mordens beteten, verlangten von ihm, er möge alles dazu tun, um dieses Morden zu verlängern. Wollten sie unbedingt noch zehn Tote mehr in St. Radegund haben? Noch zwanzig? Noch dreißig? Manchmal lief er mitten in einer solchen Debatte einfach davon.

Aber er konnte nicht nur davonlaufen und seinen Tag neben der Arbeit am Hof mit Warten ausfüllen, bis der Briefträger auf seinem Fahrrad daherkam. Er fürchtete nichts so sehr wie den Tag, an dem dieser ihm den Tintenstift in die Hand drücken würde: „Da, unterschreib!" – Aber das war nicht allein die Angst vor dem Sterben, das war auch, daß er sich noch immer nicht sicher war, was Gott von ihm wollte.

Und wieder machte er sich auf den Weg, sobald er sich einige Stunden freimachen konnte, nach Tarsdorf, nach Ostermiething, nach Hochburg. Konnte es etwas Schlechteres geben, fragte er, als wenn einer Menschen ermorden und berauben mußte, die ihr Vaterland verteidigten, damit eine gottlose Macht ihr gottloses Weltreich errichten konnte? Nie und nimmer hatte Christus gesagt, man müsse einer Regierung auch dann gehorchen, wenn sie etwas Böses befahl!

Sie redeten von seinen Verpflichtungen als Familienvater. Aber sollte Hitler, was Gott verhüten möge, den Krieg noch gewinnen, welcher Familienvater könnte ihn daran hindern, daß die Kirchen zugesperrt und Bibeln verboten würden? Daß die Kinder nie mehr von Gott hören durften, außer vielleicht in einer geheimen Kammer? Daß alles gottlos wurde, weil es nur noch „Gottlose" und „Gottgläubige" gab?

Und wenn er ihnen nicht direkt gegenübersaß, dann redete er in Gedanken mit ihnen, auf dem Weg zur Kirche, im Stall, wenn er um den Hof schlich, weil es bald Zeit für den Briefträger war. Oder davonlief, weil er bemerkte, daß auch Franziska den Mann auf dem Fahrrad angstvoll erwartete, und weil er das nicht ertragen konnte. „Wir leben heute in der Zeit der größten Christenverfolgung, die je existiert hat", murmelte er vor sich hin. Und wenn man sich ansah, was schon bisher geschehen war, dann kam einem das ganz plausibel vor. Andererseits – wer hatte es noch nötig, diese Christen zu verfolgen, die widerspruchslos gehorchten und ihren sogenannten Verfolgern praktisch alles gaben, was diese verlangten: ihre Arbeitskraft, ihre geistigen Fähigkeiten, ihre Gesundheit, die schönsten Jahre ihres Lebens, ja das Leben selbst, wenn es sein mußte? Sie rackerten sich ab wie die

Leibeigenen, auf den Feldern, in den Fabriken, an der Front. Sie starben zu Hunderttausenden, aber nicht für die Kirche, nicht weil es hieß: Um meinetwillen werdet ihr verfolgt werden. Für diese Kirche wird es bald keine Verfolgten mehr geben, dachte er.

Ein Gerücht ging um, Tausende der Eingeschlossenen von Stalingrad, die sich heldenhaft gegen die Bolschewiken verteidigten, wie in den Zeitungen stand, sollten erfroren sein, verhungert, verblutet, und Franz fragte, diesmal den Bischof, er war noch nicht fertig mit ihm: Warum, Exzellenz, wollen Sie mich unbedingt in diesen Massenmord hinausjagen? Damit auch ich erfriere oder verblute? Warum, Exzellenz, wollen Sie unbedingt, daß ich, bevor ich für Hitler sterbe, noch in Gefahr komme, der schlimmsten Verbrechen schuldig zu werden? Warum darf ich nicht gleich für Christus mein Leben opfern? Ich habe Ihren Wahlspruch gelesen: „Besiege das Böse durch das Gute!" Warum wollen Sie dann, daß ich mich zum Handlanger des Allerbösesten mache? Ist das logisch, Herr Bischof? Wenn du einen Feind des Christentums unterstützt, indem du zu seinem Mitkämpfer wirst, dann bist du selber ein Feind des Christentums – ist das nicht eher logisch, Exzellenz? Auch wenn ich nur ein kleiner Bauer mit einklassiger Volksschule bin? Ist es für Sie so unvorstellbar, daß, falls ich nicht mehr zurückkomme, sich auch der allmächtige Gott der Jägerstätter-Familie annehmen könnte? Müßten sonst nicht alle Familien der gefallenen Radegunder für immer verlassen sein? Und die andern hunderttausend Witwen und Waisen im ganzen Reich? Ich erinnere mich, wie entsetzt mich einer angesehen hat, als ich auf seinen Vorwurf, ich laß meine Familie im Stich, gesagt habe: Ich werde für sie im Himmel beten. Der Mann liest jeden Tag die Messe und betet das Brevier – wozu diese Zeitverschwendung, wenn er an die Kraft des Gebets gar nicht glaubt, und nicht an den Himmel? Wozu, Exzellenz, heißt es, der Christ soll seinem Gewissen folgen, wenn dann alles versucht wird, es in mir einzuschläfern? Alles, was nicht aus Überzeugung geschieht, ist Sünde, sagt Paulus. Warum aber wollen mich alle zu dieser Sünde verleiten? Fragen über Fragen, dauernd gingen sie ihm im Kopf herum – und keine einzige überzeugende Antwort.

Manchmal, wenn er vor dem Tabernakel kniete, die Hände ehrfürchtig auf das Altartuch gelegt, kamen ihm die Tränen um seine geliebte Kirche. Er betrachtete die Glasbilder an den Fenstern beiderseits des Altars, den heiligen Stephanus, den heiligen Laurentius, er dachte an Thomas Morus, von dessen Märtyrertod er in dem Buch des Drittordensbruders Rudolf gelesen hatte. Er dachte an Johann Vianney, den Pfarrer von Ars, der lieber ein Jahr lang in den Wäldern der Pyrenäen umhergeirrt war, als in die Soldatenhölle von Lyon zu gehen. Er dachte an die lebenden Fackeln in den Gärten des Nero, an die heiligen Missionare von Japan, auf dem Kreuzigungshügel von Nagasaki, er dachte an die Opfer der Guillotine unter Robespierre. Er versuchte sich vorzustellen, Papst Petrus und seine Nachfolger, die Bischöfe und die Gemeindevorsteher von Ephesus und Antiochia hätten ihren Christen gesagt: Glaubt an Jesus, aber seid klug wie die Schlangen! Und wenn die Häscher des Kaisers kommen, dann opfert ihm nur, um euer Leben zu retten! Was soll's, in euer Herz sieht ja doch keiner hinein! Kämpft für den Herrscher, der eure Religion verfolgt, und brecht für ihn in friedliche Länder ein und tötet ihre Soldaten! Raubt die Häuser und Hütten aus und kreuzigt alle, die ihre Frauen und Kinder verteidigen!

Was wäre das für ein Christentum geworden, dachte er. Was wüßten wir dann heute noch von Gott!

Ich kann mir gut vorstellen, daß er das alles manchmal nicht mehr ertrug und sich dann irgendwo zu verkriechen suchte, wo keiner ihn störte. Ich stelle mir vor, daß er sich dann zu erinnern versuchte, wie das damals mit Pfarrer

Karobath gewesen war, daß er sich wieder zurückzuholen versuchte, was damals gesprochen wurde. Pfarrer Karobath hatte ihn eingeladen, auf der Karte stand die Adresse Tittmoning, und Franz hatte sich unbändig auf das Wiedersehen nach so langer Zeit gefreut. Auch wenn die Häuser am anderen Ufer des Flusses immer noch etwas Bedrohliches hatten wie schon damals in seiner Kindheit. Auch wenn er jetzt wieder Karobaths Stimme von damals von der Kanzel herunter hörte: „Kann man dort von Kultur reden, wo die Menschen zusammengetrieben und in Zügel gehalten werden durch die Peitsche eines Tyrannen?" Wahnsinnsworte im Jahre 1941, die die Radegunder begeistert hatten: „Heut hat er's den Nazis einmal gesagt." – „Ein Grauen erfaßt uns vor der Zukunft. Legen wir das Ohr an das Herz der Zeit, und wir können hören, wie sich Unheilvolles vorbereitet." Wahnsinnsworte, Franz spürte noch heute seine Angst von damals um den verehrten Priester, aber der „Hitler-Pflanzer" hatte Glück gehabt und sich herausreden können, und daß er noch aus dem ersten Krieg Invalide war, bewahrte ihn wahrscheinlich vor dem KZ. „Die Invaliden sind die Aristokraten des Volkes", hatte er lachend gesagt und dabei wohlwollend auf seine Prothese geklopft.

Und jetzt hatte Franz ihn umarmen dürfen und ihm übermütig ins Ohr geflüstert, was er noch auswendig kannte: „Wenn die andern fanatisch sind, dann wollen auch wir Katholiken fanatisch sein." Und der Gastgeber dieses Zusammentreffens, Kanonikus Hindelang, konnte nur staunen, wie die beiden gemeinsam skandierten: „Fanatismus gegen Fanatismus, wir setzen unsere Zeichen gegen ihre Zeichen, unsere Fahnen gegen ihre Fahnen! Amen!" Der Schluß der berühmt-berüchtigten Predigt.

Es waren wunderbare Stunden gewesen, und sie hatten über tausend Dinge geredet und einander in allem verstanden. Karobath war aus dem Kreis Braunau verbannt worden und lebte jetzt nach zwei Monaten Gefängnis als Kaplan in

Laakirchen. Er war aber zuversichtlich, bald wieder nach St. Radegund zurückzukommen, wenn der Tango endlich ein Ende hatte. Er war überzeugt, daß der Krieg für Hitler nicht mehr zu gewinnen war.

Und dann, scheinbar ganz unvermittelt, das Bekenntnis des Priesters – Franz würgte es heute noch in der Kehle, wenn er die Szene vor sich sah, Karobath mit der Zigarette zwischen den zitternden Fingern, die er drehte und drehte, bis das Tischtuch voller Tabakkrümel war. Das Bekenntnis: „Ich hab große Angst gehabt, Franz, ich geb's zu, am Anfang, aber dann – einmal hab ich's drauf ankommen lassen müssen. Einmal mußte Schluß sein mit dem ewigen Kuschen!" Und Franz sah die Glut von der Zigarette und spürte noch heute seine Angst, sie könnte auf das Tischtuch fallen und ein Loch hineinbrennen, so zitterten Karobaths Finger, so heftig stieß er aus sich heraus: „Einmal die Wahrheit sagen, die ganze Wahrheit, und nichts zurückhalten ..."

Was mußte dieser Mann gelitten haben seit dem März 38, er, der sich nie ein Blatt vor den Mund genommen hatte und dazu verurteilt war, jeden Sonntag eine Predigt halten, jedem Bittsteller und jedem Beichtkind Rede und Antwort stehen zu müssen. „Hitler pflanzen", eine Rolle, die ihm so gar nicht lag, die er sich aber selbst vorgeschrieben hatte, um überleben zu können, um die, die ihm anvertraut waren, nicht zu gefährden. Jetzt hatte er sich befreit, einmal, jetzt war er ausgebrochen aus dem Gefängnis. „Und wenn ich dafür ins KZ komm!"

Was für ein Bekenntnis! Wäre nicht die Ehrfurcht gewesen vor diesem Mann, Franz hätte ihm Beifall geklatscht. Und dann war die Reihe an ihm, dieses ehrliche Bekenntnis forderte ein anderes, ebenso ehrlich. Franz hatte es ihm ja schon einmal gesagt, und Karobath hatte es gar nicht ernst genommen, jetzt aber mußte er es ernst nehmen, wer konnte wissen, ob sie einander nicht das letzte Mal in diesem Leben

sahen! Der Krieg in Rußland fraß Hekatomben von Soldaten, und Hitler brauchte immer neue, er brauchte auch den
Franz Jägerstätter, aber den sollte er nicht bekommen! Ein
Bekenntnis gegen das andere, er hatte lange und umständlich
geredet, aber der Kernsatz war kurz: „Wenn sie mich einbe-
rufen, morgen oder übermorgen – dann geh ich nicht hin.
Egal, was sie mit mir tun." Und wie jedesmal, wenn er die
Erinnerung an damals heraufbeschwor, hörte er auch jetzt
wieder das entsetzte „Nein!" und sah, wie Karobath auf-
sprang, und hörte den Aufschrei: „Bist du wahnsinnig?" Und
hörte es noch einmal: „Bist du wahnsinnig?" Und sah das
angstverzerrte Gesicht, schon seit Monaten verfolgte es ihn.

Dann die Debatte, stundenlang, quälend, erschöpfend,
ein Argument gegen das andere, Bibelzitate, Apostelbriefe,
Christus hat doch gesagt, die Kirche hat entschieden, noch
nicht entschieden – und mein Gewissen? Es war kaum anders
als mit den anderen Priestern …

Oder doch – es war anders. Ganz anders. Erschreckend
anders. Beim Abschied, irgendwann tief in der Nacht, um-
armte ihn Karobath und sagte müde: „Ich geb mich geschlagen, Franz. Ich red dir nimmer drein. Du hast ja vollkommen
recht. Aber …" Er sprach nicht weiter, sein Blick sagte alles,
dieser unendlich traurige, gütige, liebevolle Blick.

Es war ein Glück, daß der Mond am Himmel stand,
anders wäre Franz wohl längst in einen Graben getaumelt
oder gar in den Fluß. Der Wust von Stimmen und Worten
tobte noch immer in seinem Kopf, vor allem aber das eine,
das „Aber", das schamhaft alles miteinschloß, was die andern
lautstark von ihm forderten. Und der traurige Blick, der alles
verraten hatte. Aber wie konnte Karobath so etwas fordern,
wenn er doch eben noch gesagt hatte: Du hast recht, und
das hieß doch: Geh deinen Weg! Und das hieß doch: Leb
wohl! und: Gott sei dir gnädig! Was war da gelogen?
Sein: Du hast recht? Oder sein: Aber? … Oder war beides
möglich? Und jetzt schleppte er das alles schon seit vielen

Wochen mit sich herum, und keiner war da, der ihm die Last abnehmen konnte. Keiner.

Pfarrer Karobath war todmüde, aber er kniete immer noch auf dem Betstuhl seines Gastgebers vor dem hölzernen Kreuz, und sein zusammengekrümmter Oberkörper kam auf dem gestickten Polster zu liegen. Er hatte die Augen geschlossen, er hatte es zugelassen, daß es in ihm betete: „Herr, der du allein alles weißt, du wirst wissen, ob er das kleine Wörtchen begriffen hat. Ob das kurze Aufleuchten in seinen Augen, als wir Abschied genommen haben, wirklich ein Zeichen dafür war, daß ich ihn wankend gemacht habe. Du wirst wissen, was er jetzt auf dem Heimweg denkt und wie er sich entscheiden wird, wenn es soweit ist. Aber wenn ich auf dein Wort hoffen darf, daß kein Gebet, auch nicht das geringste, vergeblich gesprochen wird, dann laß es ihm nachlaufen wie einen kleinen Hund, damit es ihn noch erreicht! Ich weiß, es ist ein absurdes Gebet, Franz würde sagen, wie kann man um eine Sünde bitten – aber ich kann es nicht wahrhaben, ich will es nicht wahrhaben, daß dieses herrliche Menschenkind auf dieser von so vielen Greueltaten befleckten Erde nicht mehr sein soll. Ich weiß, es ist ein absurdes Gebet, ich bete es nicht für ihn, ich bete es für uns alle – oder gegen uns alle? Ich weiß, wenn er tut, was ich mir wünsche, wird er nie mehr der sein, den ich liebe, nicht für seine Frau, nicht für seine Kinder, auch nicht für uns. Ich weiß, daß der Preis für die paar Jahrzehnte des armseligen Lebens, in das wir uns selber hinausgestoßen haben, unendlich hoch wäre, die Aufgabe all dessen, was du ihm mitgegeben hast um unseretwillen. Aber ich weiß auch mit dir, daß sie ihn ohnehin nicht begreifen und vielleicht nie begreifen werden, wie sie auch nicht das Geringste deiner Anliegen begreifen, Herr. Darum mach, daß sie wenigstens etwas von ihm annehmen können, wenn er weiter unter ihnen sein darf, daß sie sich nicht immer zurückgestoßen fühlen müssen von ihm! Mach ihn ein bißchen kleiner, er ist dann immer noch groß genug für sie, sie werden sich nehmen, was sie greifen können, und dankbar sein – ich sage das ganz ohne Hochmut.

Du bist der Herr. Wenn du willst, wird das Wunder geschehen, um das ich dich bitte. Du kannst einen Menschen unbefleckt lassen, der sich selber befleckt, du kannst ihn auch reinen Gewissens sein lassen, wenn er das Gebot seines Gewissens mißachtet. Du kannst machen, daß dich einer verleugnet, wie Petrus im Vorhof des Tempels, und dennoch dein Apostel bleibt. Du wirst die vielen, die in den Krieg gegangen sind, auch nicht verdammen in deiner Güte. Vielleicht auch nicht uns, die wir sie hinausgeschickt haben, weil wir ihnen nicht zutrauten, daß sie stark genug sind, zu widerstehen. Sie hängen so sehr am Leben, an diesem Teufelsgeschenk anstelle des Paradieses, das sie immer noch vergeblich zu einem Ersatzparadies machen wollen. Auch mir ist es offenbar nie gelungen, ihnen deine Ewigkeit schmackhaft zu machen. Du bist ihnen immer noch viel zu fremd, viel zu fern, als daß sie sich wenigstens eine Vorstellung von dir machen könnten, die ihrem eigenen Maß entspräche. Nicht einmal das. Sie können auch ihren Franz nicht so wollen, wie er ist, auch ich will ihn ja anders haben, als du ihn dir gedacht hast. Vielleicht hast du uns eine Liebe mitgegeben, die deiner gar nicht wert ist, vielleicht war es nur ein Dutzendgeschenk, das uns die Welt, die wir uns täglich mit tausend Sünden erkaufen, ein wenig erträglicher machen soll. Dein Sohn hat den Wein mit der Galle abgelehnt, wir können nicht genug davon kriegen.

Ich will ihn nicht anklagen, Herr, ich will nicht sagen, er hätte nicht kommen dürfen, er hätte uns nicht überfordern dürfen, als er von einem zum andern gelaufen ist. Was konnte er anderes tun? Er wäre nie gekommen, wäre da nicht sein Gehorsam gewesen, es ist seine Demut, die auf uns lastet. Wäre er nur ein bißchen hochmütig oder nur selbstsicherer gewesen, er hätte uns reden lassen, uns herumjonglieren

243

lassen mit unseren Begriffen, von der Eingebung von oben, vom Ungehorsam, von der Narretei bis zum Selbstmord. Es ist nicht seine Schuld, daß wir in unserer Gewöhnlichkeit nicht begreifen, was in einem außergewöhnlichen Menschen vorgeht, der auf eine außergewöhnliche Zeit antworten muß. Wir zählen Hunderte Sünden auf und glauben zu wissen, was man gegen sie tut. Hier wissen wir nichts.

Auch ich war überfordert, ich hatte keine Eingebung von oben, nicht einmal ein kirchliches Gebot. Ich hab mich einfach darüber hinweggeschwindelt. Ich hab ihm gesagt, wie recht er hat, und ihm die andere Möglichkeit angeboten in meiner eigensüchtigen Liebe, und jetzt bet ich zu dir, er möge auf meinen Trick hereinfallen und das Unrechte tun. Und ich werde noch weiter darum bitten, einfach weil ich ihn haben möchte. Weil ich ihn der Welt lassen möchte. Weil ich ihn nicht einmal dir zurückgeben will.

Nein, wir haben uns nicht zu beklagen, unser aller Opfer ist er. Herrgott, vergib uns unsere Schuld, vergib …"

Die ersten Nachrichten kamen zögernd, aber Anfang Februar war es nicht mehr zu verbergen: Feldmarschall Paulus hatte sich ergeben und ging in Gefangenschaft, ehrenvoll, wie es hieß, mit ihm die Soldaten aus dem südlichen Kessel. Zwei Tage später kapitulierten die Eingekesselten im Norden. Zahlen nannte vorsichtshalber noch niemand, erst viel später wurde genauer errechnet: 100.000 Gefallene seit etwa Mitte Dezember und 90.000, die in Gefangenschaft gingen. Nur wenige tausend überlebten.

Auch St. Radegund hatte seinen Trauergottesdienst, und diesmal sprach Vikar Fürthauer nichts von Heldentod und Einsatzbereitschaft, er forderte die Gemeinde nur auf, für die Opfer zu beten und auch für die, denen noch soviel Leiden bevorstand. Das ist die Wende, hätte Pfarrer Karobath gesagt, er hörte die deutschsprachigen Nachrichten aus London. Die Menschen waren wie vor den Kopf geschlagen, und mancher ging wie ein Traumwandler umher. Manche führten sich auf, als wäre der Sieg der Nationalsozialisten, der plötzlich so weit in die Ferne gerückt schien, das Ziel ihres Lebens gewesen, und viele von ihnen weinten.

Franz hätte jetzt triumphieren können, endlich hatte Hitler eine Warnung erhalten, daß auch seine Macht Grenzen hatte – aber er konnte es nicht, er sah nur das Elend und die Unzahl der Toten. Er wollte ihnen auch nicht weh tun. Schon der heilige Franziskus hatte gesagt, wenn sie dich für das, was du tust, verfolgen, dann sollst du sie noch mehr lieben! Und er spürte auf einmal soviel Mitleid mit ihnen.

*

Im Jahr 1960 erfuhr ich von Arnes Tod. Bis dahin hatte seine Mutter sich an ein Wort geklammert: „Vermißt, vermutlich gefallen", das war in dem Brief gestanden, über dem sie seit 1944 schon so viel geweint hatte. „Vermutlich – das heißt doch, daß sie es nicht genau wissen?" hatte sie Hunderte Male gefragt, und wir hatten es ihr mindestens ebenso oft, mehr oder minder verlegen, bestätigt. Es gab kein Gespräch über Arne ohne diese Frage, konnte man doch immer wieder von Soldaten hören, die man längst für tot gehalten hatte und die dann plötzlich vor der Tür standen. In den ersten Nachkriegsjahren mochte das noch einigermaßen überzeugend klingen, aber je mehr die Zeit verrann, desto zögernder kamen die Antworten auf die Frage der Mutter, und wir überließen ihr das Wort „vermutlich" wie einem Kind ein altes, längst zerbrochenes Spielzeug.

Aber im Winter 60 kam dann der Brief. Ein Heimkehrer war – der Himmel weiß, wie – in den Suchmeldungen des Roten Kreuzes auf Arnes Namen gestoßen, setzte sich hin und schrieb einen langen, unbarmherzigen Bericht. Er begann mit der Versicherung, daß Arne einer der Besten gewesen sei, der bis zum letzten Atemzug seine Pflicht getan

habe – Floskeln, die wir schon zum Erbrechen kannten. Nur
daß es in diesem Brief dann anders weiterging als üblich.
Dort hieß es zumeist: „Er hat nicht leiden müssen" oder „Er
war sofort tot", die Offiziere hatten schon gelernt, wie man
die armen Angehörigen schont. Der Chronist von Arnes Tod
aber muß ein Wahrheitsfanatiker gewesen sein, zweimal, so
schrieb er, habe Arne versucht, den Russen zu entfliehen,
zweimal sei er in voller Ausrüstung in die eisige Donau
gesprungen, um ans andere Ufer zu kommen. „Er konnte
sich nicht geschlagen geben", hieß es da, und keiner, der Arne
kannte, zweifelte daran, daß es sich um ihn handeln mußte.
Zweimal hatten die Russen ihn wieder eingefangen, und die
Folge waren totale Erschöpfung und eine schwere Ver-
kühlung. „Tage und Nächte hindurch hat er gehustet",
schrieb der Mann, „und wie wir alle in der Drecksbaracke hat
dann auch er die Ruhr bekommen. Wäre er in besserer
Verfassung gewesen, hätte er es vielleicht überstanden, aber
so ..." Und er schrieb, wie Arne sich vor der Krankheit
geekelt habe, er war doch immer so sauber und penibel
gewesen, und wie dann das Fieber gekommen sei und wahrscheinlich auch eine Lungenentzündung, einen Arzt habe es
nicht gegeben.
  Und dann habe er im Fieber zu reden begonnen: „Mutter, verzeih!" und: „Lotte, gib acht! Ich kann dir nicht helfen." Aber der Briefschreiber wollte noch mehr mitteilen, er
meinte, vielleicht könnte die Mutter aus dem oder jenem
Satzfetzen, der ihm unverständlich war, noch etwas heraus-
lesen. „Sei stolz, Mutter", habe er einmal gerufen, „ich trage
die Fahne", obwohl nirgends eine Fahne zu sehen gewesen
war. „Und schießt mich eine Kugel tot, kann ich nicht
heimwärts wandern" – das habe er beinahe gesungen. Er
habe aufgelacht wie ein Irrer und „Keine Zeile mehr schreiben" gesagt, „keinen Bogen mehr führen, keine Blume mehr
sehen ..." Dann habe er wieder gesungen: „Kein sel'grer Tod
ist in der Welt, als wer vorm Feind erschlagen." Der Schrei-

ber habe sich das genau gemerkt, weil es so verrückt gewesen sei. Und immer wieder die Frage „Wozu?" und „Warum?" und die Bitten: „Mutter, verzeih! Ich hab keine Waffe mehr – sie haben mir alles genommen." Und ein andermal: „Warum das Talent nicht vergraben, mit dem zu wuchern ja doch keine Zeit mehr bleibt?"

Einmal, etwas klarer als sonst, habe Arne einen Priester aus der Nachbarbaracke gefragt: „Was ist besser, Hochwürden, gut oder schön?" Der Pfarrer sei recht verlegen gewesen, er habe wohl auch nicht mehr verstanden als der Briefschreiber. Arne aber habe weitergeredet wie eine aufgezogene Uhr: „Ich bekenne vor Gott, daß ich seit meiner ersten und letzten Beichte – nie nach dem Guten gestrebt – nur nach dem Schönen, right or wrong, my country, recht ist, was uns nützt – wie viele Wahrheiten gibt es, Hochwürden? Wie viele kennen Sie?" Dann habe der Priester irgendwelche komische Bewegungen mit den Händen gemacht und lateinisch etwas geflüstert, er, der Schreiber, sei protestantisch gewesen und dann gottgläubig, er kenne sich da nicht so aus.

Dann habe Arne wieder das Bewußtsein verloren, aber er habe unaufhörlich etwas geflüstert: „Werthers Lotte ist sie nicht – oder doch? Alles nur Phantasie, Freude, Tochter aus ..." – und dann ein Fremdwort, das habe er nicht verstanden, und dann wieder klar und erstaunt: „Wohin geh ich?" In der Hauptsache aber das klägliche Betteln, das der Briefschreiber manchmal noch jetzt im Schlaf hören müsse: „Mutter, verzeih! Ich kann nicht – sie haben mir die MP genommen – sie wollen nicht, die Unmenschen, daß ich dich schütze – auch er schützt dich nicht, er hat uns alle betrogen ..."

Die Mutter weinte von diesem Tag an noch öfter als früher, aber zum Trost blieb ihr auch diesmal eine magische Formel: „Zweimal ist er durch die Donau geschwommen. Mein Arne ist ein Held."

Haft und Versuchung

Noch war der Brief nicht gekommen, aber Franz spürte, es konnte nicht mehr lang dauern. Seit Stalingrad war zu lesen, man habe jetzt schon die Männer von 16 bis 65 für die Aufgaben der Reichsverteidigung systematisch erfaßt, und wer aus den Rüstungsbetrieben an die Front geschickt wurde, mußte durch Frauen, Ausländer und Kriegsgefangene ersetzt werden.

Am 18. Februar aber hörte man es genauer. Goebbels, der Propagandaminister, hielt im Berliner Sportpalast eine Rede, und da hieß es, daß nun endlich ein Ende sein müsse mit den bürgerlichen Zimperlichkeiten, was immer die deutsche Führung darunter verstand. Daß die Stunde gekommen sei, die Glacéhandschuhe auszuziehen und die Faust zu bandagieren, und das war schon wesentlich deutlicher. Daß das reiche Kriegspotential aller von Deutschland eroberten Länder bis zur Neige ausgeschöpft werden müsse, um den Krieg zum siegreichen Ende zu führen.

Und auf jeden Satz, den diese haßerfüllte, nasale Stimme hinausheulte, kam als Antwort tausendstimmiger Jubel, als hätte der Redner soeben die Blitzsiege über Polen oder Frankreich verkündet.

Wenige Tage später konnte man auch in den Zeitungen lesen, was diesem ausgebluteten Deutschland noch alles bevorstand. Und fett gedruckt, damit keiner es übersehen konnte, das pathetische Frage-und-Antwort-Spiel: „Wollt ihr den totalen Krieg?" – „Ja!" – „Wollt ihr ihn, wenn nötig, totaler und radikaler, als wir ihn uns heute überhaupt vorstellen können?" – „Ja! Ja! Ja!" Wer konnte es wagen, sich dieser hysterischen Begeisterung entgegenzustellen? Hatte es doch schon vor fünf Jahren kaum ein „Nein" gegeben. „Hier wäre eine falsche Rücksicht vollkommen fehl am Ort!" – „Jaaa!" Dieser entsetzliche Haß! Mit welcher Brutalität diese Herren da oben demonstrierten, daß sie alles daransetzen würden, um ihre Macht zu verteidigen, bis zur letzten Sekunde – auch wenn sie dauernd von Deutschland sprachen! „Das deutsche Volk stellt sein kostbarstes nationales Blut für diesen Kampf zur Verfügung!"

Franz lebte während dieser Tage wie im Fieber, es war ihm, als hätte sich die Fratze seines Todfeindes noch nie mit dieser Deutlichkeit gezeigt. Sein Kopf war voll von dem Gebrüll und dem Jubelgeschrei, er war kaum fähig zu arbeiten. Er ging in die Kirche und konnte nicht beten, er weinte vor Wut und Verzweiflung, und noch mehr, als er sehen mußte, mit welcher Ergebenheit seine Mithörer und Mitleser sich schon bereitmachten, bis zur Selbstaufgabe ihrem Führer zu Diensten zu sein. Und damit ja keiner auf den Gedanken kam, sich da auszuschließen, lieferten die Zeitungen ihren Lesern gleich ganze Listen von Bestraften und Hingerichteten mit, die schwarz geschlachtet oder feindliche Propagandasender gehört oder andere „Verbrechen" begangen hatten. Angst sollten sie haben, Tag und Nacht, die Volksschädlinge und Gesinnungslumpen, die Schwarzseher und Rassenschänder und was es da sonst noch an Verbrechern gab, die dem heiligen Deutschland den Sieg stehlen wollten wie die Verräter von 1918. Angst sollten sie haben, sie alle in ihrem Völkerkerker ...

An diesem Tag kam der Briefträger früher als gewöhnlich und winkte ihm schon von weitem zu. „Hallo, Franz! Ich hab was für dich."

Er wußte sofort, was es war, aber er blieb völlig ruhig. Seine Hände zitterten nicht einmal, als er unterschrieb.

„Viel Glück, Franz!" Der Briefträger rumpelte wieder davon.

Am 25. Februar, also übermorgen, sollte er in Enns gestellt sein. Enns? Dorthin gingen die, die Soldaten sein wollten – *er* hatte ein Todesurteil unterschrieben. Er steckte den Brief ein und ging ins Haus. Er mußte Franziska suchen.

*

Es gibt keinen Bahnhof mehr in Tittmoning, nur noch das alte schwarzgraue Haus mit dem kaum lesbaren Ortsnamen. Man sieht noch den Eingang von der Straße und den Ausgang zum Bahnsteig. Man kann noch die Gleise erahnen, sie führten nach Wiesmühl, wo man umsteigen mußte, nach Mühldorf hinauf oder hinunter nach Salzburg. Franz und Franziska gingen ihren letzten gemeinsamen Weg, über das sanft geneigte Plateau, über den steil zur Salzach abfallenden Hang, über die Brücke.

„Wir sind nicht mit dem Fahrrad gefahren", sagt sie auf meine Frage, und das Motorrad war längst verkauft. Es lag auch kein Schnee, trotz der frühen Jahreszeit, es hat nicht geregnet. „Wir haben keine Schirme mit uns gehabt." Nach mehr wage ich nicht zu fragen, zu stark ist der Schmerz zu spüren, auch heute noch.

So viel lag schon zwischen der Ankunft des Briefes und diesem Weg, der Abschied von den Verwandten und die Auseinandersetzung mit dem Schwiegervater in Hochburg, der für die Tochter und deren Kinder gekämpft hatte. Der Brief um Verzeihung und der Brief nach Laakirchen an Karobath: „Muß Ihnen mitteilen, daß Sie vielleicht bald wieder eines Ihrer Pfarrkinder verlieren … so kann ich halt meinen Entschluß, wie Sie wissen, nicht ändern." Die Tränen der klagenden Mutter und das Schweigen der Frau. Er hatte nicht nach Enns fahren wollen, sollten sie ihn abführen wie einen Verbrecher, für sie war er ja einer – und der Tag, an dem er dort ankommen sollte, verstrich. Er betete in der Kirche, noch mehr als bisher – ob er Gott angefleht hat, den Kelch vorübergehen zu lassen?

Die Brücke lag hinter ihnen, die Häuser von Tittmoning nahmen sie auf. Hinter ihnen nun schon der dritte Tag und die flehentliche Bitte des Dorfgendarmen: „Treib's nicht zu weit, Franz! Zwing mich nicht, daß grad ich dich verhaft." Der Kummer in dem guten alten Gesicht und die Handschellen, die Frau, die greinenden Kinder, die neugierigen Nachbarn – nein, lieber allein sein, wenn sie sich auf ihn stürzten!

Die beiden waren den ganzen Tag beisammen gewesen, aber die Fama behauptet, ein Nachbar habe den Franz am Morgen gesehen, wie er die Lärche auf dem Hügel umkreist habe, unter der die jungen Leute sich oft zum Sonnenuntergang trafen. Er habe den Franz noch freundlich gegrüßt, will aber nur gehört haben: Mich siehst du nicht wieder. Dann sei der Franz in Richtung Tittmoning verschwunden.

Es wird auch erzählt, die beiden hätten sich am Bahnsteig nicht trennen können und wären gewaltsam auseinandergerissen worden, und ich frage mich immer noch, wer das getan hat. Wer hatte ein Interesse daran, daß der Mann möglichst bald in die Kaserne einrückte – es war ohnehin schon zu spät –, daß die Frau ihm nicht nachlief oder mit ihm fuhr, sondern allein zurückblieb? „Es waren keine Leute da", sagt Frau Jägerstätter auf meine Frage, also kann auch keiner von ihnen sie auseinandergerissen haben. Ich versuche die Szene zu denken und lasse den Zug langsam herankommen, nein, der Zug ist schon da, es ist ja ein Kopfbahnhof, und die Lokomotive steht bereits unter Dampf. Da kommt ein Bahnhofsvorstand mit Trillerpfeife oder Signalscheibe oder mit beidem, der dem Lokführer das Zeichen zur Abfahrt geben wird. Vielleicht bedeutet er den beiden noch: Einsteigen, Herrschaften, rasch! Mehr wird er kaum getan haben. Wenn sie nicht wollen – es gibt noch andere Züge.

251

Ich hab es nicht fertiggebracht zu fragen, wer sie getrennt hat. Was hat sie überhaupt wahrnehmen können! Ich sehe nur zwei ineinander verwachsene Hände, zwei Menschen, die eins waren in ihrem Schmerz und bald nur noch blutende Hälften sein werden. Ich sehe den unerbittlichen Vorstand die Signalscheibe heben, ich höre die Trillerpfeife, vielleicht hat er auch beides gebraucht. Ich sehe den Rauch aus dem Schornstein und das Zischen des Dampfs aus dem Zylinder, das Aneinanderschlagen der Puffer. Vielleicht steht er schon auf der untersten Stufe eines Waggons, vielleicht geht sie noch einige Schritte mit, vielleicht kommt ein Schaffner und sieht die Gefahr, deutet: Loslassen! Aber keiner von ihnen spürt das Rütteln des Zugs und den Fahrtwind und das Stoßen der Räder, da sind nur noch Hände und Augen. Vielleicht steht er schon auf der nächsten Stufe, schon weiter von ihr entfernt, und kann sie noch immer nicht loslassen, und sie läuft und läuft, vielleicht will ein Fuß die Stufe errei- chen, springt und rutscht ab, jetzt ist es ein Glück, daß er sie immer noch hält. „Seid ihr verrückt?" ruft der Schaffner, aber wer registriert noch irgend etwas, das mehr sein kann als der Körper des andern, sein Herzschlag, sein Atem, die Zärtlich- keit, mehr als das flehentliche Bitten: O Gott, mein Gott! und die entsetzliche Qual des Auseinandergerissenwerdens, Stück um Stück.

Vielleicht hat der Zug sie auseinandergerissen, er ist schon zu schnell, und sie taumelt nur noch einige Schritte mit, und er kann sie nicht halten, kann nichts von ihr halten, nichts ... Ich spüre, wie es in ihnen schreit, als sie endgültig einander verlieren. – Aber vielleicht war alles ganz anders, sicher ist nur die Trennung, sicher ist nur der Schmerz.

Ich habe nicht gefragt, wie sie zurückgekommen ist, den Weg durch Tittmoning und über die Brücke, blind, taub, allein. Wer kann das schreiben!

Franz Jägerstätter fuhr gegen Mittag des 27. Februar von Tittmoning ab und hätte Enns schon nach wenigen Stunden erreichen können. Aber er kam an diesem Tag nicht dort an. Er ist ganz sicher bis Wiesmühl gefahren, wo irgendein Stationsvorstand die Reisenden aufmerksam machte, daß sie umsteigen müßten, entweder nach Salzburg, wenn sie weiter nach Enns oder Wien wollten, oder in die andere Richtung, nach München, die Stadt der Bewegung, mit Anschlußzügen nach Nürnberg oder nach Berlin, wo Orje seinen Führer bewachte.

Franz Jägerstätter sollte nach Enns, aber er fuhr in die andere Richtung, er stieg entweder schon hier in den Münchener Zug oder zuerst in den nach Freilassing, wo er dann in den falschen nach München stieg. Was er wirklich tat, weiß niemand, und niemand weiß auch, warum. Vielleicht verwechselte er dort oder dort den Perron oder bestieg einfach den ersten Zug, der in den Bahnhof einfuhr. Vielleicht sprang er nur in die offene Tür irgendeines Waggons, um dem Anblick eines jungen Paares zu entkommen, das sich nicht trennen konnte, denn 14 Tage oder fünf Wochen Alleinsein, verbunden nur durch ein paar kümmerliche, mit Tinte oder Bleistift beschriebene Zettel, wer konnte das ertragen! Oder er sah das alles gar nicht, stieg wahllos ein, weil es Einsteigen hieß, weil sich Stufen anboten, die zu einem Gang hinaufführten, zu irgendeinem Coupé. Oder er hatte Angst, Angst vor der Todsünde, die so viele ihm einreden wollten. Vielleicht wollte er nur noch einige Stunden zwischen sich und das Nein schieben, das unweigerlich ausgesprochen werden mußte, die erste Antwort auf die Frage des Mannes in der Schreibstube, der zu ihm aufblicken wird: Jägerstätter, Franz – auch schon da? Er hatte ja keine Ahnung, wie viele Stunden ihm dann noch gehörten.

Man weiß, daß Franz Jägerstätter an diesem Samstag in München war und erst spät in der Nacht nach Enns gefahren ist, man weiß aber nicht, was er in München gesucht hat, ob

er überhaupt etwas gesucht hat, ob es ein letzter Flucht-
versuch war, auch wenn es da keinen Wald gab mit einem
Versteck, das er kannte. Ob er sich auf dem Bahnhof herum-
getrieben hat, wo er sich unter den vielen Menschen, Zivi-
listen, Soldaten, Parteiuniformen, die kreuz und quer durch-
einanderströmten, vielleicht sicherer fühlte. Ob er nicht
gleich vor den gefürchteten Männern mit der Metallplakette,
Feldgendarmerie, „Kettenhunde", wie der Volksmund sie
nannte, in eine ungefährlichere Gegend ausgewichen war.
Vielleicht ist er ein Stück durch die Stadt gegangen, zur
Feldherrnhalle, zur Marienkirche, irgendwo hier waren vor
zehn Jahren Bücher verbrannt worden. Wer weiß, an wie
vielen Menschen er wie ein Blinder vorbeigegangen ist, an
einer Arbeiterfrau, die ihm etwas zu essen gegeben hätte, an
vornehmen Menschen mit einer Villa am Starnbergersee, wo
man sich verstecken konnte. Vorbei an dem, den man fragen
konnte: Ist das wirklich meine Heimat, die ich verteidigen
muß? Soldatentum, Morgenrot und Heldentod und Wal-
hall? Alle sagen es, und ich kann sie nicht verstehen, ich bin
eben nur ein dummer Innviertler Bauer. Ich hätte gern für
Österreich gekämpft, aber das hat schon damals keiner gewollt. Und jetzt soll ich dafür kämpfen, damit es dieses Österreich nie wieder gibt? Ich hab keine Heimat mehr, verstehen
Sie das? Nicht hier auf der Erde, nicht hier, wo man müde ist.
Meine Heimat, das ist meine Ehe gewesen, auch die wird mir
der Hitler zerstören.

Aber vielleicht schlich er gar nicht so müde und ziellos
umher, nur damit die Stunden vergingen, vielleicht ging er in
eine Abendandacht und verkroch sich in einem Beichtstuhl,
um auf einen Priester zu warten. Vielleicht wollte er noch ein
Wunder erzwingen, welcher Art immer es sein konnte. Vielleicht mußte er auch nur noch ein letztes Mal, ohne Hoffnung auf Antwort, wiederholen, was er in den letzten Monaten immer wieder heruntergeleiert hatte: Warum seid ihr alle
so dagegen, daß ich als Christ mich für Christus entscheide?

2000 Jahre haben sie gewußt, was zu tun ist, warum ist das jetzt auf einmal vorbei? Habt ihr keine Angst, Gott könnte einmal denken, ich will mit dieser schrecklichen Welt nichts mehr zu tun haben? Ich habe mich immer wieder für die Menschen entschieden und nie ihre Sünden gezählt, trotz aller Enttäuschungen. Warum soll ich mich nicht einmal gegen sie stellen und sagen: Ich will sie nicht mehr! Sollen sie fallen!

Er saß im Zug, müde und hungrig. Er betete die täglichen Vaterunser nach den Satzungen seines kleinen Ordens, er hatte schon so viele versäumt in den letzten Tagen. Er betete stumm vor sich hin und sah draußen die Lichter vorbeiziehen – „sondern erlöse uns von dem Übel". Früh am Morgen wird er zu Pfarrer Krenn, der einmal für kurze Zeit in St. Radegund gewesen war, in Enns in die Kirche gehen. Er wird ihm nicht sagen, was er vorhat, er wird keine Frage stellen, sich auf keine Kontroverse mehr einlassen. Pfarrer Krenn wird die heilige Messe lesen und ihm den Leib des Herrn auf die Zunge legen.

*

Er erwachte in seiner Zelle und brauchte eine ganze Weile, bis er begriff, wo er war. Die ungewohnten Geräusche von draußen, Befehle, Türengeknall, Aneinanderschlagen von Metall, Blechgeschirr oder Waffen, und von noch weiter draußen leiser, diffuser Lärm, Autos, Pferdehufe, eine Straßenbahn. Männer auf ihren Betten, die ihn neugierig anstarren, bis endlich einer „Na, guten Morgen" sagt. Ein vages Erinnerungsbild, daß die fünf auch schon gestern da waren, als er todmüde hereingetorkelt kam. Gestern – und endlich, der erste Gedanke: Ich lebe! Voller Staunen: Ich lebe, sie haben mich noch nicht erschossen. Nicht in Enns, nicht hier in Linz, Wehrmachtsuntersuchungsgefängnis, Hauptstraße, einstiges Kloster der Ursulinen. Ich lebe noch, ich fühle mich an, da ist noch ein Funke Hoffnung.

Eine Tür wurde geöffnet, und die Männer sprangen auf, stürzten sich über die Kochgeschirre auf dem Metallwagen, auch Franz erhob sich, ging hin. Es war nicht mehr als Kaffee und Brot, und sie waren rasch damit fertig. Franz blickte von einem zum andern und gab dem Jüngsten sein Brot: „Ich hab keinen Hunger."

„Danke!" Dann saßen sie wieder, keiner hatte Lust, ein Gespräch zu beginnen, es war eisig kalt. Ein Sanitäter mit Binde blickte herein, sah ihn an und war wieder fort. Sanität, dachte Franz, eine Möglichkeit. Natürlich ein Kompromiß, aber man konnte viel Gutes tun, Verwundete bergen, Wunden verbinden, trösten ...

„Franz Jägerstätter, zum Verhör!" Auf dem Weg durch die Gänge wurde er vollends wach. Ein Verhör wie gestern, die gleichen Fragen, nur andere, die sie stellten. Wie gestern abend im selben Raum, wie gestern mittag noch in Enns – was für ein Absturz aus den Seligkeiten der Eucharistie am Morgen zum ersten Satz des Kraftfahrers Jägerstätter: „Ich verweigere den Dienst mit der Waffe in der deutschen Wehrmacht." Ihm gegenüber der Kompanieführer und einer, der das Protokoll aufnahm, ziemlich sachlich und ohne Geschrei, auch wenn ihre Versuche, ihn von seiner Verweigerung abzubringen, fehlschlugen, genau wie hier und heute, und auch morgen werden sie versuchen, ihn zu beschwatzen, nicht anders als die Priester daheim. Sie werden mit allerlei Versprechungen kommen wie schon in Enns. Wenn er seine Verweigerung widerrufe, könne er manches Entgegenkommen erwarten, werden sie sagen. Wie gütig sie sind, die harten Soldaten, wie gern sie ihn in ihrer Mitte hätten! Sie haben ihm sogar schon erklärt, die Nationalsozialisten hätten gar nichts gegen die Kirche. Es war nicht leicht, bei seiner Entscheidung zu bleiben, aber er vertraute auf Gott, einzig und allein er durfte ihm eine andere Weisung geben.

Zwei Monate Gefangenenalltag. Auf das Morgengrauen warten und auf die ersten Stimmen der Vögel, als Bauer ist man gewohnt, früh aufzustehen. Die Geräusche unterscheiden lernen und erkennen, woher sie kommen – ein Spiel. Warten, bis die andern sich gewaschen haben, es ist immer noch Zeit genug, auch zum Frühstück kommt man noch rechtzeitig dran, zum Mittag-, zum Abendessen. Die Zelle reinigen und spazierengehen im Garten und die ersten aufgesprungenen Marillenblüten betrachten, die Tage gehen nicht unnütz vorüber, wenn man betet. Briefe schreiben und auf Briefe warten, sehnsüchtig warten, wenn sie von Fanny kommen und von den Kindern. Daß man von dieser Kost nicht fett wird, kann man sich denken, ist aber auch nicht nötig. Strebe nicht danach, dir dieses Leben schön zu gestalten, solange die Gnade Gottes dich nicht verläßt, wirst du nicht unglücklich sein. Wenn auch das Herz manchmal traurig ist. In den blauen Himmel schauen, bis er grau wird, mit den Wolkenfetzen fliegen, bis in die Nacht. Warten auf das nächste Verhör. Jeden Tag annehmen, wie Gott ihn gibt. Darunter leiden, daß man den Daheimgebliebenen so viel Leid zufügen muß, und täglich darüber nachdenken, ob man nicht doch Unrecht tut. Mit dem kleinen Weyland Spiele spielen, der immer so Angst hat in seinem Elend. Die dürftigen Brotrationen teilen und sich mit dem schwarzen Kaffee begnügen, auch wenn der Magen dann manchmal schmerzt, auch wenn Mitgefangene spotten und die Wärter sich Schikanen ausdenken. Auf den ersten Verhandlungstag warten. Schon jetzt jeden Tod annehmen, den Gott bereithält.

Durch seine Mitgefangenen erfuhr Franz Jägerstätter, daß er sich nicht als einziger weigerte, dieses Regime zu unterstützen. Drei von den fünf in seiner Zelle waren Franzosen, Elsässer, deren Land 1940 besetzt worden war. Sie hätten für Hitler in den Krieg ziehen sollen, hatten aber, da sie sich als Franzosen fühlten, den Eid verweigert, dann aber doch nachgegeben. Da sie zum Glück noch minderjährig waren, wurden sie nur zu zehn Jahren Zuchthaus verurteilt, die sie nach Ende des Krieges abbüßen sollten. Jetzt warteten sie darauf, jeden Tag an die Front geschickt zu werden. Sie waren sehr froh, Franz Jägerstätter in ihrer Zelle zu haben, der immer seinen Rosenkranz betete und in seinem Gebetbuch las, aber auch jederzeit für sie und für jeden da war, der Rat oder Trost brauchte. Als einer von ihnen erzählte, er würde seiner Verlobten zum Abschied gern ein paar Edelweiß schenken, schrieb Franz sofort nach Hause, und Franziska legte sie dem nächsten Brief bei. Sie hatte im Garten ein ganzes Beet davon.

Es gab hier auch einige Illegale, von ihnen erfuhr er viel über die brutalen Machtkämpfe innerhalb der Partei. Wobei zumeist jene, die schon vor 1938 in Österreich gekämpft hatten, den kürzeren zogen.

Solange es ihm erlaubt war, schrieb Franz Briefe nach Hause. Nicht um über sein Schicksal zu klagen, im Gegenteil, da war kein Wort über schlechte Behandlung oder schlechtes Essen zu lesen, auch dann nicht, wenn ein Brief einmal unzensuriert passieren konnte. „Wir können uns täglich satt essen", schrieb er. „Bin noch immer gesund. Bin halt noch immer ein Glückskind." Nur, daß er Sehnsucht nach seiner Familie hatte, verschwieg er nie. Während der ganzen Zeit seiner Haft lebte er das Leben daheim in Gedanken mit, das Wetter, die anfallenden Arbeiten, die Feste des Kirchenjahres. Nur die regelmäßige Bemerkung, daß immer noch keine Verhandlung stattgefunden habe, zeigt seine Ungeduld. Er wollte endlich wissen, was man mit ihm vorhatte.

Als er von daheim fortgegangen war, hatte er so sicher mit einem raschen Tod gerechnet, daß er nicht einmal die notwendigsten Dinge mitgenommen hatte, die man für eine Reise braucht – und auch Franziska hatte ihm nichts eingepackt. Jetzt schrieb er schon zum zweiten Mal um eine Hose und eines der kragenlosen Hemden, die er daheim bei der

Arbeit trug. Kleider- und Zahnbürste, Handtücher und anderes mehr lagen unter seinem Bett, und die frische Kernseife aus dem Laden des Eichelseder wurde von Tag zu Tag dünner.

Es war wirklich merkwürdig, daß die Männer, die ihn vernommen hatten, sich nach seiner Verweigerung immer noch um ihn bemühten. Warum verhörten sie ihn überhaupt noch, stellten immer die gleichen Fragen und machten immer die gleichen Vorschläge, wie er seine Situation sofort verbessern könnte? Da kam nichts Neues zutage. So viele Gefangene saßen hier wegen weit geringerer Vergehen, wegen Diebstahl, Ungehorsam, Fahnenflucht, und wurden viel schneller verurteilt. Manchmal hieß es auch, daß einer hingerichtet worden war, den man noch vor Tagen beim Morgenspaziergang gesehen hatte. Oder hofften sie immer noch, daß er umfiel? War ihnen der Franz Jägerstätter so wichtig? Oder war ihnen die Religion so wichtig, um deretwillen er sich verweigerte, wie einer der Illegalen einmal sagte. „Du hast keine Ahnung, was der Führer für einen Schiß vor euch hat", sagte er. „Vor der Macht der Kirche. Drum pfeift er ja den Rosenberg und die andern immer wieder zurück. Wenn der wüßte, was für ein müder Haufen ihr seid – dann gäb's eure Pfaffen und Bischöfe alle nicht mehr."

Dort, wo Selbstzeugnisse großer Heiliger vorliegen, wie im Falle der Bernadette Soubirous oder der Therese von Lisieux, ist immer wieder von einer Zeit seelischer Dürre die Rede. Auch die Stimmen der Johanna von Orleans, die am Anfang so heftig auf sie eingeströmt sind, waren einmal plötzlich verstummt, und sicher wird auch Franz Jägerstätter solche Krisen durchlitten haben. Und ich versuche mir vorzustellen, wie das sein muß, wenn man in der Nacht aufwacht, weil nach den letzten verebbenden Geräuschen plötzlich eine ungeheure Stille ausbricht, die sich mehr und mehr mit Gedanken füllt: Und wenn das alles gar nicht Gottes

Wille wäre – wenn mein Glaube überhaupt ein Irrtum wäre, die Welt ohne Gott, eine Welt ohne Sinn, ohne Bedeutung, leer? Was bleibt einem Menschen dann noch? Und zur gleichen Zeit in diese Stille hinein die verzweifelten Bitten: Gib mir ein Zeichen! Zeig dich! Sprich doch zu mir! Vergebliche Bitten, denn Bitten an wen, wenn es ihn doch gar nicht gibt? Einen Sinn finden – in wem? Durch wen?

Aber Franz Jägerstätter hatte seinen Traum von dem Zug, der rund um den Berg in die Hölle fuhr, in den alle einsteigen wollten und in dem sie heute noch alle fuhren. Er spürte den Schmerz, den er das Fegefeuer nennt, einen grauenhaften Schmerz, den er nicht beschreibt, wohl gar nicht beschreiben kann. Da ist kein Wort von Feuer oder Teufeln oder Folterwerkzeugen. Er wußte, was alle Visionäre erfahren haben, daß Worte nur Kleider sind, die umhüllen, was jenseits aller Worte ist, Bilder, die man mit Worten nachzuzeichnen sucht und die doch nicht gelingen, auch wenn man sich noch so sehr um Genauigkeit bemüht. Die erlebte Wirklichkeit kann keiner beschreiben.

Die kleine Bernadette hat die Dame aus der Grotte von Masabielle immer willig zu beschreiben versucht, wenn man sie danach fragte. Als sie jedoch die nach ihren Beschreibungen geschaffene Statue sah, konnte sie nur den Kopf schütteln. So hatte die Dame nicht ausgesehen, nicht annähernd so. Bernadette war beinahe noch ein Kind, darum wohl die Versuche, die wunderbare Erscheinung zu beschreiben. Franz Jägerstätter hätte man vergeblich gefragt, er wußte, daß es unsinnig war, was er erlebt hatte, zu schildern, es gab keine Worte dafür.

Aber als Bischof Fließer ihn fragte, ob er sich durch eine außerordentliche Einsprechung von oben – und nicht aus sich selbst – berufen wisse, den Dienst in der deutschen Wehrmacht zu verweigern, antwortete er sofort mit einem klaren und einfachen Ja.

Den Traum vom Zug in die Hölle hat er genau beschrieben, über sein „Ja" hinaus wissen wir nichts. Nichts von einer Vision oder einer Engelserscheinung, nichts von Gottes Stimme aus einer Wolke. Aber ich glaube ihm jedes Wort. Nicht nur, weil er immer erklärt hat, die Lüge zu hassen, und danach auch gehandelt hat, sondern weil man die Wahrheit erkennt, weil sie einen trifft wie ein Blitz. Und ein Mann der Selbsttäuschung, des Selbstbetrugs war er auch nicht.

Wenn von daheim ein Brief kam, dann kam Sonne in die Zelle, wie er sagte. Nichts Schöneres, als hören zu dürfen, daß die Mädchen schon barfuß durch die Wiese liefen und Blumen pflückten, die sie dem Vater schicken ließen, damit er sich freuen könne. Wie zu Tränen rührend zu hören, daß die sechsjährige Rosl, die Älteste, dem Jesuskind schon einige Fastenopfer brachte, damit der Vater bald heimkommen dürfe. Und Franziskas Bemerkung dazu: „Ich hab's ihr nicht angeschafft." Welche Freude, zu erfahren, daß die drei Orangen, die er sich vom Mund abgespart hatte, im Leherbauerhof gut angekommen waren! Er lebte von Brief zu Brief mit der allmählich aufblühenden Natur daheim mit, er gab seiner Frau Ratschläge, was sie kaufen sollte, und freute sich über das gute Wetter, das schon zu Ostern Grünfutter ergeben könnte. Und welche Mühe sie sich gab, ihm immer wieder eine kleine Freude zu machen! Fanny, die liebe, hartnäckige Fanny, die gegen alle Verbote doch noch ein Lebensmittelpaket schickte, das ihn dann auch tatsächlich erreichte!

Andere Nachrichten von draußen drangen nur selten in die Gefangenenwelt, aber daß es den Deutschen nach der Niederlage von Stalingrad nicht gutging, war nicht ganz zu verheimlichen. Mancher von den Illegalen gab offen zu, daß er weit lieber hier eingesperrt saß, als sich für sein Vaterland abschlachten zu lassen, mit ihrem Glauben an die Ideale des Nationalsozialismus war es vorbei. Auch die Elsässer hofften zuversichtlich, daß sie ihre zehn Jahre nicht mehr absitzen müßten, denn wenn der Krieg zu Ende war, dann war es auch mit dem Hitler zu Ende, sagten sie. Nur Franz war skeptisch. Von der gegenwärtigen Frontlinie zwischen Leningrad und Rostow bis zur Befreiung ganz Rußlands und der anderen besetzten Länder des Ostens lag noch ein weiter Weg, lagen unendlich viel Leid und Elend. Gar nicht zu reden von den übrigen Ländern zwischen Sizilien und dem Nordkap. Er mußte so oft an die Freunde aus St. Radegund denken, was hatte es ihnen genutzt, daß sie wie gehorsame Lämmer in den Krieg gegangen waren? Wofür? Um zu Krüppeln zu werden? Und wie viele werden noch fallen, Fanny, sprach er zu ihr. Verstehst du mich, Fanny? Auch wenn ich alles verrate, mein Leben wäre damit noch lange nicht gerettet. Und er sah in Gedanken, wie sie dazu nickte, und es tat so schrecklich weh, ihren Schmerz zu sehen.

Er hatte schon in der zweiten Woche geschrieben, er wolle sich zur Sanität melden, und sie war sehr glücklich darüber gewesen. Da könne er viel Gutes tun, schrieb sie, und wenn Gott wollte, dürften sie einander auch wiedersehen. Jetzt schrieb er schon lange nicht mehr davon, und sie wagte nicht, noch einmal zu fragen.

Wir wissen heute, daß er sein Anliegen, Sanitäter zu werden, immer wieder vorbrachte, daß es aber regelmäßig abgelehnt wurde. Und noch ein Wunsch wurde abgelehnt: Er wollte endlich die Sonntagsmesse besuchen, aber da hieß es sofort, es müßten zwei Mann als Begleitung mitgehen, und die hätten sie nicht. Eine reine Schikane, es gab genug Leute dafür, und die Ursulinenkirche stand direkt neben dem Kloster. Hundert Kilometer wäre er zu Fuß gegangen, um einem Meßopfer beiwohnen zu dürfen! Die Ablehnung traf ihn tief, umso mehr, als er die kommende Karwoche und das Osterfest nicht mehr mit den Seinen verbringen durfte, wahrscheinlich nie wieder. Er sah seine kleinen Mädchen vor sich mit ihren Palmbuschen auf dem Weg zur Kirche, und er dachte an die Todesangst Christi im Garten Gethsemane: „Vater, wenn es möglich ist, daß dieser Kelch an mir vorübergeht ...“, er hörte die Glocken der benachbarten Kirche, er klammerte sich an Gottes Verheißung vom ewigen Ostermorgen. Aber er konnte nicht vergessen, daß Franziska auch diesmal wieder angefragt hatte, wann sie ihn endlich besuchen dürfe – und wieder riet er ihr davon ab. Er nannte allerlei Gründe, daß es noch keine Verhandlung gegeben habe und daß Besuche nicht länger als eine Viertelstunde dauern dürften – aber waren das Gründe, seine geliebte Fanny nicht sehen zu wollen? Dahinter stand wohl etwas anderes. Sicher die Angst, er könnte seinem Gewissen untreu werden, wenn er sie hier noch einmal sah. Sicher die schreckliche Angst, noch einmal in ihre Augen zu sehen wie damals, noch einmal ihre Hände zu spüren und zu wissen, daß er sie doch wieder loslassen mußte. Noch einmal auseinandergerissen zu werden wie in Tittmoning.

*

Ich könnte mir vorstellen, daß eines Nachts einer in seine Zelle kam, um ihn zu versuchen. Er kam nicht mit den üblichen Argumenten der letzten zwei Jahre von Hof und Familie, von unbedingtem Gehorsam gegenüber jeglicher Obrigkeit, er wußte schon, daß damit bei Franz nichts zu machen war. Er zeigte ihm die Herrlichkeiten der Zukunft nach Jahren des Friedens, wie alle sie erleben konnten, die halbwegs unversehrt aus dem Krieg zurückkamen, und das waren, wie der böse Statistiker behauptete, für St. Radegund immerhin 59,4 Prozent. Er zeigte ihm in den schönsten Farben, was auch Menschen wie Franz dann ohne weiteres sehen konnten, Kathedralen wie San Marco oder Santiago de Compostela und den Tempelberg von Jerusalem, über den Jesus gegangen war. Er zeigte ihm Sonnenuntergänge am Nil und die ägyptischen Pyramiden, Wüsten, Vulkane und die grünen Hügel der Toskana, verlockende Palmenstrände und Swimmingpools und glanzvolle Metropolen – alles, was ein Reiseprospekt einem reiselustigen Franz sonst noch zu bieten gehabt hätte. Und immer eine strahlende Franziska neben ihm und die Kinder, aus denen elegante, modisch gekleidete Frauen geworden waren. Er zeigte ihm den Franz mit Autos und Traktoren und Franziska mit Melkmaschinen, Tiefkühltruhen und Waschmaschinen, die alles Schmutzige wieder leuchtend und sauber machten, er zeigte ihm Stereoanlagen und Computerspiele und seine Enkelkinder vor dem Fernseher mit 40 Programmen, mit dem man auch Videos jeglicher Art sehen konnte, den ganzen Tag. Er zeigte ihm noch tausend andere verlockende Dinge.

Und ich höre wieder einmal Franz Jägerstätters hartnäkkiges Nein, dazu war ihm der Preis zu hoch. Und kaum war das Nein ausgesprochen, konnte er auch schon durch all die verlockenden Bilder hindurchsehen, er sah die Einsamkeit der Menschen, die nicht mehr lieben konnten und nicht zueinander fanden, er sah Millionen zerstörter Ehen. Er sah Drogensüchtige und hörte von Selbstmordraten und der Sinnlosigkeit des Lebens inmitten des Reichtums. Er sah Millionen hungernder und verhungernder Menschen, abgetriebener Babys, verlassener, mißbrauchter, bettelnder Kinder, die massenweise niedergeschossen wurden, weil sie den Geschäftsgang im Nobelviertel störten. Nein, zu so einem Leben konnte Franz Jägerstätter niemand verführen.

Aber der Versucher gab noch nicht auf. Du bist doch ein Christ, flüsterte er dem Gefangenen zu. Denk doch an deine Freunde, die nach dem verlorenen Krieg – und er ist natürlich verloren, Stalingrad war das Signal – heimkehren werden! Merkst du nicht, was du ihnen da antust? Nur wenige sind gern in den Krieg gezogen, die meisten haben alles getan, um es möglichst lange hinauszuschieben. Aber sie haben das Gefühl, ihre Pflicht getan zu haben, dennoch immer geschätzt und werden es weiterhin schätzen, wenn sie schon lange daheim sind. Auch wenn noch mancher von ihnen unruhig träumen sollte, von der ausgeräucherten Granatwerferstellung oder den Ruinen von Coventry und Bristol, mit denen sie den englischen und amerikanischen Bombern ein Beispiel gegeben haben für Hamburg, Berlin und Frankfurt. Sie werden immer noch daran glauben, daß sie in ihrer He 111, mit ihrem MG oder der Bodenflak ihre Heimat verteidigt haben. Auch wenn wir beide, lieber Franz, genau wissen, daß das keineswegs ein Verteidigungskrieg war, sie wissen es nicht – oder nicht mehr. Und du, der Mesner von St. Radegund, der Ausnahmechrist unter so vielen Zufallskatholiken, willst sie aus ihrem guten Glauben, aus diesem glücklichen Verdrängungszustand, wie die Psychologen es nennen werden, herausreißen? Willst du, daß sie deinetwegen zu zweifeln beginnen müssen? An der Obrigkeit, der zu gehorchen war, an der Kirche, an sich selbst? Das meinst du doch nicht im Ernst! Willst du ihnen alle ihre schönen Worte wie Vaterlandsliebe, Heldenmut, Pflichterfüllung, Gehorsam, Ehre, Treue usw. wegnehmen? Willst du den Hunderttausenden, die dann fleißig wieder aufbauen werden, was der böse Feind ihnen zerstört hat, den Kinderglauben wegnehmen, wie gut es war, die Bolschewiken bis nach Moskau zu jagen und jeden, der nicht rechtzeitig davonlaufen wollte, niederzumachen oder in ein Lager zu sperren, bis er verhungert? Auch zum Häuselbauen braucht man ein einigermaßen gutes Gewissen, auch zur Konstruktion eines Computers. Mit einem schlechten könnten sie sogar unsicher werden, ob ihr Wirtschaftswunder, wie sie es nennen werden, überhaupt einen Sinn gehabt hat.

Du hast selber gesagt, lieber Franz, man soll keinen von ihnen verurteilen, da sind wir uns beide einig. Aber dein stiller sogenannter Märtyrertod wäre eine einzige Anklage gegen sie und viel schlimmer, als wenn du noch in 20 Jahren mit ihnen im Wirtshaus debattieren würdest. Mit deinem Entschluß sprichst du dein Urteil über sie, und das willst du doch nicht, das hast du sogar deiner Fanny verboten. Wie sollen sie weiter beim Bier zusammensitzen, bei ihren Kameradschaftsabenden, und unbefangen von ihren Heldentaten plaudern dürfen, von diesem Ausnahmeleben im Krieg, in dem alles so viel großartiger war als das, was ihm voranging und nach ihm kommen wird! Was soll damit werden, wenn du daherkommst und ihnen alles das madig machst! Sie wollen doch auch etwas zum Träumen haben in ihrem armseligen Leben.

Vor allem versuch ja nicht, ihnen ein Gewissen anzuzüchten! Du stößt sie damit nur in deine eigene Einsamkeit, und das vertragen die wenigsten. Hast schon du genug Schwierigkeiten damit. Demonstriere ihnen also klipp und klar, daß sie richtig gehandelt haben, indem du den gleichen Weg gehst wie sie! Sag ihnen, es ist gut, daß ihr euch nicht gewehrt und nicht weiter darüber nachgedacht habt! Daß ihr so demütig wart, alle Entscheidungen der Obrigkeit zu überlassen!

Apropos, schlaflose Nächte – glaub nicht, daß du in den letzten zwei Jahren vergeblich gelitten hast, und mach auch deinen Seelsorgern keine Vorwürfe, daß sie der Logik deines Gewissens nichts mehr entgegenzusetzen hatten. Erst deine Leiden und deine Ängste sind es ja, die dich fähig machen, nachzuempfinden, was diese vielen Tausenden empfinden würden, wenn du sie in die gleiche Unsicherheit stürztest. Da hat sicher der Herr seine Hand im Spiel gehabt, indem er sich seiner unvollkommenen Dienerschaft bediente. Alle diese Erfahrungen erst werden dich zum Märtyrer machen, mit dem du, gib's zu, doch schon lange ein bißchen liebäugelst – und zwar zum echten Märtyrer, nicht für dein persönliches Seelenheil, sondern für deine Nächsten. Und wenn du nicht recht weißt, wie du es anfangen sollst, dann denk an deine Todesängste, die dich doch manchmal überkommen, das hilft dir bestimmt. Auch der Autor, der da über dich schreibt, wird dir dankbar sein, wenn du Schwächen zeigst. Er ist ohnehin etwas unglücklich, daß er an dir so wenige Fehler findet, er möchte auf keinen Fall einen Gipsheiligen aus dir machen. Deinen Jähzorn hast du schon erfolgreich bekämpft, und dein uneheliches Kind ist heutzutage nicht einmal mehr ein Thema für eine kirchliche Kommission oder einen katholischen Kindergarten. Und daß Franziska noch mit irgendeinem geheimen Laster herausrücken könnte, ist kaum zu erwarten. Du wirst die Menschen aus allen Höllen des schlechten Gewissens erlösen, der Neurosen, der Trunkenheit und der Drogensucht, ein zweiter Erlöser zumindest für die deutschsprachige Menschheit. Du wirst natürlich den Kelch zuerst ablehnen wollen und dann doch dem Herrn seinen Willen tun. Du wirst blutige Tränen schwitzen aus Angst vor deiner Entscheidung – und wirst dich dennoch hingeben für sie, indem du das, was du für dein Gewissen hältst, verleugnest. Damit sie an ihr „eindeutig richtiges Gewissen", wie der Bischof von Linz es nennen wird, glauben dürfen wie an den allmächtigen Gott. *Das* ist Nächstenliebe, mein Freund, und ich garantiere dir, die Kirche wird sie zu schätzen wissen.

„Christus ist auferstanden, Alleluja!" schrieb Franz Jägerstätter und jubelte. „Was gibt es Freudigeres, als daß Christus wieder auferstanden ist und als Sieger über Tod und Hölle ..." So war es doch noch ein schönes Ostern geworden, trotz Gefängnis und Trennung. Am Gründonnerstag hatte Franz ein zweites Mal um eine Messe angesucht, und es war wieder abgelehnt worden, dafür wurde ihm ein Priester versprochen, der auch gleich am Nachmittag kam. Er hatte auch das Allerheiligste mitgebracht. Die Glocken der benachbarten Kirche und die Ratschen der Ministrantenbuben kündigten die Stunde der Zeremonien an, das heilige Opfer und die Entblößung der Altäre von Hostien und Altarwäsche: „Sie haben meine Kleider unter sich geteilt und über mein Gewand das Los geworfen." Ob Franz daran dachte, wie er im Passionsspielhaus von St. Radegund als germanischer

Soldat um den Leibrock des Gekreuzigten gewürfelt hatte? Der heilige Karfreitag, die Leidensgeschichte des Johannes und die Verehrung des heiligen Kreuzes: „Mein Volk, mein Volk, was hab ich dir getan?" Franz lebte es Stunde um Stunde mit.

Am Karsamstag kam der Priester noch einmal in ihre Zelle, und jetzt waren es schon sieben, die die heilige Kommunion empfingen. Und zwischen den Stunden des Gebets las Franz in dem Buch mit den Predigten des heiligen Johannes Chrysostomus, das er aus der Gefängnisbibliothek bekommen hatte, und blätterte in den Briefen seiner Frau. Gib mir ein Zeichen, sprich doch zu mir! – hatte er in die Dunkelheit hineingerufen und plötzlich wie durch ein Wunder die Antwort erhalten, die ihn allen Glaubenszweifeln entriß. Am 9. April vor sieben Jahren hatten die beiden einander vor Gott und dem Priester Liebe und Treue versprochen und – wie er nach Hause schrieb – wohl auch gehalten. Und wenn er so Rückschau hielt – wer sonst als Gott hatte ihm dieses Glück, hatte ihm diese vielen Gnaden geschenkt, die manchmal an Wunder grenzten? Und das schon hier auf Erden, wo man doch noch taub und blind und so armselig war! Wer wollte da sagen, es gibt keinen Gott! Wer wollte da sagen, Gott liebt seine Menschen nicht?

Die Auferstehungsglocken läuteten in der ganzen Stadt. „Christus ist auferstanden, Alleluja!"

Neun Tage später kam ein Mann, um Franz Jägerstätter nach Berlin abzuholen. Dort amtierte das Reichskriegsgericht.

*

Hoch über dem Gardasee liegt der Soldatenfriedhof von Costermano. Es gibt kaum einen idyllischeren Platz, Zypressen, südliche Pflanzen, üppig und immergrün, im Tal glitzert der See in der Sonne. In der Erde, je nach Jahreszeit über und über von blühender Erika umwuchert, unter Tausenden Kreuzen, Tausende zerfallene Menschenkörper, zerfallene Hoffnungen und Gefühle, tausendmal Schmerz und Todesangst. Jeder einzelne von irgend jemand betrauert.

Wie am Eingang des Friedhofs zu lesen ist, hat man alle in Oberitalien gefallenen deutschen Soldaten hierhergebracht, und so kann es sein, daß auch einer hier liegt, den ich kannte. Der „Alte", wie wir ihn nannten, obwohl er noch gar nicht so alt war. Durch seinen Tod habe ich etwas kennengelernt in seiner absurdesten Form, dem für mich erst Franz Jägerstätter einen Namen gegeben hat: Die Menschenfurcht. Und noch mehr.

Jedesmal, wenn ich danach gefragt werde, kann ich mit gutem Recht sagen: Ich habe Hitler und seine Wehrmacht viel Geld gekostet. Ich habe mich vier Monate lang zum Töten ausbilden lassen und weitere vier Monate, um einer zu werden, der seinen Untergebenen das Töten befiehlt, und für einen weiteren Monat, als sogenannter Hilfsausbilder, jungen Rekruten die Anfangsgründe des Tötens erklärt. Dann wurde ich an die Front befohlen, um das theoretisch Erlernte in die Praxis umzusetzen. Gottlob war es bereits Anfang März 1945, und da es uns, einer Gruppe junger Unteroffiziere, dank einiger Tricks und der absoluten Luftüberlegenheit der Amerikaner gelang, für die Strecke vom Brenner bis Verona noch 14 Tage und von dort noch eine weitere Woche zu brauchen, kam ich erst Ende März an die Front. Und das alles haben Hitler und seine Wehrmacht finanziert, ohne etwas dafür zurückzubekommen.

Als ich mich von meinem Vater verabschiedete, sagte er einen Satz, den ich bis heute nicht vergessen kann: „Kurt, man desertiert nicht." Wohl das Absurdeste, das der erbitterte Gegner eines Tyrannen zu seinem Sohn sagen kann, der gerade dabei ist, in einen längst verlorenen Krieg zu ziehen, um diesem Tyrannen noch zu ein paar Sekunden Leben zu verhelfen. Ich kann es mir bis heute nur damit erklären, daß der Ehrbegriff des Weltkriegsoffiziers, der für seine Monarchie gekämpft hatte, immer noch so wirksam in ihm war, daß mein Vater über alles hinwegsehen mußte, was er vom Nationalsozialismus an Üblem erfahren hatte und ablehnte. Daß er zumindest vieles, was in ihm an christlich gebildetem Gewissen lebte, unterdrücken mußte. Selbst die Liebe zu seinem Kind, das ihm in diesen letzten Kriegswochen noch hätte weggenommen werden können. Ich glaube auch nicht, daß es so etwas wie eine Warnung gewesen sein konnte: Gib acht, das könnte leicht schiefgehen! Es war gewissermaßen ein Auftrag, und der Zeitpunkt war ja auch recht wirkungsvoll gewählt, es wäre kaum noch Zeit für Widerspruch oder eine Debatte gewesen.

Ob er eine Ahnung hatte, wie sehr sein Sprößling bereit war, diesen Auftrag zu akzeptieren? Nicht aus kindlichem Gehorsam, auch nicht aus Treue zu dem vor einigen Monaten geleisteten Eid. Nein, seine Bereitschaft zum Widerstand auch gegen das Unangenehmste war derart schwach ausgeprägt, daß es ihm nicht im entferntesten eingefallen wäre, überzulaufen. Wie sollte auch einer, der sich keine Gedanken gemacht hatte, was er eigentlich tat, als er seine Zivilkleider gegen den Soldatenrock tauschte, darauf kommen! Es war ja auch so viel leichter, einfach mit der Herde mitzumarschieren und Befehlen zu gehorchen, als plötzlich einen selbständigen Entschluß zu fassen. Als auszukundschaften, wo und wann und wie man sich am besten von seiner Einheit absetzte. Freilich, der Gedanke daran kam schon manchmal, es wurden auch Flugzettel abgeworfen mit der Aufforderung, überzulaufen, große Blätter mit der fettgedruckten Aufschrift „I SURRENDER", die man vor sich hertragen sollte. Schließlich wußte man ja auch, ebenfalls von Flugzetteln, daß die Russen bereits in Wien waren, und fragte sich mit Recht, ob man sich so knapp vor Kriegsende noch umbringen lassen sollte.

Es waren verführerische Gedankenspiele, die da so mancher von uns spielte, aber es waren eben doch nur Spiele, auch wenn dabei alle möglichen Risken einkalkuliert wurden – selbst das hübsche freundliche Bauernmädchen konnte ein solches Risiko sein und das angebotene Versteck zu einem Hinterhalt machen. Und als Gegenaktion gegen mögliche Gelüste ließen unsere Vorgesetzten auch Gerüchte lancieren, daß uns gegenüber marokkanische Truppen lägen, die jeden Überläufer sofort erschossen. Das größte Hindernis aber war sicher die Vorstellung: Du bist dann plötzlich allein mit dir und deinem Entschluß und allen seinen Folgen, allein, wie Franz Jägerstätter jahrelang und unter so vielen Gegnern allein sein mußte. Aber wer ist schon ein Franz Jägerstätter!

Mein etwa vierwöchiger Fronteinsatz begann damit, daß ich auf einer Höhe des Apennins in einen Schützengraben gesteckt wurde, von wo aus man durch das Fernglas neiderfüllt zusehen konnte, wie die Amerikaner in einer Senke Baseball spielten. Unbehelligt durch den gegenüberliegenden Feind, wir hatten die ganze Zeit strengstes Schießverbot, und die Amerikaner revanchierten sich dafür, indem sie uns in Ruhe ließen, wenigstens in diesem Abschnitt. Ein Glück für mich, denn ich fürchte, hätte man es mir befohlen, ich hätte geschossen, wie Ulli, wenn auch mit geringerem Eifer. Schließlich habe ich während der letzten Monate einiges zu diesem Zweck gelernt.

Neben mir lag der „Alte", er schenkte mir eine kleine verbeulte Blechkapsel mit einer abgeschabten Madonna. Er muß gespürt haben, daß sie mir etwas bedeutete, vielleicht wollte er, daß sie mich an ihn erinnerte. Auch die ersten Läuse bekam ich von ihm.

Nach einer Woche relativer Ruhe hieß es Rückzug, und wir marschierten ab nun jede Nacht ein paar Stunden nach Norden und gruben uns dann irgendwo ein bis zum nächsten Abend. Die Amerikaner verfolgten uns im Respektabstand. Das Unangenehme daran war nur, daß wir weit weniger

Männer hatten als Ausrüstungsmaterial und irgendein Vorgesetzter sich einbildete, nichts davon zurücklassen zu dürfen. Wir waren wie die ärmsten Packesel. Etwa eine Woche später kamen wir in die Ebene und fanden eine Straße. Sie verlief in großen Kurven, und einmal nahmen wir, statt ihr zu folgen, eine Abkürzung durch eine Wiese.

Diese Nacht war auffallend unruhig, irgend etwas hinter uns schien in Bewegung geraten zu sein, irgendwo wurde geschossen, und im Westen leuchteten Feuer am Horizont. Davor die Silhouetten der dahinjagenden Panzer, Laster und Wagen mit wiehernden Pferden, es sah aus wie regellose Flucht. Nur wir mit unseren Lasten krochen durch die Wiese, als gehörten wir gar nicht dazu, wir waren glücklich, nicht dort drüben auf der Straße zu sein.

Plötzlich direkt neben uns eine Detonation und unmenschliches Gebrüll. Ich begriff erst gar nicht, was geschehen war, ich hatte keine Granate heranheulen gehört, ich sah nur den „Alten" auf dem Boden liegen und spürte, als ich mich über ihn beugte, sein Blut. Und das Schreien hörte nicht auf. Ich ließ alles fallen, was ich geschleppt hatte, und rannte um einen Sanitäter, die anderen kümmerten sich um ihn. Nach 30 oder 40 Metern kam ich an einen Zaun, der die Wiese abschloß, und als ich ihn überstiegen hatte, sah ich eine außen angebrachte Warntafel: Achtung, Minenfeld! Als ich endlich mit einem Sanitäter zurückkam, stellte sich heraus, daß der „Alte" bereits von anderen versorgt und abtransportiert worden war. Auch mein Sanitäter verschwand, da es nichts für ihn zu tun gab – nur ich stand schwitzend und mit Herzflattern am Zaun. Da drinnen im Minenfeld lagen alle meine Sachen, zwei Patronenkästen, zwei Reserveläufe, die Zieleinrichtung des schweren MG, Karabiner, Handgranaten, Gasmaske und Rucksack, 30 oder 40 Meter von mir entfernt in der Dunkelheit. Wie viele Minen lagen dazwischen?

Jeder vernünftige Mensch hätte das Zeug liegengelassen

und seine Leute gesucht, ich aber war Soldat der deutschen Wehrmacht und mußte sofort denken, was es mich kosten könnte, wenn ich das täte. Hatte ich doch während meiner Ausbildungszeit nur wegen eines verlorenen Kastenbodens, ein Stückchen Metall mit einer Feder dran, drei Tage Kasernarrest bekommen. Aus meiner Angst wurde Panik, ich fürchtete meine Vorgesetzten mehr als die Minen da drin, und das fünf oder sechs Tage vor unserer Gefangennahme. Ich stieg also über den Zaun und ging vorsichtig hinein, immer mit dem linken Fuß voraus über das Gras tastend, ich dachte, wenn es mir einen Fuß wegreißt, dann lieber den linken, ich bin ja auch Rechtshänder. Völlig sinnlos das alles, da ich unter meinen Stiefeln nicht das geringste spüren konnte. Ich fand meine Sachen auf einem Haufen, hängte sie mir um und tastete mich wieder zurück, wieder mit dem linken Fuß zuerst – und ich hatte Glück.

Dem „Alten" hat eine Mine das Bein abgerissen, und er ist bald danach gestorben. Und da man, wie es heißt, alle in Oberitalien gefallenen deutschen Soldaten hierher nach Costermano gebracht hat, kann es sein, daß auch er hier liegt. Ich weiß seinen Namen nicht mehr, ich muß jetzt nur oft an ihn denken und an meine absurde Menschenfurcht. Ich bin lieber in das Minenfeld hineingegangen und hätte mir das Bein abreißen lassen oder noch mehr, nur um mich einem Befehl nicht zu widersetzen. Einem Befehl, der in diesen Augenblicken der Entscheidung als die Maxime empfunden wurde: Deine Waffe ist mehr als du. Die Umwandlung der elenden Menschenfurcht zur Tugend, wie Franz Jägerstätter erkannte, hat auch bei mir bestens funktioniert. Ausgerüstet mit dieser Tugend und nicht mehr als die, die wir einmal waren, sind wir als Hitlers Soldaten ausgezogen, um halb Europa in Blut zu ertränken, fähig, jedes Verbrechen, das wir begangen haben, die Erfüllung unserer Pflicht zu nennen. Wir mußten dazu gar keine bösen Menschen sein, keine besonderen Sklavennaturen und keine Kleinbürger, für die der Krieg etwas war, was sie über ihr banales Leben hinaushob. Mit Männern wie uns haben Männer wie Hitler sogar glänzende Siege erfochten. Wir mußten nicht die Kräftigsten und nicht die Mutigsten sein und auch keine Menschen wie Orje oder Arne, die ein besonderes Schicksal, eine Begabung oder der Mangel einer Begabung dazu bestimmte, über sich hinauszuwachsen – Orje war in dem Augenblick groß, als er den jungen Russen nicht töten konnte, und sicher war auch meine größte Heldentat, daß ich unserem besoffenen Obergefreiten das MG weggenommen habe, damit er nicht schießt und die Aufmerksamkeit des Gegners auf uns lenkt. Wir mußten keine Idealisten sein, die aus irgendeinem seltsamen Grund auf irgendeine seltsame Ideologie gestoßen sind, wir mußten nur ein bißchen weniger nachdenken als Franz Jägerstätter, wir mußten uns nur einmal entschieden haben, uns gegen die Unmenschlichkeit *nicht* zu entscheiden.

Das Schlimme war, daß wir glaubten, es würde genügen, unser neues Anderssein wie eine Trophäe mit nach Hause zu nehmen und damit aufzubauen, was zerstört war und was wir darüber hinaus noch alles haben wollten. Wir haben die Kampfmoral des Soldatseins – er oder ich – in unser Berufsleben und in unsere Wirtschaft hineingetragen, in die Familien und in die Politik. Wir sind groß und reich geworden und haben darum lange geglaubt, daß wir das Richtige tun. Das Schlimme war nur, daß wir unsere Gewohnheit, alle Verantwortung auf einen anderen abzuschieben, nicht mehr geändert und jede nur mögliche Schuld verdrängt haben. Das Schlimme ist nur, wir haben damit auch unseren Glauben verlassen und unsere Seelen zerstört. Wir haben die Seelen unserer Kinder zerstört, und sie geben ihre Verletzungen weiter bis heute.

Franz Jägerstätter könnte diese Welt sicher nicht lieben.

Im Namen
des Deutschen Volkes!

Der Gefängnisalltag in Linz ist nicht Gewohnheit geworden. Am 4. Mai bekritzelte Franz Jägerstätter, noch auf dem Linzer Bahnhof, einen Zettel für seine Frau: „Um 10 Uhr 13 fahre ich weg nach Berlin", und gab wie ein sorgsamer Reisender auch seine nächste Adresse an: „Wehrmachtsuntersuchungsgefängnis (Zweigstelle Berlin-Tegel, Seidelstraße 39)."
Um 2 Uhr nachmittag ein zweiter, der letzte unzensurierte Brief aus Regensburg vor der Weiterfahrt nach Berlin. Tröstliche Worte und eine Bekräftigung seines Entschlusses, und abermals eine Begründung: Sie hatten ihm bei den Verhören immer wieder einzureden versucht, der Nationalsozialismus habe nichts gegen die Kirche. Aber heute morgen noch war einem, dessen Vater General war, die Wahrheit entrutscht: Erst müsse man den äußeren Feind erledigen, dann käme der innere, die Kirche, dran.
Es wäre fast eine Vergnügungsreise gewesen, schöne Landschaften, noch kaum bombardierte Städte, ein sonniger Frühlingstag. Straßen, Bahnhöfe, Züge voller Menschen, lachende, dahinhetzende, ganz normale Menschen, und Franz gegenüber ein freundlicher, gesprächiger Reisegefährte. Die Frauen in modischen Imprimé-Complets oder leichteren Schneiderkostümen, trotz der Kleiderkarten, vielleicht auch schon in Zweiteilern mit Applikationen – der uniformierte Berliner mit der schußbereiten Pistole am Koppel war ganz entzückt und machte seinen Mitreisenden

immer wieder auf etwas aufmerksam, das ihm besonders gefiel. Dazu die üblichen Fragen: „Sind Sie verheiratet? Kinder?" Franz nickte und deutete einiges an, nur Fotos holte er keine hervor, die gehörten nur ihm. Vielleicht, daß er seine Fanny für einen Augenblick in die bunte Welt hinaussetzte, mit einem hübschen Kostüm über der schlanken Figur, ein Bonbonhütchen auf dem kurzgeschnittenen Haar. Alles von erschreckender Normalität, aus der man sich nach dem Gefängnisleben völlig ausgeschlossen fühlen mußte. Freilich, wer lebte so innig in der Gemeinschaft mit Gott?

Und doch, wieder und wieder muß ich es denken: Es gibt keine Sicherheit vor der Ölbergangst, selbst der Mensch Jesus war ihr unterworfen. Und wieder, wie schon so oft, ertappe ich mich bei dem Gedanken: Franz Jägerstätter retten, wie hätte man das anstellen müssen? Was zu ihm sagen? Was tun? Genauso wie ich als Kind manchmal überlegt habe, ob Golgotha wirklich nicht hätte verhindert werden können. Ich bin überzeugt, Franz Jägerstätter ist im Licht. Dennoch hätte ich ihn so gern am Ende eines langen glücklichen Lebens in St. Radegund gesehen. Dennoch möchte ich ihn heute noch sehen, mit ihm reden, auch wenn ich weiß, daß er dann längst nicht mehr der wäre, der uns so viel bedeutet. Ob ich anders gehandelt hätte als Pfarrer Karobath in Tittmoning, wäre ich ihm damals gegenübergestanden? Wirklich anders als alle die andern?

Der Empfang in Berlin war nicht sehr erfreulich. Kaum hatte der Reisebegleiter sich davongemacht, ging es in einem ganz anderen Ton weiter. „Name? Heimatadresse? Bißchen deutlicher! Kann ja keiner verstehen!" Und alles gebrüllt und gekreischt, eine würdige Fortsetzung der Rekrutenzeit. Er war gegen Mitternacht angekommen, und man hatte ihm sofort Handschellen angelegt, die trug er noch jetzt, als ihn das Morgenlicht weckte. Das also war seine Zelle, allmählich wurden die Konturen sichtbar, ein winziges rechteckiges

Loch, zwei mal drei Meter vielleicht, das Bett, auf dem er lag, ein kleiner Tisch, ein Schemel, ein mannshoher Wandschrank mit einem Wasserkrug, einem Glas und einem Handtuch. Neben der Tür ein übelriechender brauner Kübel. Das Licht über dem Tisch funktionierte nicht, bald sollte er erfahren, daß es nur von außen an- und abgedreht werden konnte. Man war also von den Launen der Schließer abhängig. Er war ganz allein, keiner, der neben ihm atmete oder schnarchte.

Er erhob sich, so rasch das schmerzende Kreuz es zuließ, das Bett war steinhart und die Decke dünn. Er hörte Vogelstimmen und ging zum Fenster, aber es lag zu hoch, und er mußte auf den Schemel steigen.

Er sah nicht viel, nur den Gefängnishof, und er sah ihn auch nicht lange, denn plötzlich hörte er ein Klappern an der Tür und ein unmenschliches Geschrei: „Wahnsinnig geworden? Runter da! Noch einmal, und Sie können was erleben!" Und als wäre das ein Signal gewesen, erhob sich auf dem ganzen Gang ein Geschrei und Geschimpfe, das nicht enden wollte. Es war auch aus den Zellen nebenan zu hören, aus der nächsten, der übernächsten, die Betonwände schienen sehr dünn zu sein. Franz sprang vom Schemel und sah, daß durch die Klappe etwas hereingefallen war. Er hob es vom Boden auf, es war ein Stück Brot. Später gab es Kaffee, mehr Satz als Kaffee, er schmeckte ekelhaft, und man mußte ihn sofort hinuntertrinken, auch wenn er noch brennheiß war.

Er habe ein sehr nettes Kämmerchen für sich allein, schrieb er zwei Tage später an Franziska, und Hunger zu leiden habe man hier auch nicht, es klang, als wäre der Berlinreisende in einem einfachen, friedlichen Gasthof abgestiegen. Wie es wirklich war, davon sollte Franziska nichts erfahren, nichts von den Fesseln, die sie tragen mußten, wenn es zum Verhör oder zur Verhandlung ging, nichts von den dauernden Demütigungen durch das Wachpersonal, den ordinären Schimpfworten, den Fausthieben und Fußtritten.

Wie es wirklich war, wissen wir von einem anderen Insassen des Untersuchungsgefängnisses Berlin-Tegel, von dem evangelischen Theologen und Widerstandskämpfer Dietrich Bonhoeffer, der knapp einen Monat vor Franz Jägerstätter hier eingeliefert worden war. Man kann sich kaum einen größeren Unterschied denken als den zwischen dem Großbürgersohn mit prominenter Verwandtschaft und dem Bauern aus dem Innviertel, auch wenn beide durch ein ähnliches Schicksal miteinander verbunden sind. Während Jägerstätter ein brennender einfach Glaubender war, war Bonhoeffer ein immerfort Fragender, immer bemüht, seine Fragen und Antworten möglichst brillant zu formulieren. Während Jägerstätter seine Angehörigen in seinen Briefen möglichst zu schonen suchte, schrieb Bonhoeffer möglichst viel vom Elend der Gefangenen in Berlin-Tegel, um die Welt aufmerksam zu machen. Ihn selbst betraf es ja kaum. Jägerstätter durfte seiner Frau nur alle vier Wochen einen kurzen Brief schreiben, Bonhoeffer durfte Briefe schreiben und empfangen, so viele er wollte, und bekam auch regelmäßig Besuch. Er bekam die besten Lebensmittel zugeschickt und jedes Buch, das er anforderte. Unter den Bewachern gab es sogar einen vertrauenswürdigen Boten zwischen der Familie und ihm. General von Hase, sein Onkel und Stadtkommandant von Berlin, machte so ziemlich alles möglich. Erst als er zum Opfer des mißglückten Stauffenberg-Putsches vom 20. Juli 1944 wurde, war auch Bonhoeffer verloren.

Vielleicht sind die beiden Männer einander einmal begegnet, wenn man Jägerstätter zum Verhör führte und Bonhoeffer ins Besuchszimmer zu seiner jungen Braut. Vielleicht sind sie sogar einmal auf demselben Lkw nebeneinander gesessen, ohne voneinander etwas zu wissen. Nur daß Franz zu denen gehörte, die die Zelle des privilegierten Häftlings aufräumen durften – auch für sie ein Privileg, denn da fiel immer etwas ab –, ist unwahrscheinlich. Er gehörte zu den am schärfsten bewachten Insassen des Gefängnisses.

Er hatte von seinem einfachen Kämmerchen geschrieben, wohl eine der ganz wenigen Notlügen in seinem Leben, denn die behagliche Einsamkeit, die er Franziska vorgaukelte, gab es nicht oft. Er war weder allein in dem dauernden Trubel, noch durfte er sich eines Menschen annehmen, wenn er durch die dünnen Wände von dessen Not erfuhr. Oft hörte er Weinen und Klagen von verschiedenen Seiten, besonders des Nachts, und er fragte sich, welche dieser Stimmen schon am nächsten Tag für immer erstickt sein würde. Welcher der schnarchenden, sich unruhig umherwälzenden Schläfer würde am nächsten Tag sein Todesurteil erfahren? Oder hatte er es schon erfahren, er und fünf oder acht andere mit ihm? War schon der Staatsanwalt in ihre Zellen gekommen, um ihnen zu eröffnen, daß die Gnadengesuche abgelehnt worden waren? Und das hieß, daß morgen früh ihr letzter Tag anbrach. Und man konnte nicht durch die Mauern hindurch, so dünn sie auch waren, um den armen geängstigten Menschen beizustehen! Man konnte nur beten und hoffen, daß das Gebet sie erreichte. In anderen Nächten wieder, wenn das Wachpersonal den Gefangenentrakt verlassen hatte, war es totenstill, und mancher fühlte sich in seiner Zelle wie in einem Sarg und wagte kaum zu atmen. In solchen Nächten spürte Franz von allen Seiten die Angst.

Am Essen war zu merken, wie die Zeit verging, Woche um Woche. Sonntag mittags gab es nichts als dünne Wasserkohlsuppe ohne Fleisch, ohne Fett, ohne Kartoffeln, denn sonntags kontrollierte kein Arzt und kein Offizier die Essensproben. Das Beste wanderte einfach in die Kochtöpfe des Personals, aber auch unter der Woche war das Essen dank der lässigen Kontrollen nicht viel besser. „Der Magen ist halt bei mir ein kleiner Spitzbub", schrieb Franz nach den ersten vier Wochen, aber er schrieb auch, daß es schlechter sein könnte. Niemand weiß, wie er wirklich darunter gelitten hat. Seine Frau schiebt den kranken Magen auf das häufige

Fasten. Er hatte in Linz viel von seinem Essen an die Mitgefangenen abgegeben, aber die Kost in Tegel war schon
ohne freiwilliges Fasten eine Fastenspeise.

Franz war auch für die erzwungene Askese dankbar. Es ist
eine Gnade Gottes, für seinen Glauben ein wenig leiden zu
dürfen, schrieb er nach Hause. Dennoch war er dankbar, als
eines Tages, gerade zu Pfingsten, seine Lieblingsmehlspeise,
Zwetschkenpofesen, eintraf. Es war streng verboten, Lebensmittel zu schicken, aber Franziska hatte sich nichts verbieten
lassen, und das Wunder geschah – er durfte das Paket in
Empfang nehmen.

Franziska hatte ihm auch zwei Fotos von daheim geschickt: Die Rosl, die Maridi und die Loisi im Grünen, die ein
weißes Leintuch hielten, auf dem groß „Lieber Vater, komm
bald!" geschrieben stand. Er konnte die Tränen nicht zurückhalten, als er es betrachtete, er spürte, wie er gerufen, wie
er gebraucht wurde, und konnte dem Ruf nicht folgen. Auf
dem anderen Bild waren seine Mutter, Franziska und zwei
der Mädchen zu sehen – das dritte hatte sich partout nicht
fotografieren lassen. Er sah Fannys schmales Gesicht und
verglich es mit dem der strahlenden Braut vor sieben Jahren.
Sie war wenn möglich noch schöner geworden, feiner,
durchgeistigter, aber er las in ihrem Gesicht auch die unauslöschlichen Zeichen des Schmerzes. Was wird ihr alles
bevorstehen? – dachte er. Werden sie ihr den Hof wegnehmen? Wird sie materielle Not leiden müssen? Was können
sie ihr noch alles antun! Die Nazis, für die sie die Frau eines
Verbrechers ist, die Nachbarn, für die sie die Frau ist, die
nichts getan hat, um ihn von seiner Wahnsinnstat abzuhalten. Wird man sie verhöhnen, die Witwe eines Verrückten,
der unbedingt ein Heiliger werden will, wie sie sagen, weil es
ihm nicht genügt, ein braver, von allen geachteter Bauer zu
sein?

Auch in Berlin versuchte er immer wieder, zur Sanität zu kommen, aber die Hoffnung auf diesen Ausweg wurde immer geringer. Er fragte sich manchmal, was die da oben sich dachten. Sie brauchten doch jeden Mann, auch bei der Sanität, und es wäre weitaus vernünftiger gewesen, ihn dort einzusetzen, als ihn hier einzusperren und zu bewachen und durchzufüttern und endlich umzubringen. Aber der Haß gegen den kleinen Mann, der ihnen so beharrlich demonstrierte, wie unfähig sie waren, ihm ihren Willen aufzuzwingen, war einfach zu groß. Und umso größer, als die Kraft, die ihn dazu befähigte, von Jesus Christus kam.

Und dieser Haß reichte von der obersten Ebene, von den Herren und Ideologen bis hier herunter und ergriff gerade von den schäbigsten Kreaturen Besitz. Sie gaben den Ton an im Haus, und den ganzen Tag hörte man, wie sie herumbrüllten und die Gefangenen wegen des kleinsten „Vergehens" bestraften. Es schien ihnen Spaß zu machen, die hilflosen Gefangenen zu schikanieren, und eine der schlimmsten Martern war es, wenn sie des Nachts auf den Gängen erschienen, auf und ab marschierten, Befehle riefen, plötzlich an der oder jener Tür „Abteilung halt!" machten, so daß in den gequälten Gehirnen der Verurteilten die Vorstellung: Jetzt kommen sie, jetzt holen sie mich, jetzt stoßen sie mich unter das Fallbeil, mehr und mehr zur Gewißheit wurde. Immer wieder kam es dann vor, daß die Gequälten vor Angst zu schreien und zu toben begannen, bis sich einer vielleicht doch ihrer erbarmte und dem grausamen Spiel ein Ende machte. Bis zur nächsten, bis zur übernächsten Nacht.

Und Franz Jägerstätter, der rasch begriffen hatte, was da gespielt wurde, mußte untätig hinter seiner Tür stehen und zuhören, er konnte weder seine Innviertler Fäuste benutzen noch den armen Zellennachbarn in ihrer seelischen Not zu Hilfe kommen. Erst wenn er zu beten begann, wurde auch er wieder ruhiger, er kniete vor seinem Bett nieder und preßte das Kreuz an sich. Er sprach die Gebete aus dem Gebetbuch des Dritten Ordens, er kannte die meisten schon auswendig. Auch Fanny betete sie und vielleicht zur selben Zeit. Auch sie war in die Gemeinschaft des heiligen Franziskus eingetreten, auch sie hatte sich von seinem Beispiel ergreifen lassen, um ein Leben nach dem Evangelium zu führen. „Der Herr segne und behüte dich", betete sie, vielleicht jetzt, vielleicht später, die Stunde war nicht so wichtig. „Er zeige dir sein Angesicht und erbarme sich deiner und gebe dir den Frieden. Der Herr segne dich", beteten sie einander zu. „Amen."

So furchtbar diese Exzesse auch waren, er bemühte sich dennoch immer mehr, die Männer nicht anzuklagen und nicht zu verurteilen. Wer konnte sagen, was sie dazu trieb? Schon in seinem ersten Brief an Franziska hatte er geschrieben – und das war wie ein Lebensprogramm für die nächsten Wochen und Monate, was immer ihm auch geschehen sollte: Keine Rachegefühle haben, allen Menschen verzeihen! „So bleibt das Herz in Frieden, und was gibt es Schöneres auf der Welt als den Frieden!"

Jedesmal, wenn der Mond am klaren Himmel auftauchte, bekamen die Gefangenen Angst, zumindest die meisten von ihnen. Klarer Nachthimmel, das hieß die Gefahr von Bombenangriffen der Alliierten, die immer heftiger wurden, und es gab hier für keinen einzigen Gefangenen einen Luftschutzraum. Kaum begannen die Sirenen zu heulen, verschwanden die Wachmannschaften in ihrem Bunker, und die Insassen blieben allein. Nur die aus dem obersten Stockwerk wurden ins Erdgeschoß verlegt, warum, wußte niemand, aber im Ernstfall hätte auch das nichts genützt. Ein Volltreffer, und 700 Gefangene wären gestorben.

Ende März war der letzte schwere Angriff auf Berlin niedergegangen, und ein Mitgefangener hatte Franz beim Spaziergang davon erzählt. Wie die in ihren Zellen Eingeschlossenen geschrien und getobt hatten, als die Bombenteppiche näher und näher kamen und das Gebäude zu beben begann, wie sie die Wärter verflucht und mit den gefesselten

Fäusten gegen die Türen getrommelt hatten. Es war streng verboten, beim Spaziergang im Hof ein Wort zu sprechen, aber der Mann hatte sich nicht darum gekümmert, und auch die Wärter ließen ihn gewähren. Er hatte einen Schock erlitten, und seither stammelte er nur noch und zitterte am ganzen Körper. Jetzt hatte es schon mehr als zwei Monate keinen Angriff gegeben, nur hin und wieder Sirenengeheul und das Zeichen der Entwarnung, und wenn Wolken den Himmel bedeckten und den Bombern ihre Ziele verbargen, atmeten alle auf.

Franz Jägerstätter liebte den Mond, er fühlte sich geborgen in Gottes Hand, gleichgültig, woran das silbrige Gestirn schuld sein mochte. Je höher es stieg, desto schärfer zeichneten sich die Schatten des Fenstergitters an der gegenüberliegenden Wand ab. Das kreuzförmige Symbol der Tyrannis wurde zum Zeichen der Erlösung. Stundenlang starrte er manchmal auf die beiden gekreuzten Balken, bis sie endgültig ins Dunkel rückten.

Ein neuer Mensch war in sein Leben getreten, ein Rechtsanwalt, der bei seinem Prozeß die Rolle des Verteidigers spielen sollte. Aber was wollte er verteidigen, der Herr Verteidiger? Laut Gesetz hatte Franz Jägerstätter noch nichts verbrochen, noch kein Delikt gesetzt. Etwas kompliziert, meine Herren, dachte er einen Augenblick. Wenn man sich den Paragraphen der „Zersetzung der Wehrkraft" genauer ansieht, dann werdet ihr mich für nichts verurteilen. Eine Zurücknahme meines Entschlusses, eine einzige Unterschrift nur, und alles sieht anders aus. Das stimmt doch – oder? Ganz sicher hätten die Deserteure und Landesverräter, die in diesem Haus gefangensaßen, hätten diejenigen, die wegen fortwährender Unterschlagungen oder auch nur wegen einer Beleidigung des Führers zum Tode verurteilt waren, viel darum gegeben, an Jägerstätters Stelle zu sein. Sie hatten ihre Verbrechen bereits begangen, er durfte immer noch wählen, ein einziger Federstrich konnte sein Leben retten, und seine Richter warteten noch immer darauf.

Aber wer garantierte dem Franz Jägerstätter, daß er am Leben blieb? Die gewünschte Unterschrift garantierte für nichts als den Einsatz in einer Bewährungseinheit, auch Strafkompanie oder -bataillon genannt, und da wußte jeder, daß bestenfalls fünf Prozent zurückkommen. Und vielleicht wußten einige auch, daß das unscheinbare Zeichen „R. u." auf den Akten der Bewährungseinheiten „Rückkehr unerwünscht" hieß. Aber selbst wenn er am Leben blieb – wer garantierte ihm, daß dieses Leben mehr sein würde als ein Dahindämmern in immerwährender Reue? Wenn er dazu überhaupt noch fähig war? Kein Mensch war Herr über das eigene Leben, nur über seine Entscheidung, ob er die Schuld auf sich nehmen, sich gegen den Willen Gottes stellen wollte oder nicht. Wollen *Sie* den Willen Gottes verteidigen, Herr Verteidiger? Das würde Ihnen nicht gut bekommen, denn dann wären Sie ja einer wie ich. Vor diesem Gericht darf ein Franz Jägerstätter aus St. Radegund nicht recht behalten. Auf keinen Fall.

Ja, wenn ein Arzt bestätigen würde: Er ist nicht zurechnungsfähig, er ist ein Idiot, er weiß nicht, was er tut – dann vielleicht! Dann könnte ich Ihnen sogar noch eine Menge anderer Zeugen nennen, jeder zweite Radegunder weiß, daß der Leherbauer kein normaler Mensch ist. Aber streng wissenschaftlich gesehen ist da nichts drin. Die Richter, die da einmal in die Schreibmaschine diktieren werden, daß der Angeklagte völlig normal und daß an seiner Zurechnungsfähigkeit nicht zu zweifeln ist, verstehen ihn im Grunde viel besser als seine Christen. Für sie ist alles logisch und klar: Hier das Christentum, für das ich stehe – dort der nationalsozialistische Staat, für den sie stehen und dessen Befehlen ich nicht gehorchen darf. Da gibt es kein Hin und Her, keinem meiner Richter wird es einfallen, wie denen daheim, die mir das Diesseits retten wollen, einen brutalen Eroberer zu einer von Gott eingesetzten Obrigkeit umzudeuten. Keiner von ihnen wird eine Verantwortung Menschen gegenüber gegen die viel größere Verantwortung Gott gegenüber ausspielen. Zwischen uns ist die Position klar: Ich gestehe, ich leugne nicht, ich bitte um keine Gnade, weil ich weiß, daß es dafür keine gibt.

Natürlich werden sie noch versuchen, mich weichzuklopfen, sonst könnten sie mich ja gleich umbringen, und auch Sie, Herr Verteidiger, werden alles dazu tun, um mich an die Front zu bringen. Es geht ja schließlich um euer Prestige, Menschen wie ich müssen mit allen Mitteln zum Gehorsam gebracht werden, jeder, der sich lieber unter das Fallbeil legt, als euch zu dienen, ist für euch eine schmähliche Niederlage.

Er lehnte alle Bücher ab, die die andern verschlangen, damit ihnen die Zeit schneller verging, er brauchte nur die Bibel und das Gebetbuch und das orangefarbene Heft, in das er täglich schrieb. „Was jeder Christ wissen soll", schrieb er obenan, und dann schön säuberlich numeriert, was ihm zur Lektüre der Bibel einfiel. Er lebte im Leben Christi und übertrug es auf sein eigenes Leben, auf das seiner Kinder, auf das seiner Franziska. Aber irgendeinmal scheint ihm das, was er dazu sagen konnte, nicht mehr genügt zu haben, und er wollte doch noch mehr in sich aufnehmen, viel mehr, er hatte vielleicht nur noch wenig Zeit. Es genügte ihm auch nicht, nur mit den Augen zu lesen, nur mit den Lippen vor sich hinzumurmeln, was Gott den Menschen geschenkt hatte. Er schrieb, was geschrieben war, einfach ab, und es drang Zeile für Zeile, Strich um Strich in ihn ein, immer tiefer. Das war Johannes und war seine Schrift, das war Petrus und war seine Schrift, das war das Evangelium des Matthäus, das er schrieb: „Und fürchtet euch nicht vor denen, die den Leib töten, aber die Seele nicht töten können."

Wer konnte ihm etwas anhaben!

Sie hatten viel aufgeboten, um der Hinrichtung von Franz Jägerstätter den Anschein der Rechtlichkeit zu geben. Einen Reichskriegsgerichtsrat, einen General der Flieger und einen Generalmajor, einen Vizeadmiral und einen Oberkriegsgerichtsrat. Einen Oberkriegsgerichtsrat als Vertreter der Anklage und einen Reichsgerichtsoberinspektor als Urkundsbeamten, Dr. Leo Feldmann als Verteidiger, dann noch Schriftführer und andere. Sie traten mit feierlicher Miene in den Gerichtssaal, nahmen ihre Kopfbedeckungen ab und setzten sie wieder auf, sie riefen Gott den Allmächtigen und Allwissenden zum Zeugen an, daß sie ihre Pflichten getreulich erfüllen und ihre Stimme nach bestem Wissen und Gewissen abgeben wollten. Sie trugen schwarze Talare, Barette, Uniformen und glitzernde Orden, nur die Art, wie die beiden Soldaten ihren gefesselten Kraftfahrerkameraden in den Gerichtssaal stießen, fiel ein wenig aus dem Rahmen der pompösen Inszenierung. Vielleicht hatte sich der Regisseur nicht genug um die Statisten gekümmert.

Wie es sich gehörte, wurde daraufhin die Anklage vorgelesen, und der Angeklagte erhielt Gelegenheit, sich zu verteidigen. Dann kam die Beweisaufnahme, und die Vertreter der Anklage, der Verteidiger und der Angeklagte selbst erhielten das Wort. Die Verhandlung war kurz. Da die Richter die unwiderrufliche Entscheidung des Angeklagten bereits aus den Verhören kannten, stand das Urteil von Anfang an fest: Zersetzung der Wehrkraft wurde nach § 5 der Kriegsstrafverfahrensordnung (KStVO) vom 17. August 1938 mit dem Tode bestraft. Jeder Mitwirkende hatte seinen Part, jeder kannte den Ausgang des Schauspiels.

Nur beim Versuch des Verteidigers und einiger Richter, Franz Jägerstätter doch noch umzustimmen, fielen die Protagonisten aus der Rolle. Die Herren Generäle und Kriegsrichter bemühten sich sogar recht intensiv um den kleinen Kraftfahrer, aber sie bemühten sich vergeblich. Sie

286

hätten mit anderen Argumenten kommen müssen als mit denen, die er seit mehr als zwei Jahren bis zum Überdruß kannte, und es gab auch nichts anderes zu antworten als in den letzten zwei Jahren: Nein! Wenn es auch ein Nein gegen die geliebte Fanny sein mußte. Und was *er* ihnen anbot, den Dienst bei der Sanität, lehnten sie auch heute ab.

Die Richter erhoben sich und verließen den Saal zur Beratung. Dr. Feldmann stürzte sich sofort auf Franz und erklärte ihm, daß so ein Urteil noch lange nicht endgültig sei. Es sei erstens nicht rechtskräftig, dazu bedürfe es der Bestätigung durch den Gerichtsherrn, und unter Umständen könne ein Wiederaufnahmeverfahren anhängig gemacht werden. Voraussetzung dazu sei natürlich ... und er müsse auch noch einmal den Eid ... Aber hörte der Mann ihm überhaupt zu?

„Jägerstätter, was ist denn mit Ihnen?"

Franz hatte während der ganzen Verhandlung kaum eine Regung gezeigt, und auch jetzt gab er keine Antwort. Er hatte das Wort „Gerichtsherr" gehört und starrte unentwegt auf das riesige Bild Adolf Hitlers an der gegenüberliegenden Wand. Erst als die Richter eintraten, um das Urteil zu verkünden, kam Bewegung in ihn.

„Im Namen des Deutschen Volkes ...!"

Der das Urteil verkündete, war Reichskriegsgerichtsrat Werner Lueben. Er hätte ein Jahr später drei Priester zum Tode verurteilen sollen, er beging zuvor Selbstmord.

*

Ich kann den alten Mann nicht vergessen, obwohl es schon einige Monate her ist, ich glaube, ich werde ihn nie vergessen, solange ich lebe. Ich habe noch seine etwas heisere Stimme im Ohr, ich rieche noch seinen Atem. Der große Mercedes vor der Tür des Gasthofs schien ihm zu gehören, aber die 0,8 Promille hatte er sicher längst überschritten. Ich versuche mir vorzustellen, wie er in nüchternem Zustand wirkt, aber es gelingt mir nicht, für mich ist er nur ein verzweifelt Betrunkener und wird es wohl immer sein.

„Ich war ein lustiger Bursch", war einer der ersten Sätze, nachdem er sich an meinem Tisch niedergelassen hatte. „Waren Sie auch ein lustiger Bursch?" Er erzählte hundert Dinge ohne Zusammenhang, von seiner Materialienhandlung, die er betrieb, und vom Krieg, der ihn reich gemacht hatte, dabei deutete er auf den verkrüppelten rechten Arm. Wenn er ihn hochheben und auf den Tisch legen wollte, brauchte er jedesmal den andern dazu. Er hatte ein schönes Haus und etliche Luxusreisen gemacht und war der einzige in seinem Ort, der das Eiserne Kreuz Erster Klasse tragen durfte, wenn sich der Kameradschaftsbund im Wirtshaus traf. Er war drei Jahre in russischer Gefangenschaft gewesen und nannte drei oder noch mehr Lager, er hatte sich, wie er behauptete, zu mir gesetzt, weil ich so allein war, aber ich glaube eher, es war er, der sich allein fühlte. Einmal unterbrach er sich mitten in einem Satz und sagte: „Scheiß Krieg! Scheiß Krieg!" – und fragte mich, ob auch ich im Krieg gewesen sei. Ich nickte und sagte: „Ganz kurz", und er nickte und sagte: „Wer nicht?" und bestellte eine neue Flasche Wein für uns beide. Er sagte: „Wir haben die Heimat verteidigt – Sie auch?"

Vielleicht hatte ihn das Buch über Franz Jägerstätter angelockt, das neben meinem Teller lag, ich hatte etwas zu essen bestellt und wollte ein bißchen darin lesen. Er blickte auch immer wieder zu dem Buch hinüber, aber er erwähnte es mit keinem Wort. Er schien schon öfter hier gewesen zu sein, und der Wirt kannte ihn, aber er hielt sich im Hintergrund, er kannte wohl auch die Gesprächsthemen des Mannes. Und irgendwann wie aus heiterem Himmel, vielleicht angeregt durch das Buch auf dem Tisch, beugte er sich zu mir und sagte leise, als dürfte nur ich es hören: „Ich geh manchmal zu seinem Grab." Ich sah ihn erstaunt an, und er grinste

288

verlegen. „Warum nicht?" Dann beschrieb er mir das Grab ganz genau, als könnte ich sonst an seinen Worten zweifeln.

Aber ich kann diese Worte nicht mehr vergessen, obwohl es schon einige Monate her ist, obwohl er mir diesen ganzen gespenstischen Abend lang keine Erklärung gegeben hat, weshalb er manchmal dorthin ging. Alles, was ich darüber erfuhr, erfuhr ich nur indirekt, eher durch Zufall. St. Radegund lag etwa 20 Kilometer von hier.

Dann aber, als wären sämtliche Schleusen geöffnet worden, brach es wieder aus ihm heraus, und ich erkannte, daß da ein lebendiger Vertreter all dessen vor mir saß, was ich schon so oft gehört und in den verschiedensten Büchern gelesen hatte. Oder war er doch ein ganz anderer? „Wir haben ja nicht für den Hitler gekämpft", hieß es da beispielsweise. „Wir haben für die Heimat gekämpft. Wissen Sie, was das ist? Wo kommen Sie überhaupt her?" Er sah mich beinahe haßerfüllt an, als hätte ich ihm etwas entlockt, das er gar nicht hatte preisgeben wollen. Aber er schenkte mir gleich wieder nach, fast devot, als wäre es ihm sehr wichtig, mich wieder zu versöhnen. Vielleicht hatte ihm auch noch nie jemand so lange und so geduldig zugehört.

Es war ja auch nicht einfach, sich in all den Widersprüchen zurechtzufinden. Er war kein Nazi gewesen, wie er mehrmals beteuerte, er hatte nie ein Parteiabzeichen getragen und keinen einzigen Pfennig gezahlt, außer in diese Sammelbüchsen, aber das war ja für das Winterhilfswerk und für die Soldaten gewesen. Man hatte eben zusammenhalten müssen für den Endsieg, dann wäre ohnehin alles anders geworden – nur der dort, der hatte natürlich nicht mitgetan. Er deutete nach St. Radegund, er schien die Richtung genau zu wissen, und wären wir ganz anderswo gesessen, er hätte sie auch dort gewußt, das schien wie ein Zentrum für ihn zu sein, um das sich alles drehte, das Mekka der Moslems. „Der hat sich's bequem gemacht, ich weiß das, ich hab den Bürgermeister gekannt." Zweimal hatte er sich vom Militär freistellen lassen und das zweite Mal gleich zwei Jahre, und das war der Dank dafür gewesen. „Wir aber haben gekämpft, wir sind im Dreck gelegen, wir haben uns die Zehen abgefroren. Da!" Er fuchtelte mit seinen roten, angeschwollenen Fingern vor meinem Gesicht herum. „Und er ist in der warmen Stube gesessen, zwei Jahre lang, bis nach Berlin. Kennen Sie Berlin? Der Kudamm, die Reichskanzlei, wir haben sie bis zum 30. April verteidigt. Also wenn der dort" – er deutete wieder in Richtung St. Radegund –, „wenn der recht gehabt hätte, wie einer gesagt hat, dann wären ja wir die Blöden gewesen. Oder?"

Ich überlegte blitzschnell, wie ich reagieren sollte. Den dummen Satz hatte ich schon oft genug gehört, und er ärgerte mich jedesmal. Aber der Mann wartete gar nicht auf eine Antwort, Berlin war offenbar ein geeignetes Stichwort: „Können Sie sich vorstellen, wie das ist, wenn man so daliegt – und wartet?" flüsterte er, und seine Stimme war noch heiserer geworden. Er hatte sich zu mir gebeugt, und ich roch den säuerlichen Atem. „Liegt man da auf dem Bauch? Oder auf dem Rücken?" Ich begann zu begreifen, wovon er sprach. „Glauben Sie, man sieht das Messer, wie es herunter-saust?" Er machte eine Bewegung, als wollte er den unheimlichen Eindruck abschütteln. „Es soll ja sehr schnell gehen, nur die Minuten vorher … Die Stalinorgeln hat man immer schon von weitem gehört, man hat sich geduckt und ein Stoßgebet gesagt. Stoßgebete sind gut, da sind den Bolschewiken schon viele Granaten danebengegangen. Aber das Messer …"

Und dann kamen sie wieder hervor, die Phrasen vom Heldentum und von der Pflichterfüllung, er war einundsiebzig, wie er sagte, Jahrgang 1922, und von allem Anfang an im Krieg gewesen, er hatte immer seinen Mann gestellt und keinen Augenblick an Fahnenflucht gedacht, das war man der Soldatenehre schuldig. Wie oft hatte ich das alles schon gehört und gelesen und lächerlich empfunden, jetzt kam es mir auf einmal gar nicht mehr so lächerlich vor. Vielleicht war es der Alkohol, der aus dem Phrasendrescher ein so bemitleidenswertes Geschöpf machte. Er schien alles ehrlich zu meinen, aber was mußte er alles an Widersprüchlichkeiten erfinden, um nicht mit der Wahrheit herauskommen zu müssen! Und was war die Wahrheit? Daß sie getäuscht worden waren? Daß sie unter unsäglichen Opfern und Strapazen Jahre ihres Lebens verloren hatten – und wofür? Für einen Betrüger? Natürlich nicht, er hatte die Arbeitslosigkeit abgeschafft, er hatte die Autobahnen gebaut, auf denen der Mercedes so elegant dahinglitt, er hatte ihnen gezeigt, was es heißt, ein Deutscher zu sein, ein großer Deutscher, größer als alle auf der Welt.

Da kämpfte einer verzweifelt um etwas, das er um keinen Preis verlieren durfte, um seinen Stolz, um seine Selbstachtung. Um den Sinn seines Lebens vielleicht. Ich sage vielleicht, ich kann ja nicht aus einer einzigen versoffenen Nacht auf ein ganzes Leben schließen. Und er kämpfte nicht nur um die Jahre 39–45, die er verloren hatte, wie er sagte, auch wenn er sie im gleichen Atemzug wieder glorifizierte und dafür alles heranzog, was zu brauchen war. Seine Tapferkeit, seine Zähigkeit auf Hundertkilometermärschen und die Leiden im russischen Winter. Er war der beste Schütze der Kompanie gewesen, und daheim in der Vitrine lag auf dem Samtkissen das EK 1. Er kämpfte nicht nur um diese fünf Jahre und die drei Jahre Gefangenschaft, er kämpfte auch um die Jahrzehnte danach. Eine Granate hatte ihm ein Stück von der rechten Schulter abgefetzt, und er hatte den Hof aufgeben müssen und mit einem kleinen Handel begonnen, geschickt war er ja und fleißig, und das entsprechende Mundwerk hatte er auch, und daß er ohne Grund und Boden für die Bauern nur noch ein halber Mensch war, berührte ihn wenig. Bald war er reicher als sie alle.

Aber er war als ein ganz anderer heimgekommen als der, der gegangen war, eigenbrötlerisch, mürrisch, maulfaul, wenn es nicht gerade ums Geschäft ging, wenn er nicht gerade betrunken war, und das sagten alle. Nicht nur die Frau, die sich sehr bald innerlich von ihm entfernte, nicht nur die geliebten Kinder, die längst ihre eigenen Wege gingen. Da nützten auch das schönste Haus nichts und der Swimmingpool, und den geplanten Tennisplatz hatte er gar nicht mehr angefangen. Bald war alles leer um ihn, und die beiden Eheleute hatten Platz genug, um einander aus dem Weg zu gehen. Die Kinder heirateten, wurden unglücklich, ließen sich scheiden, die Enkelkinder wurden zu unerträglichen Fratzen erzogen und kamen ihm gar nicht ins Haus, nicht einmal zu Weihnachten. Wenn man ihn einmal endgültig aus dem Haus tragen sollte, dann konnten sie sich alles holen, auf was sie jetzt schon lauerten. Und warum das alles? Was hatte er verbrochen, daß er so bestraft wurde? Er hatte doch immer seine Pflicht getan, er war doch immer gehorsam gewesen! Er war seiner Frau immer treu geblieben und nie mit den Kameraden ins Puff gegangen. So schön hatte es begonnen, mit ihr und den Kindern – und jetzt fuhr er ziellos von einem Wirtshaus ins andere, um sich zu besaufen. Bis in die Nacht hinein.

Er schlug mit der flachen Hand auf den Tisch, daß es krachte. „Aber sie haben doch gesagt, daß alles ganz in Ordnung ist, wenn ich geh", schrie er auf. „Er und der dicke Göring und der Pfarrer und die Nachbarn, alle! Ich hab ohnehin nicht wollen, aber dann hat's gleich geheißen: Du verstehst was davon! Ausgerechnet du! Feig bist du, sonst nichts. Aber ich bin gar nicht feig! Das kann mir keiner nachsagen! Ich war nie feig, nie, nie, nie … Entschuldigung!" Er blickte schwer atmend zu Boden, und gleichzeitig mit diesem Wort schien ihn alle Kraft verlassen zu haben. Er sackte langsam auf seinem Stuhl zusammen, und der Kopf sank tiefer und tiefer. Ich hörte so etwas wie ein stilles Weinen und sah ihm lange zu.

Warum konnte der Mann nicht einfach sagen: Ich bin

reingefallen, man hat mich betrogen! Man hat uns doch alle betrogen! Warum konnte er nicht wie ein alter Freund von mir einmal pro Woche hinausschreien: Dieses Schwein hat mir acht Jahre meines Lebens gestohlen! Seelische Hygiene sozusagen. Warum konnte er, wenn er doch schon soweit war, nicht einfach sagen: Ich war eben zu schwach, ich bitte um Vergebung! Wie nahe wäre ihm Gott gewesen in einem solchen Augenblick! Warum konnte er nicht sagen: Ja, der Jägerstätter, der schon ... aber wir ... Nur weil er nicht wahrhaben wollte, welche Macht dieser Teufel aus Berlin auf ihn ausgeübt hatte? Und bis zu seiner Todesstunde ausüben wird?

Ich mußte unwillkürlich an den Brief des Drittordensbruders Rudolf Mayer denken, der Franz noch in den letzten Tagen in Berlin erreicht hatte. Die verschlüsselte Botschaft: Lieber Franz, du hast doch den besseren Teil erwählt. Er hatte sich anders entschieden, aber sein Leben hatte er doch nicht retten können. Wie ein Schatten war er verschwunden, zur gleichen Zeit wie sein Mitbruder Franz. Vermißt, hieß es zuerst, aber er kam nie mehr zurück – wie die 56 Männer aus St. Radegund.

Gegen Mitternacht torkelten wir beide hinaus, und ich führte ihn zu seinem Auto. Ich hatte mir ein Zimmer genommen, weil ich nicht selbst fahren wollte, und bot auch ihm eines an. Er aber ließ sich nicht abhalten, heimzufahren, ich hätte handgreiflich werden müssen, und er war sicher stärker, trotz seines kaputten Armes. Der Wirt flüsterte mir auch beruhigend zu: „Lassen S' ihn! Der fahrt immer so."

Er hatte schon gestartet, aber die Tür war noch offen, und er blickte stumm auf die Straße hinaus, die nach links abbog und sich im Finstern verlor. Ich folgte seinem Blick und sah den Wegweiser: St. Radegund. Ich hatte plötzlich das Bedürfnis, ein Wort über den Franz zu sagen, irgend etwas, wie er das nur fertiggebracht hatte, was uns allen nicht gelungen war – oder sonst etwas Ähnliches. Da schlug er die Tür zu, drehte die Scheinwerfer auf und brauste mit quietschenden Reifen in die entgegengesetzte Richtung davon.

Am nächsten Vormittag rief ich in seiner Firma an und erfuhr, daß er schon seit 8 Uhr morgens am Schreibtisch saß. Die Fahrt über die schmalen, nächtlichen Landstraßen gehörte wohl zu den Überlebensstrategien, die seinem Leben irgendeinen Sinn geben sollten, ein Sammeln von Lebenstagen, Lebensjahren, sein Versuch, über die, die einer nach dem andern dahinstarben, zu triumphieren, vielleicht auch über den Jägerstätter, den es dort drüben schon seit fünfzig Jahren nur noch als ein Häufchen Asche gab.

Denk an uns ...!

Der Rechtsanwalt Dr. Feldmann hatte dringend nach St. Radegund geschrieben, und jetzt saßen sie im Zug nach Berlin, Vikar Fürthauer und Franziska. Der Anwalt hatte den Vikar vom Todesurteil gegen Franz verständigt und ihm gleichzeitig mitgeteilt, Bestätigung und Vollstreckung könnten noch ausgesetzt werden, wenn einer der Angehörigen nach Berlin käme. Der Vikar schwang sich auf sein Rad und fuhr zum Leherbauerhof, Franziska stand an der Tür, als hätte sie ihn erwartet. Auch sie hatte einen Brief aus Berlin bekommen. Franz kündigte ihr darin eine Nachricht von einer „endgültigen Entscheidung" über seine Zukunft an. Das also war die endgültige Entscheidung, er hatte sie schonen wollen, vier Wochen noch, aber der Anwalt war ihm zuvorgekommen.

„Ich fahr natürlich mit Ihnen", sagte der Vikar, und sie nickte stumm. Sie hielt die beiden Briefe noch lange in ihren Händen. „Ich fahr zum Vater nach Berlin", sagte sie später, und das Haus war voll vom Jubel der Kinder.

Am nächsten Tag nach der Sonntagsmesse punkt zwölf waren sie von Tittmoning abgefahren, morgen um zehn sollten sie ankommen. Es war ein letzter Versuch des Anwalts, Franz Jägerstätter doch noch zur Umkehr zu bewegen, und der Vikar sammelte in Gedanken alle Argumente, deren er sich entsinnen konnte. Er wollte wie ein Löwe um den Franz kämpfen, das nahm er sich vor, Franziska glaubte nicht mehr daran. Sie war immer noch wie betäubt und konnte nur eines denken: Sie durfte ihn noch einmal sehen.

Sie fuhren nicht nach Tegel, ein Telegramm beorderte sie ins Reichskriegsgericht Berlin-Charlottenburg in der Witzlebenstraße, dort sollten sie mit Franz und dem Anwalt zusammentreffen.

Die Szene ist schon mehrmals beschrieben worden: Franziska am Fenster, ein quälendes Warten, bis endlich der geschlossene Lastwagen in den Hof fuhr und anhielt. Die hintere Tür wurde aufgerissen, Soldaten sprangen heraus, Gewehre im Anschlag, hinter ihnen ein gefesselter Mann. Er wurde so brutal heruntergestoßen, daß er stolperte und zu Boden stürzte.

„Franz!" schrie sie auf, zum ersten Mal mußte sie sehen, wie er wirklich behandelt wurde. Er rappelte sich hoch, er hatte ihre Stimme gehört, und sein fast irrer Blick glitt die Fensterfront entlang. Er wußte ja nicht, daß seine Franziska in Berlin war – bis er sie erkannte und mit ihr auch den trostlosen Hof, in dem er stand. Er glaubte für einen Augenblick in einer anderen Welt zu sein.

Dann das Gespräch, 20 Minuten hatte man ihnen zugestanden, 20 Minuten, um eine Welt von Gefühlen zu durchleben angesichts der Frau, die er liebte. Sieben Jahre, und das war das Ende. Aber der Herr Vikar war wild entschlossen, Franz für diese Welt zu retten, da war keine Zeit für Gefühle, und er hatte sich auch gut vorbereitet und vergaß kein einziges Argument. Sicher meinte er es gut, aber ob das genügte? Hatte Franz sich nicht lange genug mit all dem herumgequält? Glaubte der Mann, daß es ihm leichtfiel, diesen geliebten Menschen das alles antun zu müssen? Harte Worte fielen von beiden Seiten, und Franziska kam angesichts der Kampfhähne kaum zu Wort. Sie konnte Franz nur ansehen, immer nur ansehen, und er wußte genau, was sie dachte und was sie sich ersehnte und nicht ersehnen durfte.

Auf dem Tisch lag ein Päckchen mit seiner Leibspeise, sie hatte die Zeit bis zur Abfahrt des Zuges dazu benutzt, um sie ihm zuzubereiten, und die Kinder hatten noch viele Busserln dazugegeben. Jetzt, als sie nach dem Päckchen griff, fuhr sofort ein Soldat dazwischen: „Das ist verboten. Nehmen Sie es wieder mit!" Franz blickte auf den Soldaten, ein unbedeutender, harmlos aussehender Bursche. Eine der vielen Grausamkeiten, zu denen ein Soldat gezwungen war, so oft, bis er sich nichts mehr dabei dachte. Willst du, daß ich so einer werde, Franziska? – fragte er stumm zu ihr hinüber.

Er riß sich von ihr los, er wollte nicht, daß andere sie trennten, und wurde hinausgeführt. Er wollte sich im nächsten Brief für die vielen unnützen Worte bei Vikar Fürthauer entschuldigen. Er hätte sich lieber Franziska zuwenden und ihr mehr von dem Priester erzählen sollen, der ihn vergangene Woche plötzlich besucht hatte. Der hatte so ganz anders mit ihm gesprochen als die Priester bisher, Pfarrer Karobath ausgenommen. Und das nächstemal wollte er ihm sogar das Allerheiligste bringen. Der Franz war also doch nicht so verlassen, wie er geglaubt hatte.

Es gab kein Quartier in Berlin, und so mußten Franziska und der Vikar noch am Abend des gleichen Tages zurückfahren. Schon die zweite Nacht ohne Schlaf, eine endlose Heimfahrt aus dieser schrecklichen Fremde, kaum noch wahrgenommen im Meer von Trauer und Müdigkeit.

Heimfahrt? Wo wird Franziska jetzt daheim sein? Ihre Heimat war die Ehe mit Franz, auch wenn er nicht immer dagewesen war, besonders in letzter Zeit, auch wenn es für ein Gespräch nur noch ein Blatt Papier gab. Schon während des Streits der beiden Männer hatte sie die Fremdheit gespürt, die ihr entgegenschlagen wird, wenn sie auf die erste neugierige Frage wird antworten müssen: Sie werden ihn umbringen. Ich weiß nur nicht, wann. Und das wird sich nicht ändern, sie werden dem Franz nie vergessen, daß er sich geweigert hat, durch seinen Gehorsam gegenüber Hitler das, was sie getan haben, zu rechtfertigen. Der sprichwörtliche Pfahl in ihrem Fleisch. Und die Hochburgerin war ja von

Anfang an seine Komplizin gegen die Radegunder und ihre Lebensform gewesen. Auch wenn sie, wie sie mir schrieb, die letzten zwei Jahre „täglich auf Franz eingeredet" hatte, „doch auch einzurücken" – ihr entsetzliches Leid, ihr Leiden um ihn und sein Leiden um sie machten sie zur Gefährtin auf seinem Weg zu Gott, weitab von denen, die über sie die Nase rümpften. Also wird man sich halt für diese Unangreifbarkeit rächen, indem man die Witwe des verurteilten Staatsfeindes spüren läßt, wie sie abgelehnt wird. Sie war es ja, wie alle zu wissen behaupten, die aus dem flotten Leherbauer diesen Frömmler und Beter gemacht hatte, dem die Frömmigkeit seiner Nachbarn nie genug war, und dadurch war natürlich sie die Hauptschuldige an seiner Verweigerung, also auch an seinem Tod. Und ihre Einstellung zu den Nazis und zum Krieg und dem verzweifelten „Überlebenskampf" wird auch noch später nicht besser sein als die ihres Franz.

Franziska Jägerstätter weiß noch nicht, daß das alles sich auch mit dem Ende der Naziherrschaft nicht ändern wird, wie man eigentlich annehmen sollte. Die amerikanischen Befreier werden zwar kaum weniger begeistert von der Bevölkerung begrüßt werden als die deutschen Truppen vor sieben Jahren, aber in den Gehirnen der Menschen wird sich so rasch nichts geändert haben. Der grauenhafte, sinnlose Krieg, über den man sich im Wirtshaus oder im Feldpostbrief so oft beklagt hat, wird dennoch für viele gar nicht so sinnlos gewesen sein, die 56 Radegunder und die Millionen anderen werden weiterhin aus armen Opfern zu glorreichen Helden gemacht werden. Auch wenn es längst offiziell ist, und nicht nur durch den Nürnberger Prozeß, daß sie nur einem Klüngel von Kriegsverbrechern gedient haben. Dementsprechend wird also der, der diesen Dienst verweigert hat, totgeschwiegen, für verrückt erklärt, als religiöser Fanatiker diffamiert werden. Und da Franz Jägerstätter nicht mehr greifbar ist, hält man sich eben weiterhin an seine Witwe.

Ich begreife ja heute noch nicht, was in einem Menschen

vorgeht, der sich zum Helden erklärt, damit sein Dienst für eine Mörderbande seine Rechtfertigung erhält. Ich begreife heute noch nicht, wie es Menschen gelingt, einfache Wahrheiten so umzulügen und dann selber daran zu glauben. Vielleicht hat Franz Jägerstätter die Gefahr erkannt und darum auch die winzigste Lüge als tiefe Beleidigung Gottes verabscheut. Ein Abscheu, der ihn das Leben gekostet hat.

Auch das eben erst befreite Österreich, das nicht oft genug betonen kann, daß es mit dem Nationalsozialismus nichts zu tun haben will, wird eifrig mittun, wenn es darum geht, Franziska zu kränken und zu benachteiligen. So werden die örtlichen Behörden ihr und den Kindern einfach die Bezugsscheine für Kleider und Schuhe streichen, ebenso die Materialzuteilungen für den Hof, auf die jeder Bauer ein Anrecht hat. So wird man ihr höherenorts mittels eines schäbigen Tricks sogar die Hinterbliebenenrente, die jeder Witwe zusteht, deren Mann für den Sieg Hitlers gestorben ist, fünf Jahre lang verweigern. Eines der Argumente, um Jägerstätters Ablehnung zu diffamieren, wird lauten, er solle doch „schwermütig", also geisteskrank gewesen sein. –

Als Franziska mit dem Vikar endlich in Tittmoning aus dem Zug stieg und über die Brücke nach St. Radegund ging, mochte sie wohl geahnt haben, was für ein Leben vor ihr lag. Und nicht nur, weil ihr geliebter Mann in den nächsten Wochen sterben sollte. Sie sah immer noch sein abgezehrtes Gesicht vor sich, er mußte viel gelitten haben, dennoch hatte er ihr bei der letzten Umarmung noch zuflüstern können, daß er sich sehr glücklich fühle. Wenn ich das einem von denen erzähl, was würde der den Kopf schütteln über den Franz, dachte sie. Was für ein Unmensch! – würde er sagen. Läßt seine Frau im Stich und fühlt sich glücklich! Ob sie wirklich nicht wußten, was dem Franz immer das Wichtigste war?

Aber sie wird nicht klagen und nicht herumerzählen, was man ihr antut, das hat sie ihm ja versprochen. Die Leute werden sich schon selber durch ihre Aussagen demaskieren, wenn nach Jahren ein Professor kommen und fragen wird, was mit diesem Jägerstätter eigentlich los war. Sie wird mit Hilfe ihrer Schwester Resi und dem Patensohn Franz und zuweilen auch ihrer Eltern den Hof bewirtschaften und die Kinder großziehen, so gut sie es kann, und sie kann es gut. Sie werden es besser haben und glücklicher sein als viele andere, deren Väter doch noch heimgekommen sind. Seit zwei Nonnen die Urne des Toten aus Berlin nach St. Radegund gebracht haben, wird sie täglich zum Friedhof fahren, die Blumen gießen und Kerzen anzünden und beten. Er wird ein schönes Grab haben, direkt an der Kirchenmauer, dafür wird schon Pfarrer Karobath sorgen, der seit Kriegsende wieder in St. Radegund ist.

Eines Tages, im Jahr 1970, wenn die Kinder schon groß und verheiratet sind, wird sie auch den Mesnerdienst in St. Radegund übernehmen. Allein, was sie dreißig Jahre vorher zusammen mit Franz getan hat, und sie tut es noch heute mit 80 Jahren. Ich sehe sie mit dem Fahrrad die Straße vom Haus ihrer Tochter Maria hinunterfahren und wieder zurück, für so manchen, der ihr begegnet, immer noch ein lebendiger Vorwurf. Bei jedem Wetter und fünfmal die Woche, und wenn Schnee liegt, zu Fuß, für die drei Messen und was sonst noch zu tun ist, „das Kirchenputzen, Blumengießen und die vielen kleinen Arbeiten", wie sie zuletzt schrieb. Und es wird keine Stunde der Zukunft geben, die nicht von der einen Stunde am 9. August nach sieben Jahren einer so glücklichen Ehe bestimmt sein wird. Franziska wird weiter ihren Mesnerdienst tun und die 52 Stufen zur Kirche hinuntersteigen und wieder hinauf, hinunter, hinauf, *ihre* Via dolorosa zum Altar des Gekreuzigten und einem Häufchen Asche unter der Erde. Bis es Gottes Wille sein wird, daß ihre Füße sie nicht mehr tragen, so wie es sein Wille war, eine verbrecherische Obrigkeit tun zu lassen, was sie tun wollte. Wie es Franz Jägerstätters Wille war, sich gehorsam hinzugeben, um Christi Gebot zu erfüllen. Um seiner Seligkeit willen und auch für uns.

Aber so still das Leiden dieser Frau in die Jahre geht, das ebenso stille Leid ihres Mannes bis zu seinem Tod wird noch für große Erregungen sorgen, und das bis heute. Der nach Kriegsende heimgekehrte Pfarrer Karobath wird heftig für sein liebstes Pfarrkind kämpfen müssen, um seiner Gemeinde begreiflich zu machen, daß dieser „echte Märtyrer und Heilige", wie er Franz Jägerstätter zu nennen wagt, eben größer war als sie, größer als er selbst, als wir alle. Er wird ziemlich vergeblich kämpfen, denn weder die Radegunder noch andere, die von Jägerstätter erfahren werden, wollen Jahre ihres Lebens vergeudet haben. Sie werden sich an alles klammern, und sei es noch so abstrus, um ihren mühseligen Kriegseinsatz zu rechtfertigen, und man wird sie auch eifrig unterstützen. Keiner wird auf die Idee kommen, weder Bischof Fließer noch andere aus der Kirchenhierarchie, einen heimkehrenden Soldaten vor den Kopf zu stoßen, indem er ihn auf den Gedanken bringt, er hätte in einem sinnlosen, in einem ungerechten oder gar einem verbrecherischen Krieg mitgekämpft. Dazu liegt die Frage, warum ihn die Kirche dann so bereitwillig hingeschickt habe, viel zu nahe, und über das Problem Krieg an sich zu sprechen, wird man erst gar nicht versuchen.
Und da man vor allem die Heimkehrer nicht für die Kirche verlieren will, läßt man sie am besten die Helden sein, die sie schon zur Hitlerzeit waren, man läßt wohlwollend zu, daß sie sich ihre Selbstbestätigung beim Wiederaufbau zerbombter Städte holen, und den wahren Helden dieser Zeit mit Namen Franz Jägerstätter rührt man am besten überhaupt nicht an. Nicht einmal ein Artikel in der Linzer Kirchenzeitung wird über ihn erscheinen, da kann sich Pfarrer Karobath noch so bemühen. Und daß der Bischof persönlich schon bei seiner Unterredung mit Jägerstätter

dessen Haltung gebilligt hat, wie er später sagen wird, muß ja niemand erfahren.

So werden die Helden aus Hitlers glorreicher Armee weiter gehätschelt werden, und dazu gehört unter anderem auch, daß in der Nachfolge der Briefe des „Soldaten Johannes" („Es lebt die Begierde nach Wagnis und Kampf. Wann kommst du, Schlacht? ... Die Organisation dieser gewaltigen Bewegung ist bewundernswert") sogar Kirchenprominenz wie Ferdinand Klostermann und Erzbischof Franz König Briefe gefallener „katholischer Soldaten" herausgeben werden – „Für mich ist Soldatendienst Christendienst, mir ist es selbstverständlich, daß all mein Schaffen und Wirken hier beim ‚Barras' der Ehre Gottes gilt". Letztere Sammlung wird noch zwölf Jahre nach Kriegsende erscheinen, wenn schon jedes Schulkind von den Kriegs- und KZ-Greueln erfahren kann, die dieser „Christendienst" erst ermöglicht hat.

Die Kirche wird sich freuen, wenn die willkommenen Helden wieder in ihren Bankreihen sitzen, sich von Kanzel und Altar berieseln lassen und mit nach Hause nehmen werden, was ihnen behagt – schlimmer noch als jene, die schon Franz Jägerstätter so ein Dorn im Auge waren. Sie wird nur nicht wissen, daß die, die noch eine Zeitlang hinter ihren Vereinsfahnen und Baldachinen einhermarschieren werden, längst schon für sie verloren sind, seelische Krüppel, denen man zum Dank dann noch ihren Materialismus vorwerfen wird, ihre Häuselbauermentalität und ihre Konsumgier – statt daß man mit ihnen Erbarmen hat wie Jesus Christus, der über Bettler und Krüppel weinte. Was haben sie denn viel anderes heimgebracht von ihren Schlachtfeldern als die in zahlreichen Ausbildungsstunden erlernte Brutalität und Gleichgültigkeit gegenüber dem Tod dessen, den man den Feind nennt! Was werden sie viel anderes in ihre Friedenszeit, in ihr Berufs- und Geschäftsleben, in ihre Familien hineintragen – es sei denn ein stumpfes Bedürfnis nach Ruhe, nach dem Sandstrand am Meer oder dem Häuschen am

Waldrand mit Blumenrabatten, deren Lieblichkeit den ganzen Dreck und das ganze Elend vergessen machen soll! Andere werden in Krieger- und Kameradschaftsverbänden von Treue und Vaterlandsliebe singen, um sich wieder und wieder in die große Vergangenheit zurückzuträumen. Der damals so gefürchtete Auszug aus der Kirche wird erst später stattfinden, aus verschiedenen Gründen, und nicht nur, weil sich viele von den gehässigen Streitigkeiten und Machtansprüchen von Gruppen und Grüppchen abgestoßen fühlen. Nicht nur, weil sie den Friedenswillen des Herrn, für den Franz Jägerstätter gelebt und sich geopfert hat, in dieser Kirche nicht mehr finden.

Und das, das zu verdrängen man sie angeleitet hat, wird keine Ruhe geben, und spätestens die Söhne, wenn auch nicht allzu viele, werden die ersten Fragen stellen, wie denn das mit dem Krieg war, in den Vater oder Großvater gezogen sind. Eines Tages wird irgendeiner den Ausspruch tun: „Stellt euch vor, es ist Krieg, und keiner geht hin!" – und dafür von den Realisten, von denen, die das „wirkliche" Leben kennen, entsprechend verhöhnt werden. Aber sie haben nur Jägerstätter nicht gekannt, der das auch verwirklichte, der schon viele Jahre früher, nur mit anderen Worten, gesagt hat: „Stellt euch vor, es ist Wahl, und keiner sagt ja!" Auch ich war so ein „Realist", bevor ich etwas von Jägerstätter wußte, gedankenlos, vielleicht auch feige, ich hatte nur das Glück, so spät geboren zu sein, daß mich das Grauen nur am Rande streifte. Aber mitmarschiert bin ich doch.

Die Mehrzahl dieser Söhne aber wird wieder neuen Ideologien nachlaufen und falschen Idolen, vom charismatischen Massenverführer bis zum Sport- oder Fernsehstar, sie werden den größten Blödsinn nachplappern, und die letzten echten Helden, wie Franz Jägerstätter sie noch verehren durfte, werden verlorengegangen sein. Nicht einmal er selbst wird da sein, wenn man sich seiner nicht bald besinnt.

Und wieder andere, die vernachlässigten Enkel, Erben all dieser falschen Entwicklungen, werden wieder Verführte sein, sie werden auf ihrer verzweifelten Suche nach Sinn sich Hakenkreuze anstecken und „Heil Hitler!" schreien, sie werden „rassisch Minderwertigen" die Häuser anzünden, im Glauben, dann selber höher zu stehen, wie die Angehörigen der „Herrenrasse" damals. Und so mancher wird mutlos werden und fragen: Ist der Mann aus St. Radegund ganz vergeblich gestorben?

Aber es wird andere geben, auch wenn es immer einzelne sein werden. Der Wiener Prälat Jakob Fried wird schon knapp nach Kriegsende im Auftrag des Papstes ein Buch über den österreichischen Widerstand in der Kirche schreiben und Franz Jägerstätter den Platz einräumen, der ihm gebührt, und Pfarrer Krenn wird Artikel um Artikel in die Schweiz und nach Amerika schicken. Andere werden Bücher schreiben und Jägerstätters Briefe und Schriften sammeln, und Erzbischof Roberts SJ aus Bombay wird das Zweite Vatikanum auffordern, die Kirche müsse die Rechte des einzelnen Gewissens, einen ungerechten Militärdienst zu verweigern, anerkennen. „Märtyrer wie Jägerstätter", wird er sagen, „sollen nie wieder das Gefühl haben, daß sie allein sind."

Endlich wird auch in der Diözese Linz mit Maximilian Aichern ein Bischof an die Spitze treten, für den Jägerstätters Gewissen eindeutig vom Glauben geprägt ist, und Bischof Christoph von Schönborn bezeichnet ihn als echten Märtyrer im christlichen Sinne. Pilger aus aller Welt werden nach St. Radegund kommen, und Wegweiser führen sie zu Jägerstätters Grab. Freiwillige Helfer werden den alten Leherbauerhof renovieren und zu einer Gedenk- und Begegnungsstätte umgestalten – und immer mehr Menschen warten sehnsüchtig auf die päpstliche Bestätigung dessen, was zwei Priester aus Deutschland, die Jägerstätter noch persönlich gekannt haben, Dechant Heinrich Kreutzberg, der in

Berlin-Tegel lange Gespräche mit ihm geführt, und Pfarrer Albert Jochmann, der ihn in Brandenburg an der Havel sterben gesehen hat, vor 50 Jahren schon wußten. Für sie beide ist er ein Held, ein Bekenner, ein Märtyrer der Gewissenstreue – ein Heiliger.

Aber werden diese Begriffe für alle die, denen diese Bemühungen gelten, mehr sein als Worte, in die jeder hineinlegen kann, was ihm gefällt? Müssen wir nicht alle, auch ich, auf unserer Suche nach Jägerstätter, die noch lange nicht zu Ende sein wird, erst selbst ganz andere werden, um ihm, diesem so ganz anderen, nur einigermaßen näherzukommen? Ihm ähnlich zu werden? Imitatio J.s? Aber wie können wir das, wenn die großen Glaubenswahrheiten, aus denen er lebte, nicht gleichermaßen auch für uns gelten: Gott, Sünde, Tod, Gericht, Ewigkeit, Hölle und Himmel? Wie sollen wir ihn finden, wenn schon so vielen von uns sein zentrales Anliegen, nicht sündigen zu wollen, um Gott nicht zu beleidigen, um Christi Opfertod nicht zurückzuweisen, so wenig bedeutet? Wie sollen wir dann mit ihm nachempfinden, was ein großer Heiliger sagte: Selbst wenn wir durch eine einzige Notlüge die ganze Hölle auslöschen könnten, sollten wir sie dennoch nicht aussprechen.

Und wer, der nicht wie Franz Jägerstätter schon in der geringsten Verfehlung gegen Gottes Gebot das abgrundtief Böse erkennt, wird dann überhaupt noch fähig sein, das, was Gott uns verheißen hat, wenn wir dem Bösen widerstehen, in seiner ganzen Herrlichkeit zu sehen wie er? Wer von uns, die man immer mehr glauben machen wird, daß es keinen Himmel und keine Verdammnis mehr gibt? Wer von uns, die in ihrem Verlangen nach den Seligkeiten des Diesseits sich so willig von irgendwelchen Theologen trösten lassen, Gott werde schon keinen Menschen ablehnen, so grausam sei er doch gar nicht, wie könnten die Seligen es ertragen, zu wissen, daß es da noch welche gibt, die ihre Seligkeit nie teilen werden? Wie sollen wir den Sinn des beinahe übermenschlichen Kampfes dieses Mannes gegen Hitler begreifen können, wenn uns das fehlt, was ihm doch erst die Kraft dazu gab – sein Glaube? Wie können wir über all das hinaus, was wir an biographischem Material, an Daten, Anekdoten und Handlungselementen über ihn gesammelt haben, uns dem nähern, was sich im Tiefsten in ihm ereignet hat – Franz Jägerstätter als Ort göttlichen Handelns? Wer von uns könnte angesichts des nahenden Todes so gläubigen Herzens in den Jubel Franz Jägerstätters und des Apostels einstimmen: „Kein Auge hat es gesehen, kein Ohr hat es gehört und in keines Menschen Herz ist es gedrungen, was Gott denen bereitet hat, die ihn lieben"?

*

Nach der Verurteilung zum Tode am 6. Juli wurden Franz Jägerstätter Handschellen angelegt, die er nun Tag und Nacht trug. Zwei verschließbare, durch eine kurze Kette verbundene Eisenringe – wieder so eine billige Geste. Das Gefängnis war derart gesichert, daß keiner entkommen konnte, am wenigsten aus seiner Zelle. Aber die Fesseln sollten ihm wohl jeden Augenblick demonstrieren, wer der Herr über sein Leben war – auch eine vergebliche Mühe, denn nichts war imstande, ihm seinen Glauben, seinen freien Willen zu nehmen. Und wenn ihn die scheuernden Eisen quälen sollten – wer von seinen Gerichtsherren konnte ermessen, welche Freude es für den Verurteilten war, für seinen wirklichen Herrn leiden zu dürfen!
Es war nicht leicht, mit gefesselten Händen zu schreiben, immer war die linke Hand, die die Schreibunterlage halten sollte, damit sie nicht fortrutschte, im Weg. Er tat es dennoch, und da der nächste Brief an die Lieben daheim erst Anfang August abgeschickt werden durfte, kritzelte er seine Gedanken mit winzigen Buchstaben auf Kartons von Kartenbriefen. Auch wenn sie nicht abgeschickt werden durften,

waren sie dennoch an die Familie gerichtet, immer neue Versuche, seinen Lieben verständlich zu machen, weshalb er diesen seinen Weg gehen mußte. Er wußte nicht, ob sie je ihre Adressaten erreichen würden, aber er schrieb und überließ es Gottes Willen, was damit geschehen würde. Er hatte jetzt auch Zeit genug, er füllte seine Tage mit Gebet und Lektüre der Bibel, mit den Fesseln an den Händen konnte er auch nicht mehr wie in den vergangenen beiden Monaten Briefkuverts kleben, 100–200 Stück pro Werktag, insgesamt 4257, er hatte genau Buch geführt, wie daheim über die Wirtschaft. Noch am Tag seiner Verurteilung hatte er gezählte 151 Umschläge geklebt.

Er bekritzelte auch die freigebliebenen Stellen eines Briefes, der noch Ende Juli von Pfarrer Karobath gekommen war. Ein letzter Dialog mit dem Priester, der ihn so verständnisvoll begleitet hatte. „Ich kann Euch auch mitteilen, daß ich betreffs meines Falles als Katholik nicht der erste bin und auch kaum der letzte", schrieb er.

Der ihm dies mitteilte, war Dechant Kreutzberg, der am Tag nach Franziskas Abschied Jägerstätter zum zweiten Mal besuchte. Der Verteidiger Feldmann hatte ihn nach dem Urteilsspruch dringend hierhergebeten, in der Hoffnung, seinen Klienten doch noch umstimmen zu können, aber das war verlorene Mühe. Sie waren zwar in einem fast dreistündigen Gespräch alle Für und Wider von Jägerstätters Entschluß durchgegangen, aber der Dechant wußte bald, daß es für diesen Mann keinen anderen Weg gab als den in den Tod. „Lieber Unrecht leiden als Unrecht tun", hatte Franz beim Abschied gesagt, und auch heute hatte sich für ihn nichts geändert.

„Dann kann ich Ihnen nur gratulieren", sagte der Dechant, kaum hatten sie einander zur Begrüßung die Hand gegeben. Franz sah ihn fragend an, aber er begriff sofort, was der Priester meinte. Wenn er wirklich so überzeugt war, daß

307

er den richtigen Weg ging, dann durfte er ja gar keinen anderen gehen. Und das Merkwürdige war, daß er plötzlich an Bischof Fließer denken mußte – hatte dieser bei aller Verschiedenheit der beiden nicht im Grunde das gleiche gesagt?

Aber Dechant Kreutzberg hatte noch ein anderes Geschenk für seinen Schützling. Er zog sich den Hocker heran, bedeutete Franz, sich auf sein Bett zu setzen, und begann, scheinbar ganz unvermittelt, von einem Mann aus Tirol zu erzählen, aus Innsbruck, der einen ähnlichen Weg gegangen war wie Franz. Er hatte sich geweigert, den Eid auf den Führer zu leisten, er hatte es sogar abgelehnt, zur Sanität zu gehen, für die er bestimmt war, da er den „braunen Bolschewismus", wie er die Nazibewegung nannte, in keiner Weise unterstützen wollte. Er war hier in Berlin-Tegel gefangengesessen, und hier hatte Kreutzberg ihn auch kennengelernt. In Brandenburg an der Havel war er geköpft worden, fast genau vor einem Jahr, am 21. August 1942. Er war ein Österreicher gewesen wie Franz und hatte Franz Reinisch geheißen – Pater Franz Reinisch, denn er war Priester gewesen, vom Orden der Pallottiner.

Franz hatte mit wachsender Spannung zugehört, aber kaum war das Wort Priester gefallen, sprang er wie elektrisiert von seinem Bett auf. „Priester?" rief er, es war wie ein Jubelruf.

„Ja, Priester. Ein guter Priester. Und wenn Sie schon in den Tod gehen müssen, dann tun Sie es so tapfer und so groß wie er."

Kreutzberg hätte einiges von dem Mann erwartet, nicht aber diese Reaktion. „Ein Priester ..." – stammelte Franz, und in seinen Augen begann es zu leuchten. „Ich hab mir's doch immer gedacht – es kann nicht – es kann nicht falsch sein – und ein Priester – ein guter Priester, wie Sie sagen ..."

Er wandte den Kopf seinem Bett zu, auf dem das Kreuz lag, das er immer bei sich hatte, er schien mit einem Satz darauf losstürzen zu wollen, stieß aber mit den Knien gegen die Kante und fiel der Länge nach auf das Bett. Halb kniend, halb ausgestreckt lag er da und umklammerte das Kreuz, und der Dechant hörte sein Flüstern, hörte immer die gleichen Worte: „Kein Irrweg – ein Priester – keine Sünde ...“ Da war einer, der statt viel zu reden ein Beispiel gab, um in diese geistige Wirrnis Licht und Klarheit zu bringen! Kein Schilfrohr im Wind, keiner, der nur schaut, was machen die andern. Einer, der nur fragt, was will Christus, was sagt mein Gewissen ...

Tief erschüttert blickte Kreutzberg auf die schmale Gestalt, auf die vom Fasten und den vielen Gebetsnächten ausgezehrten Wangen. Das war einmal ein kräftiger Bauer gewesen, der Getreide zu mähen und mit Zugochsen umzugehen verstand. Was mußte der Mann gelitten haben, seit er, statt gedankenlos mit der Masse zu laufen, sich der Gnade Gottes ausgeliefert hatte! Ein tiefer Groll gegen die Welt erfüllte ihn, in der nicht nur die Feinde des Guten die Feinde waren, sondern auch jene, die so eifrig und so ungeschickt und oft so gegen jede Vernunft um das Gute bemüht waren. Wie mußten sie ihm zugesetzt haben, seine Amtsbrüder, daß sie ihn in solche Ängste gestürzt hatten, einen falschen Weg, den Weg der Sünde zu gehen! Trotz seiner klaren, logischen Überlegungen, denen doch ohnehin keiner etwas entgegenzusetzen wußte! Trotz der Stimme seines Gewissens, die nicht zum Schweigen zu bringen war. Ein Priester – diese Seligkeit! Sind wir das überhaupt wert, dachte er, über so einen Menschen so eine Macht zu haben?

Kreutzberg stand noch lange da, er konnte sich nicht losreißen von dem Anblick des halb Liegenden, die Arme ausgestreckt, die Finger um das Kreuz gekrallt, die Gelenke von den Fesseln zerschunden und angeschwollen – die Handwurzelknochen Christi, durch die die Nägel getrieben werden, tief hinein bis ins heilige Holz.

Er glaubte zu sehen, daß es dem Gefangenen schwerfiel,

noch länger auf den Knien zu liegen, und berührte ihn sanft an der Schulter. Franz hob erstaunt den Kopf – er schien eine solche Berührung nicht mehr gewohnt zu sein –, und Kreutzberg sah, wie die Augen des Mannes in Tränen schwammen. Wie gern hätte er ihn in die Arme genommen, um ihm aufzuhelfen, aber dazu war seine Hochachtung zu groß. Das Geschenk einer solchen Geste wäre wohl nur dem anderen ihm gegenüber zugekommen. So sagte er nur leise: „Es ist genug. Gott hat Sie schon gehört."

Franz Jägerstätter nickte und stand gehorsam auf. Ein wenig beschämt wischte er sich die Tränen von den Wangen, und Kreutzberg war es, als hätte er noch nie einen so glücklichen Menschen in diesem Gefängnis gesehen. Bevor er sich für diesmal verabschiedete, bat er Jägerstätter noch, ob dieser ihm nicht einiges über seinen Entschluß und die Gründe dafür niederschreiben könnte.

„Hab ich schon", gab Franz zur Antwort und holte einen vollbeschriebenen Aktenbogen aus dem Spind. „Entschuldigen Sie nur ..." Er deutete mit einer Kopfbewegung auf die gefesselten Hände. „Ich hab mich noch nicht ganz daran gewöhnt."

Kreutzberg nahm das Blatt und überflog es rasch. Nur an den letzten Zeilen blieben seine Augen längere Zeit haften: „Lieben wir die Feinde, segnen wir die, welche uns fluchen", hatten diese Hände mühsam hingeschrieben. „Beten wir für die, welche uns verfolgen. Denn die Liebe wird siegen ..."

„Danke!" – sagte Kreutzberg und nahm das Blatt an sich. Dann tastete er nach der Hostienpatene in seiner Brusttasche.

Franz Jägerstätter sank in die Knie.

Am selben Tag wurde das Urteil durch den Präsidenten des Reichsgerichts und Gerichtsherrn unter der Zahl StPL (RKA) I 98/43 bestätigt: „Das Urteil ist zu vollstrecken, gez. Bastian, Admiral."

Jeden Sonntag ging die Angst im Gefängnis um. Jeder wußte, daß am Montag die meisten Hinrichtungen waren, und die zum Tode Verurteilten fürchteten, diesmal könnten sie an der Reihe sein. Die Schwestern der Berliner Charité erzählen, daß Pfarrer Albert Jochmann in dieser Nacht von Zelle zu Zelle gegangen sei, auch wenn von ihm selbst eine etwas andere Version existiert – und ich stelle mir vor, wie auch sein Auftauchen die Gefangenen in höchste Erregung versetzte. Wie sie angestrengt auf die sich nähernden Schritte des Mannes horchten, ansonsten war es um diese Zeit auf den Gängen schon still, wie sie den Atem anhielten, wenn die Schritte vor ihrer Türe stehenblieben. Sie hörten das Rasseln der Schlüssel, mit denen der Begleiter des Priesters die Zellentür öffnete und wieder schloß – und das ging so die ganze Nacht bis zum Morgen.

Auch Franz Jägerstätter hörte die Schritte und die Schlüsselgeräusche, er hörte zuweilen auch einen Schrei oder ein klägliches Wimmern, auch er wußte nicht, ob er morgen drankommen werde, er wußte nicht einmal, ob sein Urteil schon bestätigt war.

Es wird vielfach behauptet, daß Verurteilte, bei denen noch ein Widerruf zu erwarten war, dauernd ein Formular in ihrer Zelle liegen hatten – eine immerwährende Versuchung, doch noch schwach zu werden und sich das Leben zu erhalten. Zumindest für die Wochen des Wiederaufnahmeverfahrens, zumindest bis zum voraussehbaren Tod bei irgendeinem Spezialeinsatz in einer Strafkompanie. Jedenfalls lag, als Pfarrer Jochmann gegen Mitternacht Jägerstätters Zelle betrat, ein solches Formular auf dem Tisch, sonst hätte der Priester ihn nicht darauf aufmerksam machen können, wie er später erzählte. Franz aber schüttelte nur den Kopf. „Ich kann doch unserem Führer nicht die ganze Verantwortung für Deutschland überlassen", sagte er und schob das Papier beiseite.

Er war ruhig und gefaßt, und als Jochmann ihm einige

Bücher zur Erbauung anbot, lehnte er dankend ab. Auch das Angebot des Priesters, ihm aus der Bibel vorzulesen, schlug er aus. „Wer weiß, ob ich morgen drankomm", sagte er, fast traurig, und Jochmann erinnerte sich, daß der Gefangene vor einigen Tagen den Wunsch geäußert hatte, noch vor dem Fest Mariä Himmelfahrt zu sterben. Ob er Angst hatte, der Versuchung nicht mehr lange widerstehen zu können? Besonders seit dem Besuch seiner Frau, der ihn sehr mitgenommen hatte. Ob er Todesangst hatte, Angst, an seinem Glauben irre zu werden?

Jochmann hatte das Gefühl, daß er noch bleiben sollte, aber Franz erinnerte ihn an die übrigen Gefangenen. Auch wenn sie keine Christen waren, vielleicht waren sie dennoch dankbar, wenn einer zu ihnen in die Zelle kam. Warum sollte er bevorzugt sein?

Wenn die Stunden, die ihm noch blieben, wirklich nicht mehr waren als die bis zum üblichen Wecken am Morgen, dann hatte er noch viel zu tun, und daß die ganze Nacht die Lampe über dem Tisch brannte, war förmlich eine Aufforderung, es möglichst bald zu tun. Die erste Stunde des 9. August 1943 war vorübergegangen, und da mußte noch der monatliche Brief an daheim fertiggeschrieben werden. Er sah das besorgte Gesicht des Priesters, dessen Stimme er jetzt aus der Nachbarzelle hörte, und schrieb hin, was er glaubte, darin gelesen zu haben. „Wie unsere letzte Stunde sein wird, wissen wir nicht, auch nicht, welche Kämpfe wir dort noch durchzumachen haben ..." Aber er hatte unendliches Vertrauen in Gottes Barmherzigkeit.

Er hatte schon seit mehr als fünf Monate kein Meßopfer besuchen dürfen, seit dem 2. März bei Pfarrer Krenn in Enns, aber er las oft die Meßtexte des Tages aus seinem Gebetbuch. Auch jetzt las er wieder, 9. August, Vigil des heiligen Märtyrers Laurentius, wie viele Stationen seines Lebens hatte der Heilige ihn begleitet. Von der Kirche St. Laurenz in Enns zurück bis zur Begräbnisbasilika außerhalb der römischen

Mauern auf der Hochzeitsreise mit Fanny, bis zurück zu dem Glasbild neben dem Altar von St. Radegund, das ihm von Kind auf vertraut war.

Es graute schon der Morgen, als er sich vom Boden erhob und das Evangelium las, halblaut, aber es erfüllte den ganzen Raum, als spräche ein Priester von der Kanzel herunter: „Wenn mir jemand nachfolgen will, so verleugne er sich selbst, nehme sein Kreuz auf sich und folge mir nach. Denn wer sein Leben erhalten will, wird es verlieren; wer aber sein Leben um meinetwillen verliert, wird es finden ..." Draußen wurde es unruhig, eisenbeschlagene Stiefel knallten über den Gang – „Was nützt es dem Menschen, wenn er die ganze Welt gewinnt, an seiner Seele aber Schaden leidet ...?"

Stimmen von überall her, war wieder eine Nachricht aus Hamburg gekommen? Franz erinnerte sich, vor etwa zwei Wochen waren sie beinahe verrückt geworden da draußen, in Hamburg hatte es die bisher schwersten Luftangriffe des Krieges gegeben, und dauernd hatten sie auf den Gängen davon geredet und über die englischen Schweine geflucht und darüber vergessen, daß die Gefangenen nichts davon hören sollten. Für die war ja jede Nachricht von einer Niederlage der Deutschen ein Hoffnungsschimmer. Nur Franz mußte denken, wenn es endlich Frieden geben sollte, dann mußten diese „Schweine" noch viele solcher Bombennächte veranstalten. Bevor nicht alles kaputt war an seinem Deutschland, gab der Hitler nicht auf.

Aber dann war plötzlich alles ganz anders, die Türklappe wurde aufgerissen, und eine Stimme schrie: „Anziehen, Jägerstätter! Rasch! Das Auto wartet!"

Er raffte seine Sachen zusammen, so schnell es ihm möglich war, und kaum war er fertig, war auch schon die Zellentür offen, und er wurde mit den anderen in den Hof hinuntergejagt, wo der geschlossene Lastwagen stand. Sie waren eine ganze Weile unterwegs, es ging also nicht auf den Schießplatz Tegel und auch nicht nach Spandau, wo die

Erschießungen durch die Wehrmacht stattfanden, es ging nach Brandenburg.

So lange hatten sie ihn auf den Tod warten lassen, jetzt war er plötzlich mit mehreren Todeskandidaten – er hatte sie nicht gezählt – zum Hauptdarsteller einer ausgeklügelten Inszenierung geworden, genau nach der Uhr. Er wurde in eine Zelle geführt, in der ein amtliches Formblatt für einen Abschiedsbrief bereitlag, und als er fragte, was sie mit ihm vorhatten, schien es niemand zu wissen – vielleicht gehörte auch das dazu. Endlich, gegen Mittag, erschien ein umfangreiches Aufgebot an Beamten und teilte den Delinquenten mit, daß alle Gnadengesuche abgelehnt worden waren und die Urteile um 16 Uhr vollstreckt werden sollten. Franz hatte nie ein Gesuch eingereicht, was er unter Gnade verstand, das hatten die da nicht zu vergeben.

Er hatte seinen Abschiedsbrief schon in Tegel geschrieben, jetzt schrieb er ihn noch einmal, noch einmal Dank für alle Liebe und alle Opfer, die sie für ihn gebracht hatten, noch einmal die Bitte um Vergebung für alles, was er ihnen angetan hatte, weil es ihm unmöglich gewesen war, es nicht zu tun. Noch einmal Grüße an alle und Dank an den Heiland, daß dieser nun bald in der heiligen Eucharistie zu ihm kommen werde, zur letzten Reise. Pfarrer Jochmann war noch lange bei ihm gewesen.

Die feierliche Farce, die dem brutalen Akt den Anschein von Würde verleihen sollte, nahm ihren Fortgang. Ein Glockenschlag, und den Gefangenen wurden die Fesseln abgenommen, bei jedem saß nun ein Wachebeamter. Um 15 Uhr mußten sie ihre Habseligkeiten abgeben, und Pfarrer Jochmann nahm Jägerstätters Kreuz und noch andere Dinge, die Bibel und den Abschiedsbrief in Empfang. Um 15.30 Uhr mußten die Männer Schuhe und Strümpfe ausziehen und bekamen Sandalen, die Jacken wurden ihnen lose über die Schulter gehängt und die Hände wieder gefesselt, diesmal auf dem Rücken. Sie marschierten im Gänsemarsch durch einen

Kellerflur zu einem Anbau im Hof, dann mußten sie in einem gewissen Abstand hintereinander Aufstellung nehmen, jeder hörte den Atem dessen, der hinter ihm stand.

Franz Jägerstätter war der erste in der Reihe vor der Tür zum Hinrichtungsraum, und Pfarrer Jochmann reichte ihm sein Kreuz zum Kuß. Sie beteten noch einige Stoßgebete: „O du Lamm Gottes" – „Mein Jesus, Barmherzigkeit!" Und er sah seine Kinder Verstecken spielen im Heu und Franziska durch den Hof und zur Kirche hinuntergehen, allein, älter werdend und immer allein, und das Erbarmen würgte ihn in der Kehle. Was sollten da die paar Abschiedsworte für ein ganzes Leben bewirken, und wie lange würde sie es hinnehmen müssen, dieses Leben? War das ein Trost, der Hinweis auf Jesus Christus, seiner Mutter ebensolche Schmerzen bereitet hatte, vielleicht noch größere? War das ein Trost für Franziska? Er wußte, im Raum nebenan lag ein Formular mit einer Rubrik für seinen Namen, deutlich gekennzeichnet wie der Kreis für das „Ja" an jenem 10. April. Und die beiden Soldaten, die jetzt herauskamen, um ihn an den Armen zu packen, fest, als fürchteten sie, er könnte zusammenbrechen oder zu fliehen versuchen, führten ihn direkt dorthin. Sie versuchten es bis zur letzten Sekunde.

Aber als er eintrat, sah er das Kreuz mit dem Heiland. Welche blutigen Hände hatten sich seiner bemächtigt, um es als billiges Requisit zu mißbrauchen! Es stand auf dem Tisch, hinter dem sich die Henker aufgebaut hatten, pathetisch, wie damals die Richter in Uniform und Talar: der Staatsanwalt, der Urkundsbeamte, ein Arzt und der Gerichtsherr, Admiral Bastian. Hatte der Mann nichts Besseres zu tun in Deutschlands Überlebenskampf, als hier als stummer Statist herumzustehen? Zuzuhören, wie noch einmal die Personalien des Delinquenten festgestellt werden mußten, damit ja kein Fehler passierte? Zuzuhören, wie schon zum dritten Mal das Urteil verlesen wurde mitsamt dem grotesken Nachsatz, daß der Verurteilte seine Wehrwürdigkeit, das Recht, für

Adolf Hitler zu kämpfen, für immer verwirkt habe? Admiral Bastian, der Stellvertreter des Obersten Gerichtsherrn in Deutschland, des Führers und Reichskanzlers, des mächtigsten Mannes Europas, der dennoch so große Angst vor dem kleinen Bauern aus seinem Heimatkreis zu haben schien. Der sich dennoch unter Tonnen erstarrten Zements versteckte, immerfort auf der Flucht vor Bombengeschwadern und möglichen Attentätern, bewacht von Getreuen wie Orje, der ihn zuletzt im Stich ließ, weil er ein fühlender Mensch war. Noch reichte seine Befehlsgewalt bis hierher, er konnte den Leib des Gefangenen töten, aber die Seele lag unerreichbar für ihn in ganz anderen Händen.

„Franz Jägerstätter?"

„Geboren am 20. Mai 1907?"

„Bauer in Radegund, Oberdonau?"

Er sagte jedesmal „ja", auch wenn das alles schon unendlich weit weg von ihm war. Er starrte auf das Kreuz und die brennenden Kerzen, er war erfüllt von Sehnsucht, sein Herz möge mit dem Herzen Jesu und Mariens verschmelzen. Herz – das unvorstellbare Innerste des menschlichen Wesens. Was für ein Licht wird das sein! – dachte er. Er hatte kein anderes Bild für die Ewigkeit, nur das Licht Gottes, von dem er dachte, wenn man es auch nur eine Stunde erleben durfte, dann wog es alles Leid und alles Elend der Erde auf.

„Scharfrichter, walten Sie Ihres Amtes!" rief der Staatsanwalt mit Pathos. Der Raum war durch einen schwarzen Vorhang geteilt, davor eine groteske Gestalt, der Scharfrichter, aufgetakelt wie zu einem Faschingsball mit Frack und Zylinder. Er machte eine Bewegung, und der Vorhang ging auf, die Bühne mit dem Schafott wurde sichtbar. Zwei Henker traten auf den Delinquenten zu und führten ihn hin. Sie nahmen ihm die Jacke von den Schultern und legten ihn auf das Brett ... Ob Gott sein Leben hinnehmen würde als Sühne? Nicht nur für seine, sondern auch für die Sünden der anderen ...?

Franz Jägerstätter, noch bist du da, aber wenn du in das Licht deines Heilands kommst, denk an uns!

Denk an uns, die wir zu schwach waren, Christen zu sein wie du oder Franz Reinisch, wie der heilige Stephanus und die ungezählten Märtyrer unserer Kirche! Wie die noch heute verfolgten Christen in aller Welt, in Kuba und Pakistan, im Nordirak, in Peru oder China. Wie die als Sklaven Verkauften im Südsudan, wie die Ausgepeitschten in Saudi-Arabien, wenn sie nicht zum Islam übertreten. Für die alle es noch eine Selbstverständlichkeit ist, ihr Leben zu verlieren, um ein größeres zu gewinnen.

Denk an uns, die wir dich zum Außenseiter gemacht haben, um uns selbst zu bestätigen, daß richtig war, was wir getan und wie wir gelebt haben! Denk an uns, die wir das heute noch tun!

Denk an die stillen Märtyrer unserer Zeit, die von ihrer Umwelt verachtet und ausgestoßen leben, weil sie in Christi Nachfolge mehr und anderes wollen als das, was den Menschen heute so wertvoll ist! Die auf das alles verzichten, da sie sonst lügen müßten, Intrigen spinnen, brutal sein und Menschen weh tun auf vielerlei Art.

Denk an uns, an die vielen, die noch heute, da es längst nicht mehr um das Leben geht oder um eine Strafe, so vieles aufgeben, das dir heilig war, nur um eines winzigen Vorteils willen, für einen besseren Job oder aus Menschenfurcht!

Denk an die Kirche, die du so sehr geliebt und der du so oft bis zur Verzweiflung zu gehorchen versucht hast und die so viele noch heute zerstören wollen oder heute erst recht, auch jene, die mitten in ihr sind und glauben, daß sie es gut mit ihr meinen!

Denk an uns, die wir immer noch nicht ganz verstehen können, was du getan hast, weil auch das, was Christus getan hat, als er das Kreuz auf sich nahm, uns immer noch so unglaublich fremd ist!

Denk an uns, die vielleicht nie verstehen werden, was nur

Gott in den Sinn kommen konnte: das Kreuz seines Sohnes und die vielen kleinen Kreuze, die uns bestimmt sind, uns als Geschenk aufzuzwingen! Das als Gegengeschenk die Nachfolge Christi erwartet.

Denk an uns, die wir immer noch nicht begriffen haben, daß Gott dazu noch verlangt, nein, darum bittet, uns von Millionen Kanzeln herab und aus Millionen Büchern anbetteln läßt, darüber die Freude zu empfinden, die seinem Opfer gemäß ist!

Franz von Assisi hat diese Freude empfunden, und auch du, Franz aus St. Radegund, wirst sie haben, jetzt und in Ewigkeit.

Sie wußte nicht, wann er starb, erzählt Franziska. Erst später erfuhr sie, daß die Stunde, in der sie sich so tief mit ihm verbunden gefühlt hatte wie nie zuvor, die seines Todes gewesen war.

Gordon C. Zahn, Erna Putz und Georg Bergmann, die sich bemüht haben, das Leben Franz Jägerstätters aufzuzeichnen, meinen herzlichen Dank! Herrn Prof. Zahn und Frau Dr. Putz, die mir darüber hinaus neues Material zur Verfügung gestellt haben, fühle ich mich besonders verpflichtet. Ohne die von Erna Putz herausgegebene Sammlung der Briefe und Schriften Franz Jägerstätters hätte dieser Roman wohl gar nicht entstehen können.

Vor allem aber bin ich Frau Franziska Jägerstätter tief empfundenen Dank schuldig. Sie hat mir nicht nur geduldig immer wieder mit Auskünften weitergeholfen und mir das Wesen ihres Mannes und ihrer Ehe nähergebracht, sondern auch dieses Buch im Manuskript Zeile um Zeile gelesen, um Fehler zu vermeiden.

319